毛泽东品先秦诸子

董志新 著

Mao Zedong
Pin SunziBingfa

毛泽东品

老子

北方联合出版传媒（集团）股份有限公司

万卷出版公司

2021年·沈阳

ⓒ 董志新 2015

图书在版编目（CIP）数据

毛泽东品《老子》/ 董志新著. — 沈阳 :万卷出版公司,2015.2（2021.9重印）
（毛泽东品先秦诸子）
ISBN 978-7-5470-3392-0

Ⅰ.①毛… Ⅱ.①董… Ⅲ.①毛泽东思想研究②《老
子》—研究 Ⅳ.①A841.63②B223.15

中国版本图书馆CIP数据核字（2014）第246296号

出 品 人：王维良
出版发行：北方联合出版传媒（集团）股份有限公司
　　　　　万卷出版公司
　　　　　（地址：沈阳市和平区十一纬路25号　邮编：110003）
印 刷 者：辽宁新华印务有限公司
经 销 者：全国新华书店
幅面尺寸：170mm×240mm
字　　数：340千字
印　　张：18
出版时间：2015年2月第1版
印刷时间：2021年9月第2次印刷
责任编辑：高　爽
责任校对：高　辉
装帧设计：范　娇
ISBN 978-7-5470-3392-0
定　　价：52.00元

联系电话：024-23284090
邮购热线：024-23284050
传　　真：024-23284521

引用卷

争鸣是诸子百家

——毛泽东谈春秋战国"百家争鸣"与先秦子学

放眼三千年思想文化波澜壮阔的历史长河，毛泽东特别钟情于春秋战国之时诸子百家自由讨论热烈争鸣所涌起的波光浪彩……

先秦诸子是春秋战国时代思想界"百家争鸣"的主体，"百家争鸣"是先秦诸子创立和传播学说的广阔平台。

儒家、道家、墨家、法家、兵家、农家、名家、杂家、阴阳家、纵横家、小说家，《论语》《孟子》《老子》《庄子》《列子》《孙子兵法》《墨子》《管子》《商君书》《鬼谷子》《荀子》《韩非子》《吕氏春秋》……先秦子学开辟了中国思想文化史上的"黄金时代"。

先秦子学在年深日久的流传中，渐渐形成了中华民族根深蒂固、约定俗成的文化心理。

哲人常讲：儒家拿得起，道家放得下，墨家挺得住，法家做得彻，兵家干得成！

人们常说：入世则孔孟，出世则老庄；儒家重修身，道家讲炼养；儒家治世，道家济世……

一生中从先秦子学中不断汲取精神营养的毛泽东，评论"百家争鸣"和先秦子学也是他口中笔下的经常话题。

春秋战国时代"百家争鸣"

两千四百余年前"百家争鸣"的学术运动与中华人民共和国成立之初制定

的"百家争鸣"学术方针，有一种血缘式的内在联系。

1956 年夏初，中共中央提出"百花齐放，百家争鸣"（史称"双百"方针）这一繁荣和发展我国文化和科学事业的基本方针，这个方针所以能够提出，其前提包括总结了春秋战国时代诸子百家学术争鸣的历史经验。

"双百"方针的提出有个历史过程。

1951 年，毛泽东为中国戏曲研究院成立题词"百花齐放，推陈出新"。

1953 年，毛泽东提出，历史研究工作的方针是"百家争鸣"。

1956 年 4 月 25 日至 28 日，中共中央召开了有省、市、自治区党委书记参加的政治局扩大会议。4 月 28 日，毛泽东在会议上做总结讲话，正式提出把"百花齐放，百家争鸣"作为繁荣和发展我国文化和科学事业的一项基本方针。他讲道：

> 百花齐放、百家争鸣问题。艺术问题上的百花齐放，学术问题上的百家争鸣，我看应该成为我们的方针。……"百家争鸣"，这是两千年以前就有的事，春秋战国时代，百家争鸣。讲学术，这种学术也可以讲，那种学术也可以讲，不要拿一种学术压倒一切。你讲的如果是真理，信的人势必就会越来越多。（《毛泽东文艺论集》，中央文献出版社 2002 年版，第 143 页）

5 月 2 日，毛泽东在最高国务会议第七次会议总结讲话中又说：

> 在艺术方面的百花齐放的方针，学术方面的百家争鸣的方针，是有必要的。这个问题曾经谈过。百花齐放是文艺界提出的，后来有人要我写几个字，我就写了"百花齐放，推陈出新"。……百家争鸣，是说春秋战国时代，两千年以前那个时候，有许多学派，诸子百家，大家自由争论。现在我们也需要这个。（《毛泽东文艺论集》，中央文献出版社 2002 年版，第 144 页）

作为提出"双百"方针，尤其是提出"百家争鸣"的历史借鉴，毛泽东在五天的两次讲话中，都特别提到春秋战国时代的诸子百家的学术争鸣，这是为"百家争鸣"方针的提出寻求历史根据。换句话说，春秋战国时代先秦诸子的"百家争鸣"的学术活动，为当今提出"百家争鸣"方针的正确性提供了历史佐证。

毛泽东谈历史上的"百家争鸣"，讲清了三方面内容：

一、"百家争鸣"发生在春秋战国时代

这是两千年以前就有的事情。关于"百家争鸣"发生的历史时期和社会背景，有两种提法：一种说发生在春秋战国时代，一种说发生在战国初期到西汉中期汉武帝时。这两种提法，只是后一种说法比前一种说法在时间上后延了八十年（秦统一到汉武帝继位，前221—前140），"百家争鸣"结束于秦焚书坑儒，还是结束于汉"独尊儒术"，二者并没有本质上的区别。笔者的意见是"百家争鸣"经历了三个阶段：

春秋末战国初为发轫期。随着老子、孔子、孙武子在此时期的出现，随着《老子》《论语》《孙子兵法》的编撰流行，儒家、道家、兵家开始创立成型，这一时期各家主要是创立学说，互相辩驳的情况并不明显。

战国之时为兴盛期。此期儒家的孔子诸弟子、子思、孟子和荀子，道家的庄子和列子，墨家的墨翟，法家的商鞅、申不害和韩非子，兵家的吴起、孙膑和尉缭子，以及名家、农家、杂家、阴阳家、小说家、纵横家的各类代表人物纷纷登场，各家争相授徒讲学，著书立说，辩驳攻讦，激浊扬清，高潮迭起，持续不断。秦、齐、楚等大国发动一统天下的争霸战争，使鬼谷子、苏秦、张仪、鲁仲连等纵横家登上历史舞台，纵横之术左右学术历史几十年。齐国"稷下学宫"的出现，使文化精英东移，会聚齐鲁，形成了"百家争鸣"的文化中心和鼎盛时期。

秦统一到西汉中期为衰落期。秦始皇焚书坑儒，儒家遭到重创，百家萧疏，法学独秀是凭借专制的力量而得以短暂的独尊。汉初与民休息，用黄老之术，实际上是道家崛起，成为学术领袖。汉武帝用董仲舒之策"罢黜百家，独尊儒术"，儒学独领风骚成为"在朝"学派，其他各家被打入冷宫成为"在野"学派。

春秋战国时代是中国历史上的重要过渡时期，由于封建主义经济和私有制的发展，复杂多变的政治斗争的演变，以及士阶层的形成，在思想文化战线出现了"诸子百家"和"百家争鸣"的灿烂时代。这个时期新旧阶级之间、各诸侯国之间、各阶层之间的斗争复杂而激烈，代表各阶层、各派政治力量的学者或思想家，都企图按照本阶层或本集团的利益和要求，对社会对万事万物做出解释或提出主张，于是出现了一个文化思想领域里的"百家争鸣"的局面。

二、"百家争鸣"有许多学派，史称"诸子百家"

参加"百家争鸣"的各种学派，史称"诸子百家"。其言"百家"，形容学派之多、著作之众，并非实数。"鸣"指有所抒发或表达。"争鸣"指自由论辩，各抒己见。"百家争鸣"指我国古代春秋末至西汉初儒、道、墨、法、兵、名、杂、农、阴阳、纵横等各家在政治上、学术上展开各种争论，形成诸子蜂起、学派并作、学术繁荣、自由论辩、相互争鸣的盛况和局面。

战国和秦汉时期的思想家评述过"百家争鸣"：

庄子探讨了诸子百家的成因和特点，有论述为："百家之学，时或称而道之。天下大乱，圣贤不明，道德不一，天下多得一察焉以自好。譬如耳目鼻口，皆有所明，不能相通，犹百家众技也，皆有所长，时有所用。"（《庄子·天下》）

荀子亦言："今诸侯异政，百家异说。"（《荀子·解蔽》）是说"百家异说"的出现，实则因为"诸侯异政"的现实需要。

庄子和荀子只说"百家"，并没有区分哪一家。《庄子·天下》和《荀子·非十二子》对其所论及的学派，都是只举人作为代表，而未标家名。若以后来所分家数核之，二者所论皆不外儒、道、墨、法、名五家。

直至西汉太史令司马谈在《论六家要旨》中，将百家概括为六家，即阴阳家、儒家、墨家、名家、法家、道家，并对各家学说之短长进行了剖析。（《史记·太史公自序》）

班固在《汉书·艺文志》中据刘歆《七略》，又将百家分为十家九流，除六家外，增加纵横家、杂家、农家、小说家。除小说家外实为九流。班固说："凡诸子百八十九家……皆起于王道既微，诸侯力政，时君世主，好恶殊方，是以九家之术蜂出并作，各引一端，崇其所善，以此驰说，取合诸侯。其言虽殊，辟犹水火，相灭亦相生也。"（《汉书·艺文志》）班固并就十家的起源及其学说的优劣短长问题进行了探讨。

诸子学说的主要代表人物有孔子、老子、墨子、庄子、孟子、宋钘、彭蒙、田骈、慎到、杨朱、孙武、孙膑、惠施、商鞅、兒说、许行、公孙衍、张仪、邹衍、韩非子、荀子等。

诸子履历，简述如下：

孔子（前551—前479），鲁国人，儒家创立者，春秋末期教育家、思想家。曾经周游列国，推行政治主张，不被接受。晚年归鲁，专门授徒讲学，整理典籍。他的主要思想是"仁者爱人"的学说，主张"重民""教民""富民"。在政治上，主张"为政以德"，以礼治国，维护君臣、上下、贫富之间的等级秩序。提倡"中庸之德"，认为不偏不倚、无过无不及是最好的道德和方法。一生"弟子三千，贤人七十二"。孔子及其弟子言论被门人后学编辑为《论语》。孔子逝世，儒家分为八派，有子张、子思、颜氏、孟氏、漆雕氏、仲良氏、孙氏、乐正氏之儒。

老子（约前580—约前500），姓李名耳，一说姓老氏，名聃。道家创始人。

只当过周朝"守藏室之史"，孔子向他问过礼。他提出"道"的范畴，"道"是虚无，它产生天地万物。阐发了"反者道之动"和"贵柔守雌"的辩证法思想，蕴藏着无比精湛的智慧。政治上主张"无为"，憧憬"小国寡民"的理想社会。其著作为《老子》。

孙武（约前535—前480），齐国人，兵家创立者，所著的《孙子兵法》十三篇，是我国最早的兵法。提出"兵者，国之大事""知彼知己者，百战不殆"（《孙子兵法》）等军事思想。曾参战西破强楚，北威齐晋，南服越人。

墨子（前478—前392），墨家创始人，鲁国人，出身于小生产者的士。他博通古书，创立墨家团体。有十大主张：兼爱、非攻、尚贤、尚同、节用、节葬、非乐、非命、天志、明鬼。中心思想是"兼爱"，主张"爱无差等"，不分轻重厚薄，一视同仁地爱人。兼爱还要利人，有力量帮助别人，有财物分给别人，有道德学说教化别人。墨子相信老天爷有意志（"天志"）和小鬼赏善罚恶（"明鬼"），这是墨子思想的局限性。其著作为《墨子》。

孙膑（约前378—前302），齐国著名军事家，是孙武的后裔，因受庞涓的忌害，被处以膑刑（去膝盖骨），故称孙膑。马陵之战，他协助田忌统率齐军，大败魏军。于是，庞涓自杀，太子申被俘，十万魏军被歼。1972年4月，山东临沂银雀山出土的汉墓发现竹简本《孙膑兵法》。

孟子（约前372—前289），鲁国贵族孟孙氏的后裔，曾受业于孔子的孙子子思的门人，为战国时代儒家学派的代表人物。他的政治思想主要继承孔子的"仁"，并且在主张性善论的基础上，发展成为"仁政"学说。其具体内容就是要求当权者注意改善劳动者的生活处境，使"民有恒产"，即不失去土地，实际上就是要巩固耕织结合的小农经济。他的"仁政"学说以重民思想为基础，认为民、社稷、君三者相比，民最重要，因此他特别强调统治者得民心的重要性。他与万章之徒整理编辑成自己的著作《孟子》七篇。

庄子（约前369—前286），名周，道家思想的集大成者。提出"道"是"自本自根，未有天地。自古以固存"（《庄子·大宗师》）的精神本体。论证了万物齐一和区分事物不可能的相对主义认识论。主张"不谴是非，以与世俗处"（《庄子·天下》）的人生观。庄子传世著作为《庄子》一书。

杨朱（约前395—前335），魏国人。其学说的中心思想是"为我"，即"贵己"。《孟子·尽心上》说他"拔一毛而利天下，不为也"。《韩非子·显学》也说他"不以天下大利，易其胫一毛"。他重视生命，即"贵生"，要求适当地满足人的欲望要求，反对过分纵欲。认为"侵物"即掠夺别人的财物是下贱的事。

慎到（约前395—前315），赵国人，以区区布衣，在齐湣王时游说于齐之稷下，后世多道其学。（《史记·孟子荀卿列传》）在稷下学宫讲学时提出"以道变法"（《慎子》佚文）和"事断于法""势位足恃"（《韩非子·难势》）的思想，属法家重势派。慎子亦学黄老道德之术，曾发明序其指意，著十二论（《史记》之《田敬仲完世家》《孟子荀卿列传》）。至其学术，则有属于道家者（《庄子·天下》），亦有属于法家者（《荀子》之《非十二子》《解蔽》）。

许行（约前390—前315），楚国人，是农家的代表人物。滕文公执政时，许行从楚国来到滕国居住，弟子有数十人，儒家门徒陈相及其弟辛弃儒拜许行为师。他们靠自己种地吃饭，打草鞋穿，织席子铺用，过着自食其力的生活。主张贤人应与农民共同耕种，解决吃饭问题。提倡人人平等劳动，物物等量交换，以实现其改革理想。

申不害（约前385—前337），郑国人，治黄老刑名之学。为韩昭侯之相十五年，"内修政教，外应诸侯"，致使七雄最弱者之韩，亦"国治兵强"，"终申子之身"而"无侵韩者"。（《史记·老庄申韩列传》）《史记》说他"著书二篇，号曰《申子》"。

惠施（约前370—前310），宋国人，名家的著名代表，曾任魏惠王相，博学善辩，学富五车，为庄子好友。他是名家的"合同异"派，论证"万物毕同毕异"，提出"至大无外，谓之大一；至小无内，谓之小一"。又引申出"泛爱万物，天地一体"的思想。（《庄子·天下》）

儿（倪）说，宋国人，是名家"白马非马"论的首倡者。曾在稷下学宫以善辩知名，说他"善辩者也，操白马非马也，服稷下之辩者"（《韩非子·外储说左上》）。

田骈，战国时代齐国人。他本学黄老，借道明法，与慎到齐名。曾讲学稷下学宫，雄于辩才。从彭蒙之师学到"贵齐"要领，主张"齐万物以为首"，认为万物的同一是首要的。认识到"万物皆有所可，有所不可"（《庄子·天下》）。要求人们放弃一切是非，摆脱各自的是非利害，回到"明分""立公"的自然之理，从"不齐"中实现"齐"。《汉书·艺文志》著录《田子》二十五篇，列入道家。已佚。

宋钘，宋国人。齐宣王时与尹文同游稷下学宫，他认为"虚而无形"的是"道"（《管子·心术上》），它是宇宙的本体。提倡"见侮不辱""使人不斗""以禁攻寝兵为外，以情欲寡浅为内"（《庄子·天下》）。其思想主流，为道墨两家"忘我"精神的结合。他周游天下，上说下教，宣讲内容着重联系生活常情，使人们易于了解。《汉书·艺文志》著录《宋子》十八篇，早佚。

公孙衍，战国时代魏国人，纵横家中的合纵派代表，主张联合诸侯以抗秦。公元前 333 年，他赴秦游说，任大良造，后来张仪为大良造，于公元前 323 年返回魏国，魏惠王任为将，他联合赵、燕、韩、魏、中山五国互相为王，合纵抵抗齐、楚、秦。公元前 319 年，魏国驱逐张仪回秦，公孙衍为相。第二年，公孙衍联合赵、韩、燕、魏、楚，挂五国相印，推楚怀王为纵长，由三晋出兵攻秦，秦大败联军，合纵以失败而告终。

张仪（？—前 310），魏国人，战国时代纵横家中的连横派代表，主张联合诸侯事秦。他游说入秦，秦惠王任为相。公元前 322 年他去魏劝说魏惠王实行联秦韩以攻齐楚的政策。当时惠施为魏相，主张联合齐楚抗秦。魏惠王听信了张仪的游说，罢惠施相，任张仪为相，这是连横说的胜利。秦要求魏事秦，魏不从，即出兵攻占曲沃、平周两地。秦的东进政策，使东方各国生畏，遭到了公孙衍的联合诸侯抗秦政策的排斥。公元前 319 年，魏驱逐张仪回秦，接受了公孙衍的合纵政策，说明连横又破产了。公元前 313 年，张仪入楚，收买了楚旧贵族，并以献出商於之地六百里为诱饵，使楚同齐断绝关系。楚怀王不听屈原的劝阻，遂与齐断交。当楚派人向秦索地时，张仪以六里相许为由，拒不承认六百里。公元前 312 年，楚发兵攻秦，遭到了失败。

鲁仲连，战国时代齐国人。常为人排难解纷，不受酬报。长平战后，秦军围赵邯郸，魏使游士新垣衍间道入城，劝赵尊秦为帝，以纾急患。鲁仲连面折辩者，反复诘难，坚持义不帝秦，稳定了士气民心。平原君要封他，他再三不受。后田单反攻聊城，燕将死守不下。他写信给守将，晓以利害，使城不战而下。田单欲赏以爵位，他逃隐海上。《汉书·艺文志》著录《鲁仲连子》十四篇，今佚，清人有辑本。

邹衍（约前 324—前 250），齐国人，战国后期阴阳家的代表，是稷下学官的辩者。公元前 257 年，齐王派他使赵与公孙龙辩论。他善谈天，齐人称他"谈天衍"。提出"五行相生""五行相胜"说，以及"五德终始"的历史观。

荀子（约前 325—前 235），名卿，赵国人，十五岁到稷下学习，齐襄王在位（前 283—前 265）时，荀子第二次回到齐国，"荀卿最为老师"，他三次被推为德高望重的"祭酒"。他提出"天人相分"和"制天命而用之"的天道观，"知道察，知道行"和"虚壹而静"的认识论，"制名以指实"的名实论，主张"性恶"的人性论，阐发了"隆礼至法"的政治论，还写下了音乐理论《乐论》。他是战国末期著名的儒家大师和先秦思想的批判总结者。

韩非子（约前280—约前233），原是韩国公族，战国末期思想家，法家代表人物。一生不得志，然其学说，"切事情，明是非"（《史记·老子韩非列传》），"采其意而校其事，持久历远遏奸劝善，韩氏未必非，孔氏未必得也"（《孔丛子·韩非非圣人辨》）。故谋杀韩非之李斯亦不得不称其言为"圣人之论""圣人之术"（《史记·李斯列传》）。法家之理论、实绩卓著，不仅促成强秦之一统，且亦支撑我国封建帝制达两千余年。

三、"百家争鸣"是说大家自由争论

先秦诸子的"百家争鸣"，主要围绕"古今""礼法"之争和"天人""名实"之辩展开，内容涉及政治、经济、军事、伦理道德以及哲学本体论、认识论、逻辑学等各个领域。

战国早期法家商鞅就反对儒家《诗》《书》《礼》《乐》文化。商鞅反对儒书与儒术是很突出的。《韩非子·和氏》说："商鞅教孝公……燔《诗》《书》而明法令。"显然，商鞅变法时就烧过《诗》《书》。至于反对儒书与儒术的实例，《商君书》中不胜枚举。如《商君书·农战》说："农战之民千人，而有《诗》《书》辩慧者一人焉，千人者皆怠于农战矣。""虽有《诗》《书》，乡一束，家一员，犹无益于治也。"这是说儒家的《诗经》和《书经》都有害于重农、重战两个政策，不利于法治。《诗》《书》《礼》《乐》，都是儒家的教材。商鞅为了贯彻他的农战政策，决意反对这些。战国末期法家韩非子也反对儒书儒术。《韩非子·五蠹》说"明主之国，无书简之文，以法为教；无先王之语，以吏为师"，正是继承商鞅反对儒书儒术的主张。

法家以儒家为对手，道家也是如此。《史记·老子韩非列传》载："世之学老子者则绌儒学，儒学亦绌老子。'道不同不相为谋'，岂谓是邪？"道家书《庄子·杂篇》有庄子后学所作《盗跖》一文，专攻儒家鼻祖孔子。这则寓言故事是以义军的领袖盗跖与孔子的对话为纲目，在往返对话中，盗跖慷慨陈词，痛斥孔子的虚伪和尧、舜、汤、武的罪行，其主旨则在于抨击儒家所推崇的古代圣贤的作为，批评儒家提倡的礼教规范，讽刺世俗儒士对荣华富贵的追逐，反衬道家尊重人的自然本性，提倡顺天之理、轻利全生思想的正确性。

墨家与儒家争鸣毫不含糊，痛快亮出旗帜，《墨子》中设《非儒》上下篇。墨子借晏婴丑诋孔子的话说："孔某深虑同谋以奉贼，劳思尽知以行邪。劝下乱上，教臣杀君。"又说："孔丘盛容修饰以蛊世，弦歌鼓舞以聚徒，繁登降之礼以示仪，务趋翔之节以观众。博学不可使议世，劳思不可以补民。"由于儒者"繁饰礼乐以淫人，久丧伪哀以谩亲，立命缓贫而高浩居，倍本弃事而安怠傲；贪于饮食，

惰于作务”，就会不可回避地“陷于饥寒，危于冻馁”（《墨子·非儒下》）。因此，“儒之道足以丧天下”（《墨子·公孟》）。

战国中后期，齐国的稷下学宫是“百家争鸣”的重要场所，都城临淄成为学术中心。由于齐国经济发达，政治开明，以及拥有良好的文化政策，齐国君王给予士人优厚的物质待遇，吸引了当时几乎所有的著名学派代表人物汇集稷下。齐国稷下学宫的建立，又为“百家争鸣”繁荣文化创造了有利的客观条件。稷下学宫创建于齐威王（前356—前321）初年，学宫规模宏大，“为开第康庄之衢，高门大屋”，天下贤士荟萃于此。（《史记·孟子荀卿列传》）到齐宣王时，“喜文学游说之士，自如邹衍、淳于髡、田骈、接予、慎到、环渊之徒七十六人，皆赐列第，为上大夫，不治而议论，是以齐稷下学士复盛，且数百千人”（《史记·田敬仲完世家》）。到齐湣王、齐襄王时期，荀况“三为祭酒”，“最为老师”。学宫之终结，大约在齐王建时期，前后绵延近150年，最盛时竟聚集数千人。

稷下学宫广招人才，各家各派兼收并蓄。战国诸子之主要学派都有重要代表人物出入学宫。如儒家前有孟轲，后有荀卿，另有颜斶、王斗、田过、公孙固等；道家及黄老学派有环渊、接予、季真、慎到、田骈、彭蒙等；墨家有宋钘、告子等；名家有尹文、田巴、兒说等；慎到、田骈等亦属法家，或称道法家；阴阳家有邹衍、邹奭；纵横家有淳于髡、鲁仲连等。

学宫诸子荟萃，各展其说，论辩自由。《史记正义》引《鲁连子》曰：“齐辩士田巴，服狙丘，议稷下，毁五帝，罪三王，服五伯，离坚白，合同异，一日服千人。”此论辩之盛可以想见。而徐劫弟子、年仅十二岁的鲁仲连以田巴之言空洞无济于实事，斥之曰：“先生之言有似枭鸣，出城而人恶之”，竟使田巴叹服而“终身不谈”。

孟子是天下知名的雄辩学者。齐威王、齐宣王在位期间，孟子两次入齐住十余年时间，在稷下学宫讲学，都曾受到重视，被授予“客卿”的礼遇。“百家争鸣”，孟子之所以好辩善辩，也是出于捍卫儒家学说的需要。孟子认识到“圣王不作，诸侯放恣，处士横议，杨朱、墨翟之言盈天下。天下之言不归杨，则归墨”，“杨墨之道不息，孔子之道不著”。杨朱和墨家学说的兴盛，严重威胁到儒学的命运和生存。孟子批判杨墨“为我”与“兼爱”的学说：“杨氏为我，是无君也；墨氏兼爱，是无父也。无父无君，是禽兽也。”孟子拒杨墨，同时也批评其他学派的思想。他关于“性善论”的思想，许多就是在对告子“性恶论”思想的批评中阐明的。孟子批评兵家说：“善战者服上刑。”（《孟子·离娄上》）这显然是反对兵家重战、备战、善战学说以及法家“奖励军功”和农战政策，从而确立儒家非兵休战的思想。孟子批评农家许行"贤者与民并耕而食"的主张，鼓吹"劳心者治人，劳力者治于人；治于人者食人，治人者食于人"。（《孟子·滕文公上》）说明社会发展必须有分工，治国者不能兼事生产，其思想反映了社会分工的现实。许行主张无分贵贱君民并耕的理想是好的，却不合乎当时社会发展的现实，只能流于空想。孟子在与不同意见的辩难中阐述自己的思想，他的批评争鸣可以看出当时的学术风气。

"百家争鸣"既表现为诸子的分歧，也表现为诸子的融合。"百家争鸣"的自由论辩所形成的学术思想发展的必然趋势，就是各家思想学说的相互汲取与融合。各家对于先秦的学术都有所损益，因而都有所创新，同时也有所继承。诸子百家互相发难批驳，欲证明对方错自己对，就要认真探明、辨清对方的弱点，以图击中要害；又要看准对方的长处，经过汲取加工，为己所用。因此，当时的思想界虽然分为各种学派，但又始终存在着"道为一体"的观念，走向融合。

战国晚期儒家代表荀况，长期熏陶于稷下学宫，其时社会发展明显趋向于政治统一的历史趋势，与稷下学宫各家思想相互撞击、汲取、交融的学术环境，在荀况的思想学说中留下深深的烙印。荀况并不偏激，他注意分析各家学说的短长，以儒家思想学说为主体，兼取道家、法家、名家之长，从而形成了独具特色的荀学思想体系。

墨子虽然尽力非儒，但墨儒毕竟有着大致相同的时代背景和同源共生的文化根基，这使两家在一些基本问题的看法上渐渐趋同。例如，墨子主张"兼爱""爱无差等"，并以之批判儒家的宗法道德观念。然而，在不少方面，墨家的价值取向几乎与儒家如出一辙，墨家把父慈子孝的伦理道德遭到破坏作为天下丧乱的原因。在《尚贤中》里，墨子认为："入则不孝慈父母，出则不长弟乡里，居处无节，出入无度，男女无别，使治官府则盗窃。"由此可以看出，墨家与儒家虽然对立，但他们仍有不少相通之处。

稷下学宫的各派学者利用齐国提供的良好环境与条件，潜心研讨，互相争鸣，取长补短，丰富和发展了各自学派的学说，促进了思想文化的大融合。这种融合在杂家著作《管子》中有充分体现。根据现有资料判断，《管子》中的某些篇章反映了管仲的事迹和思想。战国初年，"田氏代齐"，夺取了齐国政权，继承和发扬了管仲的思想，实行变法，形成了管仲学派。《管子》其书绝大部分是管仲学派的文集，也掺杂了其他稷下学者的论述。《管子》其书内容异常丰富，近人罗根泽《管子探源》说："《管子》……在先秦诸子，哀为巨帙，远非他书所及。《心术》《白心》诠释道体，老庄之书未能远过；《法法》《明法》究论法理，韩非《定法》《难势》未敢多让；《牧民》《形势》《正世》《治国》多政治之言；《轻重》诸篇又为理财之语；阴阳则有《宙合》《侈靡》《四时》《五行》；用兵则有《七法》《兵法》《制分》；地理则有《地员》；《弟子职》言礼；《水地》言医；其他诸篇亦皆率有孤诣。各家学说，保存最夥，诠发甚精，诚战国秦汉学术之宝藏也。"可以说，《管子》吸纳先秦诸子的精华，兼有道、法两家之长而无其短，又掺以儒、兵、农、阴阳各家学说，竟是中国历史上最早最大的杂家，任何一家的思想均不足以涵盖此书的丰富内容。任继愈认为，管仲学派是战国时代齐人继承和发展管仲的思想而形成的一个学派，它介乎儒家学派和法家学派二者之间，对宗法制采取半保留、半否定的态度，主张把宗法制和中央集权制有机地结合起来，把礼治和法治有机地结合起来，既强调以法律来加强王权，又重视用宗法道德来巩固封建统治。说到底，它是"百家争鸣""诸子融合"的产物。

"百家争鸣"是中国学术文化史上的"黄金时代"，反映了当时的社会矛盾和社会变革。这个时期的文化思想，奠定了整个封建时代文化的基础，对其后中国历史和文化的纵向延续和横向发展都产生了深远影响。

焚书坑儒挫折了"百家争鸣"的生动局面

毛泽东也分析过先秦诸子"百家争鸣"走向衰落的原因。

1958 年 11 月 20 日，毛泽东召集柯庆施、李井泉、王任重和陶鲁笳四人，到他在武汉东湖畔的住所开座谈会。

在这次座谈会上，毛泽东详细地谈了自己对商纣王、秦始皇、曹操这三位历史人物的评价。谈到秦始皇，毛泽东说：

人们从书中得知，秦始皇有焚书坑儒的恶行，因此把他看作是大暴君、大坏人。焚书坑儒当然是坏事，它把蓬蓬勃勃发展起来的百家争鸣的生动局面给挫折了。但我们对什么事都应当有分析，秦始皇并不是不问什么书都焚，也不是不问什么儒都坑。他焚的是"以古非今"的书，坑的是孟子一派的儒，其实只有460人。孟子主张"法先王"，所以孟子一派的书是"以古非今"的。而荀子一派则相反，主张"法后王"，推行法家一派的学说。秦始皇是主张"法后王"，反对"法先王"的。所以，他并不坑荀子一派的儒，也不焚荀子一派的书。秦始皇"以古非今者族"的主张值得赞赏，当然，我并不赞成秦始皇的滥杀人。当时，要由奴隶制国家转变为封建制国家，不实行专政是不行的。但对孟子一派采取焚书坑儒的办法，太过火了。政治上要实行专政，文化上要提倡百家争鸣、百花齐放，我们现在就是这样。这一条秦始皇是办不到的。（陶鲁笳：《毛主席教我们当省委书记》，中央文献出版社1996年版，第104页）

毛泽东此次谈话的主旨，是为秦始皇翻案，是为秦始皇焚书坑儒的恶行辩护。他认为秦始皇的焚书坑儒不是肆意妄为，而是有所限制：并不是不问什么书都焚，也不是不问什么儒都坑；焚的是"以古非今"的书，坑的是"法先王"孟子一派的儒；目的是维护中央集权的封建专制国家。这是毛泽东从政治上看问题的结论。

即使这样，毛泽东仍然深刻指出了焚书坑儒对"百家争鸣"的负面作用：

负面作用之一："焚书坑儒当然是坏事，它把蓬蓬勃勃发展起来的百家争鸣的生动局面给挫折了。"请注意，人们将焚书坑儒定位为"恶行"，毛泽东将其定位为"当然是坏事"。所谓焚书坑儒，是秦始皇统一六国后发生的两大事件，是秦始皇为巩固中央集权而实行的文化专制措施。"焚书"事件发生于秦始皇三十四年（前213）。始皇置酒咸阳宫，大宴群臣，儒学博士淳于越对于当面肉麻吹捧秦始皇的仆射周青臣不以为然，并就分封、郡县问题向秦始皇提出了不同意见。丞相李斯抓住淳于越主张"师古"的言论大做文章，指斥读书人"不师今而学古，以非当世，惑乱黔首"，如不加以严禁，必将使"主势降乎上，党与成乎下"（《史记·秦始皇本纪》），因此建议秦始皇下令焚书。秦始皇采纳了李斯提出的建议和办法，遂下令焚书：除《秦记》、医、农、卜筮之书外，凡六国史书、民间收藏的《诗》《书》、诸子等书籍，一律限期三十天内交官府烧掉，逾期不交者，黥为城旦。此后若再有"偶语《诗》《书》者"弃市，以古非今者灭族。严禁私学，有愿习法令者，以吏为师。"焚书"事件使儒生们大为不满，产生诽议。第二年，当秦始皇搜寻欺骗了他的方士侯生、卢生时，意外地发现咸阳的儒生对他进行所谓的"诽谤"，"或为妖言以乱黔首"。始皇大怒，"于是使御史悉案问诸生，诸生转相告引，乃自除。犯禁者四百六十余人，皆坑之咸阳"（《史记·秦始皇本纪》）。这就是历史上的"坑儒"事件。儒家、道家、兵家都是以对《诗》《书》《易》

《礼》的文化反思来建构自己的思想体系，关东六国的士子大都在思想上反对暴秦，所以烧《诗》《书》、杀儒生的焚书坑儒事件，是以强权政治宣告文化上"百家争鸣"局面的被迫结束。毛泽东在"百家争鸣"前面加上"蓬蓬勃勃"的形容词，又指出焚书坑儒"挫折了"这个局面，可见内心里他对"百家争鸣"局面的夭折是多么惋惜。

负面作用之二："对孟子一派采取焚书坑儒的办法，太过火了。"毛泽东指出史实，秦始皇"焚的是'以古非今'的书，坑的是孟子一派的儒"。毛泽东说："不赞成秦始皇的滥杀人。"虽然秦始皇巩固刚刚建立起来的全国统一的、中央集权的封建国家，需要专制手段，但是毛泽东仍然认为，对以孟子为代表的儒生儒书采取焚书坑儒的办法是"太过火了"。从传统哲学上说是"过犹不及"；用现代语言说，这是谴责秦始皇文化政策太"左"，以消灭思想载体的办法实现思想一统，是不可取的危险的文化政策。

负面作用之三："文化上要提倡百家争鸣，百花齐放"，"这一条秦始皇是办不到的"。毛泽东把政治问题与文化问题做了区分，他说，"政治上要实行专政，文化上要提倡百家争鸣、百花齐放，我们现在就是这样"。这是对比"我们"的政策与秦始皇的政策，指出其不同点。"百家争鸣"，极权的、专制的秦始皇是不能办的，也是根本"办不到"的。

毛泽东这些批判是深刻有力的，点到了问题的实质。解读毛泽东谈论"百家争鸣"的思想观点时，在注意到毛泽东为秦始皇焚书坑儒辩护的一面时，千万不要忽略了毛泽东对焚书坑儒另一面的严厉谴责。毛泽东后一种思想更为重要，对今后的文化建设更有意义。历史现象是复杂的，毛泽东的思维是辩证的。我们不能把毛泽东对焚书坑儒的辩证性评论理解得片面了。

孔子是后来汉朝的董仲舒捧起来的

秦朝的焚书坑儒是极权专制文化政策的恶果。各地儒生并没有完全屈服于高压，采取各种办法暗中抵制。著名的"鲁壁藏书"事件是其典型代表。秦始皇下焚书令，追令天下交出儒家书籍，否则罹罪。孔子九世孙孔鲋将一些儒家书籍藏于室内壁中，然后持礼器投奔陈胜起义军，进行武装抗争。百余年后，西汉初封到曲阜的鲁恭王刘馀为了扩建宫室，在拆毁孔子旧宅时，发现这批古籍，被称作"古文经"。不久，王莽新政用它与西汉立于学官的"今文经"抗衡，推衍出古文经学。

　　焚书坑儒之时，朝廷内博士手中的诸子书并未焚掉。秦朝博士有七十人，其中既有"五经"博士，也有诸子传记以及方技数术博士。据《史记·秦始皇本纪》和《汉书·艺文志》所载，伏生为治《尚书》博士，黄疵为秦博士，则在名家，又有占梦博士。汉承秦制，初仍有博士七十人，但"备员弗用"。这个时期，文化政策还允许诸子百家之术存在，只是限制在朝廷博士圈子之内。私人授徒讲学，自由进行学术争鸣的局面已荡然无存。

　　真正使"百家争鸣"局面彻底消失的是汉武帝时期的"罢黜百家，独尊儒术"事件。

　　汉初推行"与民休息"的政策，社会经济得到恢复，出现了"文景之治"，但同时社会矛盾已开始暴露，至武帝时不仅外部匈奴为患日趋严重，内部矛盾也更加激化，并不断发生农民起义。汉初"无为而治"的黄老思想已不能适应新形势的需要。

　　汉武帝即位，建元元年（前140）丞相卫绾奏："所举贤良，或治申、商、韩非、苏秦、张仪之言，乱国政，请皆罢。奏可。"（《史记·武帝本纪》）建元五年（前136）"置'五经'博士"。因窦太后好黄老言，受其干扰，当时未果。建元六年，窦太后卒。元光元年（前134），汉武帝就如何加强中央集权、巩固封建统治等治国大计，三次策问儒生董仲舒。董仲舒是《春秋》公羊派大师，今文经学创始人，他上"天人三策"，极力推荐《春秋》"大一统"的理论，指出："《春秋》大一统者，天地之常经，古今之通谊也。今师异道，人异论，百家殊方，指意不同，是以上无以持一统，法度数变，下不知所守。臣愚以为诸不在六艺之科孔子之术者，皆绝其道，勿使并进。邪辟之说灭息，然后统纪可一而法度可明，民知所从矣。"（《汉书·董仲舒传》）武帝采纳这一建议，罢黜百家博士，只立"五经"博士，从而确立了儒学和儒家经典的权威性的统治地位。而儒家以外的诸子学，由于无进身之路，日益衰微。《汉书·武帝纪赞》："罢黜百家，表章'六经'。"《汉书·董仲舒传》亦云："推明孔氏，抑黜百家。"从此儒家思想定于一尊。后世将汉武帝采纳董仲舒的建言实行这一文化政策概括为"罢黜百家，独尊儒术"。

　　"罢黜百家，独尊儒术"事件对于"百家争鸣"学术局面的最后摧毁，毛泽东似乎没有正面评论。但是，1954年到1958年他在评说"孔学"（儒学）的历史命运时，明确指出儒术独尊是董仲舒"捧起来的"：

　　　　对孔夫子，自董仲舒以来就说不得了，"非圣诬法，大乱之殃"。

　　（《毛泽东文集》第六卷，人民出版社1999年版，第346—347页）

孔子是后来汉朝的董仲舒捧起来的，以后不大灵了。到了唐朝又好一点，特别是宋朝的朱熹以后，圣人就定了。到了明清两代才登上"大成至圣文宣王之位"。（许全兴：《为毛泽东辩护》，当代中国出版社 1996 年版，第 335—336 页）

毛泽东讲清了两点：董仲舒在"罢黜百家，独尊儒术"上起了重要作用；这种"儒术独尊"从汉朝延续到清代。

"百家争鸣"学术活动，肇始于春秋末期，衰落于西汉中期，经诸子创说、稷下学官、合纵连横、焚书坑儒、信奉黄老、独尊儒术等重大学术事件，前后历时三百余年（从孔子卒年即公元前 479 年到汉武帝元光元年即公元前 134 年）。其兴盛期约有二百年——以战国初庄周《庄子·天下》到战国末荀况《荀子·非十二子》所记载评述诸子学术活动和学术纷争为标志，是确确实实的诸子百家"争鸣"期。

"百家争鸣"是辩证法

对春秋战国时代诸子蜂起、"百家争鸣"的学术局面，毛泽东是向往的。他曾经长期思考过这个中国思想史最为重大的学术运动，从中得出一个十分新鲜的结论：战国时代的"百家争鸣"，这是辩证法。

辩证法中的否定之否定规律，可以表达为肯定——否定——否定之否定（肯定）这样三段式表达事物发展过程的公式。毛泽东也喜欢用三段式来表达事物发展过程，如：团结——批评——团结；再如：平衡——不平衡——平衡。

1958 年 5 月 8 日，毛泽东在中共八大二次会议的讲话提纲中，正是用三段式表达事物发展过程公式，来肯定"百家争鸣"是充满辩证精神的学术运动。毛泽东写道：

先进的东方，落后的欧洲

十五年后走向反面，尾巴一定翘起来，如果不注意的话。不要紧，再来一个否定，又生动活泼了。

你看：希腊的辩证法—中世纪的形而上学—文艺复兴

你看：战国时代的百家争鸣—封建时代的形而上学—现代的辩证法

客观存在的，不是吗？

设置对立面，十分必要

如何设置？客观存在的（《建国以来毛泽东文稿》第七册，中央文献出版社 1992 年版，第 195—196 页）

研究毛泽东的专家许全兴先生在《毛泽东晚年的理论与实践》一书中，引证了毛泽东这段讲话的记录稿：

> 事物总是要走向自己的反面。希腊辩证法，中世纪形而上学，文艺复兴。这是否定之否定。中国也是如此，战国时代的百家争鸣，这是辩证法，封建时代的经学——形而上学，现在又讲辩证法。（许全兴：《毛泽东晚年的理论与实践》，中国大百科全书出版社 1993 年版，第 353 页）

毛泽东在这里是用表达事物发展过程的三段式公式，来讲欧洲和中国两千四百余年的思想大趋势的特点。战国时代的"百家争鸣"，活跃着对立和对峙的各种学派，思想的长河波翻浪涌，辩驳争鸣精彩纷呈，充满学术生气和思想活力，在矛盾和碰撞中各家学派都得到了长足发展。所以，这个时期的思想界充满辩证精神。这是个需要大思想家并且产生了众多大思想家的时代，"百家争鸣"成了产生大思想家的平台和推动力。这个时期出现的众多学派学说，奠定了中华民族两三千年的思想理论基本框架，活力四射的时代也注定是魅力无穷的时代。

毛泽东把春秋战国时代的"百家争鸣"定位为"这是辩证法"，高屋建瓴，一语中的，把握住了这个时代思想文化发展的本质、内涵和特征。两千年整个封建时代，儒术独尊，经学称霸，一直是统治阶级的意识形态和主流文化，形成了一个自我发展、自我繁殖的封闭文化圈，减弱了、僵化了甚至丧失了儒家学派创立和兴盛时期所表现出的既独树一帜又兼收并蓄的创造性和开放性，体现的是形而上学文化模式。最终将自己退化为文化变革的冲击对象。这就是五四运动"反孔"的深层原因之一。

毛泽东这样分析、评价中国三千年的思想文化史，显然出于对学术自由的十分看重，是提出和推行"百家争鸣"学术发展方针的需要，也就是需要"现代的辩证法"。他的这种追求，发生很早，可以上溯到五四运动时期。1919 年

7月21日，他在《健学会之成立及进行》一文中说：

> 自由讨论学术，很合思想自由、言论自由的原则。人类最可宝贵，最堪自乐的一点，即在于此。学术的研究，最忌演绎式的独断态度。中国什么"师严而后道尊"，"师说"，"道说"，"宗派"，都是害了"独断态度"的大病，都是思想界的强权，不可不竭力打破。像我们反对孔子，有很多别的理由。单就这独霸中国，使我们思想界不能自由，郁郁做二千年偶像的奴隶，也是不能不反对的。（《毛泽东早期文稿》，湖南出版社1995年第2版，第368页）

显然，毛泽东很早就已经发现儒术的"独霸中国"，没有学术自由，没有思想自由，没有学界内部的对垒冲突，争辩争鸣，就没有学术进步和思想进步，并终将导致民族文化的萎败倾向和国民心理的奴化痼习。所谓"演绎式的独断态度"，也就是思想文化领域的形而上学。因此，毛泽东十分赞赏和珍爱春秋战国时代的"百家争鸣"自由讨论的学术局面，并将它加以改造利用，制定了"百花齐放，百家争鸣"的"双百"方针，用以指导中国艺术和学术的发展。

二十二种子书与先秦子学中的"人民性"

毛泽东如此评价春秋战国时代的"百家争鸣"学术活动和文化现象，源于他从启蒙时代就开始了的对先秦诸子学说的学习和思考。

毛泽东最早阅读的先秦子书是儒家的《论语》和《孟子》。这个情况，毛泽东在延安时有回忆。

1936年10月，美国记者埃德加·斯诺到陕北采访，毛泽东一连几夜，叙述了他自幼年以来的半生经历。其中他说：

> 我八岁那年开始在本地一个小学里读书，一直在那里读到十三岁。清早和晚上我在地里劳动。白天我读儒家的《论语》等"四书"。（《毛泽东一九三六年同斯诺的谈话》，人民出版社1979年版，第5—6页）

"四书"包括《论语》《孟子》《大学》《中庸》。毛泽东少年时代读过的《论语》，现存下册，系宋人朱熹所辑《论语集注》本，石刻线装，封面有毛泽东用毛笔书写的"论语下 咏芝"——"咏芝"是毛润之的另一种读音和写法。内容包括"《论语》卷之六至卷之十"。这半部《论语》现在收藏于韶山纪念馆。

少年毛泽东先后在韶山冲南岸、关公桥、桥头湾、钟家湾、井湾里、乌龟井、东茅塘七处私塾读书，上了六年学，他所读的主要是儒家经典——"四书五经"。对这六年的私塾读书经历，毛泽东后来形象地概括为"读了六年孔夫子"。他追忆道：

> 我过去读过孔夫子的书，读了"四书五经"，读了六年。背得，可是不懂。那时候很相信孔夫子，还写过文章。（1964年8月18日，毛泽东在北戴河《关于哲学问题的谈话》）

毛泽东读了六年私塾，读《论语》《孟子》《左传》这些书，背诵如流。后来他说起自己的幼年，学的是"子曰：学而时习之，不亦说乎"（《论语》首篇首句）这一套，这种学习的内容虽然陈旧了，但是对他识字学文化大有好处。

毛泽东探索先秦子学之路就是从韶山冲的私塾开始的，他最初读到的是儒家孔子、孟子两位大师的著作。

进入青年期，毛泽东有五年在湖南省立第一师范读书。此时，他已经能从研究国学的视角有计划地读先秦子书。1916年2月29日，毛泽东致信同学萧子升谈"中国应读之书"。其信前半部分已亡佚，后半部分是：

> 右经之类十三种，史之类十六种，子之类二十二种，集之类二十六种，合七十有七种。据现在眼光观之，以为中国应读之书止乎此。苟有志于学问，此实为必读而不可缺……惟此种根本问题，不可以不研究。故书之以质左右，冀教其所未明，而削其所不当，则幸甚也。（《毛泽东早期文稿》，湖南出版社1995年第2版，第37页）

毛泽东选出应读书七十七种，可注意的是"子之类二十二种"。可惜的是，信的前半部分遗失了。从行文看，毛泽东在上引的信文前面，似开列了经、史、子、集七十七种书目，但现存手稿部分缺失，就不能下断语了。

尽管如此，我们的判断仍然可以找到依据。

我国古代子书创作第一个高峰期即在春秋战国"百家争鸣"时期。汉代史学家班固即在《汉书·艺文志》中设了《诸子略》《兵书略》等类目，著录当时诸子类著作情况。为了更好地提高研读实效，古代学者尝试在卷帙浩繁的子书中选编精华。清代光绪元年（1875）至光绪三年（1877），浙江书局分册辑刊而成的诸子丛书《二十二子》较有特色，也最为引人注意。《二十二子》所收子书具有较高的代表性。以中国古代哲学为主，兼及中国历史、文学、政治学、社会学、天文学、军事学、医学等。研读子书，应该从先秦子书入手，方能理清诸多学派的各自源头。《二十二子》所收先秦子书，如《老子》《庄子》《管子》《列子》《墨子》《荀子》《尸子》《孙子（兵法）》《晏子春秋》《吕氏春秋》《商君书》《韩非子》等，均为先秦诸子百家的代表作（《尸子》较弱一些）。儒家的代表人物孔子、孟子的《论语》和《孟子》，因为属于经学范围，《二十二子》丛书没有收入。但是，毛泽东所列书目有"经之类十三种"，"十三经"是个固化了的概念，其中必定包括《论语》和《孟子》。这样，毛泽东所列国学七十七种书目，先秦子书占十四种。这些著作奠定了中国古代思想文化的基本内容与主要范畴，可以大致了解我国子书开创期的主要线索及其发展脉络，有助于人们从较广的学术视野观察中国古代文化。

毛泽东与萧子升商讨"中国应读之书"，其中"子之类二十二种"与《二十二子》仅仅是偶然巧合呢，还是毛泽东把《二十二子》作为了选书参考呢？看毛泽东从儒家《十三经》中确定"经之类十三种"的思路脉络，毛泽东极有可能受《二十二子》的启发，确定了"子之类二十二种"。《二十二子》风行于清末民初，正在湖南省立第一师范学校读书的毛泽东，很有可能在学校图书馆接触到这套丛书，作为自己选书的蓝本。

过了二十年，毛泽东已是政党领袖。此时，他从中国革命的实际需要出发，指出了要用马克思主义观点总结包括先秦子学在内的中国历史经验。1938年10月14日，在党的六届六中全会上，毛泽东郑重提出：

> 今天的中国是历史的中国的一个发展；我们是马克思主义的历史主义者，我们不应当割断历史。从孔夫子到孙中山，我们应当给以总结，承继这一份珍贵的遗产。这对于指导当前的伟大的运动，是有重要的帮助的。（《毛泽东选集》第二卷，人民出版社1991年第2版，第534页）

在这里，毛泽东把儒家的开山祖师孔夫子作为"历史的中国"的标志性人物，与近代伟大的资产阶级革命家孙中山相提并举，可见毛泽东对儒家学派、对先秦诸子在中国思想文化发展中的作用是十分看重的。中国的思想文化史，乃至中国的全部历史，不从孔夫子理起，不从先秦子学理起，是茫无头绪的，也说不清来龙去脉。毛泽东这个判断，是最有历史洞察力的。

正是在毛泽东这个指示的引导下，曾经在北平大学里开过先秦诸子课的陈伯达，于1939年春天，一连写了《老子的哲学》《孔子的哲学思想》《墨子哲学思想》等总结先秦诸子哲学思想的学术论文。毛泽东在审读这些文章时，写下六七千字的修改意见，对孔子和墨子哲学中不少具体观点做出了新颖独到的评论。指出孔子的功绩不只在教育普及一点，孔子在认识论与社会论上"有它的辩证法的许多因素，例如孔子对名与事、文与质、言与行等等关系的说明"；指出墨子是"中国的赫拉克利特"（古希腊唯物主义哲学家），是"古代辩证唯物论大家"。（《毛泽东文集》第二卷，人民出版社1993年版，第156—165页）

此期前后，毛泽东又在下力气讨论先秦兵家代表人物孙武子的《孙子兵法》。那时他正在总结研究中央苏区反"围剿"革命战争和抗日战争的经验教训和战略问题。毛泽东多次写信给在西安做统一战线工作的叶剑英和刘鼎，要他们购买一批军事书籍来。1936年9月26日给刘鼎写信，告诉他："不要买普通战术书，只要买战略书，买大兵团作战、战役学书。中国古时兵法书如《孙子》等也买一点。写信到南京国府路军学研究社，请他们代办。"（夏征难：《毛泽东与中外军事遗产》，大连出版社1997年版，第65页）同年10月22日，毛泽东又致信叶剑英、刘鼎："我们要的是战役指挥与战略的，请按此标准选买若干。买一部《孙子兵法》来。"（《毛泽东文集》第一卷，人民出版社1993年版，第453页）毛泽东在上述两封信中，都明确提到《孙子兵法》，从中反映出他对《孙子兵法》的重视之程度和要求之迫切。他认为《孙子兵法》是"战略书"，认为孙武子是"中国古代大军事学家"（《毛泽东选集》第一卷，人民出版社1991年第2版，第201页）。1938年5月26日至6月3日，毛泽东在延安抗日战争研究会上作《论持久战》的讲演，强调"知彼知己"对认识战争现象的重要，他说："孙子的规律，'知彼知己，百战不殆'，仍是科学的真理。"（《毛泽东选集》第二卷，人民出版社1991年第2版，第490页）

抗日战争初期，毛泽东对先秦子学的研究进入了一种新的境界。

毛泽东历来主张对历史遗产，对传统文化，要汲取精华，剔除糟粕。他自己也做这方面的工作，对先秦子学采取批判继承的态度。1958年他在审订中宣部部长陆定一的《教育必须与生产劳动相结合》一文时，加写了一段话，其中说道：

> 中国教育史有人民性的一面。孔子的有教无类，孟子的民贵君轻，荀子的人定胜天……诸人情况不同，许多人并无教育专著，然而上举那些，不能不影响对人民的教育，谈中国教育史，应当提到他们。(《毛泽东文艺论集》，中央文献出版社 2002 年版，第 191 页)

这里虽然是从教育史的层面切入，但是毛泽东事实上指出了儒家三位巨子即孔、孟、荀三人的学说中"有人民性的一面"，"影响对人民的教育"。我们所看重的不仅是毛泽东所举的例证，还有这个评价所包含的评价先秦子学的方法论意义：毛泽东所肯定的正是儒家三位巨子学说中的平民教育思想、民本思想和古代唯物论观点，这显然是儒家学派的思想精华。这种唯物史观的研究方法，完全适用于对先秦子学全部学派和全部著作的研究。

毛泽东是思想巨人，但是他很服膺先秦子学的博大精深，建构自己的思想体系时，常常将先秦子书带在身边，随时参考。1959 年 10 月 23 日，毛泽东从北京出发到南方视察，外出前他列了一个很长的书单。在他指名要带走的书籍中，先秦诸子和涉及研究先秦子学的著作主要有：

《荀子》《韩非子》《论衡》《张氏全书》(张载)，关于《老子》的书十几种。

标点本《史记》《资治通鉴》。

冯友兰：《中国哲学史》。

范文澜：《中国通史简编》。

吕振羽：《中国政治史》。

郭沫若：《十批判书》《青铜时代》《金文丛考》。(龚育之、逄先知、石仲泉：《毛泽东的读书生活》，三联书店 1986 年版，第 18—19 页)

从这个书单摘要中可以看出，毛泽东所带的先秦子书，有儒家的《荀子》，有法家的《韩非子》，有道家的《老子》——而且有"十几种"之多。有司马迁的《史记》，有先秦诸子的传记和学术活动史料。

冯友兰、范文澜、吕振羽和郭沫若四人，或是哲学史家，或是政治史家，或是历史学家，都是现当代中国治史的顶级人物，他们的著作《中国哲学史》《中国通史简编》《中国政治史》《十批判书》等，大都对先秦诸子的学说做过系统的梳理和透彻的分析。这些史学哲学著作对晚年毛泽东的子学观影响甚大。

1959年12月10日至1960年2月9日，毛泽东着眼检讨我国和苏联在社会主义经济建设中的经验教训，先后在杭州、上海和广州，组织读书小组研读苏联《政治经济学（教科书）》（下册）第三版。在研读时的谈话中，毛泽东评价儒家鼻祖孔子："孔子也因为在许多国家受了挫折，才转过来决心搞学问。他团结了一批'失业者'，想到处出卖劳动力，可是人家不要，一直不得志，没有办法了，只好搜集民歌（《诗经》），整理史料（《春秋》）。"毛泽东评价法家政治家李斯说："李斯的《谏逐客书》，有很大的说服力，那时候各国内部的关系，看起来是领主和农奴的关系，每个家族都有自己的战车、武士，一个国家统一的程度很差。李斯是拥护秦始皇的，属于荀子一派的，主张法后王。"（《瞭望》1991年第35期，转引自盛巽昌等：《毛泽东这样学习历史，这样评点历史》，人民出版社2005年版，第234—235页）毛泽东引用《老子》中的名言"千里之行，始于足下"来说明社会主义的分配原则眼前利益要服从长远利益；引用《孟子·滕文公上》的名言"物之不齐，物之情也"来说明社会主义计划经济活动中平衡与不平衡的关系。这里涉及儒道法三家的老子、孔子、孟子、李斯和他们的著作（子书）。（《读苏联〈政治经济学教科书〉的谈话（节选）》，《毛泽东文集》第八卷，人民出版社1999年版，第136、119页）

法家厚今薄古，儒家厚古薄今

毛泽东晚年于十年内乱的"文革"中，对先秦子学，主要是对儒法两家的评价陷入一种极端：他从政治需要出发，在"文革"动乱难于掌控的情况下，又错误地发起了"评法批儒""批林批孔"运动，绝对肯定法家，绝对否定儒家，使其儒法观完全倾斜，脱离了学术轨道。

"文革"之初的毛泽东就开始否定孔子的"圣人"地位。1966年11月20日，毛泽东在会见参加武汉地区座谈会的曾思玉、王六生、刘建勋等人时说：

> 我劝同志们看看鲁迅的杂文。鲁迅是中国的第一个圣人。中国第一个圣人不是孔夫子，也不是我。我算贤人，是圣人的学生。
> （《毛泽东同参加武汉地区座谈会人员谈话记录》，逄先知、金冲

及 :《毛泽东传（1949—1976）》下卷，中央文献出版社 2003 年版，第 1609 页）

1968 年 10 月 13 日，毛泽东在中共八届十二中全会开幕式上的讲话中，提到范文澜的《中国通史简编》和郭沫若的《十批判书》，就当代几位学者"崇儒反法"史学观点散论漫谈起来。毛泽东认为范文澜对儒家、法家都给予了地位：

> 范老基本上也是有点崇孔啰，因为你那个书上有孔夫子的像哪。……但是，在范老的书上，对于法家是给了地位的，就是申不害、韩非这一派，还有商鞅、李斯、荀卿传下来的。（许全兴《毛泽东晚年的理论与实践》，中国大百科全书出版社 1993 年版，第 450—451 页）

这次谈话，只是随便提到先秦思想史儒法两家，毛泽东并未想号召人们去钻进故纸堆，研究老古董，展开批判。

但是，"九一三"林彪事件之后，出于"文革"形势难以掌控，毛泽东扬法批儒倾向急剧升温。1973 年 5 月的一天，江青看望毛泽东，见毛泽东那里放着大字本的郭沫若《十批判书》。毛泽东给了江青一本，并说："我的目的是为了批判用的。"他还把自己写的一首诗念给江青听：

> 郭老从柳退，不及柳宗元；
> 名曰共产党，崇拜孔二先。（许全兴：《毛泽东晚年的理论与实践》，中国大百科全书出版社 1993 年版，第 448 页）

毛泽东的四句诗，批评郭沫若的《十批判书》崇儒抑法贬秦，肯定柳宗元的《封建论》赞郡县制废分封制。从思想史的角度说，毛泽东明确亮出了褒法贬儒的思想旗帜。

1973 年 5 月 20 日到 31 日，中共中央召开工作会议，主要议题是为召开中共十大做准备。在会上，毛泽东要求政治局的同志，当然也包括中央委员和候补委员在内，都要认真看书学习，不要光抓生产，还要注意路线、意识形态、上层建筑，要懂得历史，学点哲学，看些小说。5 月 25 日晚，毛泽东在中央政治局会议上讲话。他说：

郭老的《十批判书》有尊孔思想，要批判；但郭老功大过小，他在中国历史的分期上，为殷纣王、曹操翻案，为李白籍贯作考证，是有贡献的。对中国的历史要进行研究，从孔夫子到孙中山，从乌龟壳（甲骨文）到现在，都要进行研究、总结，要有知识。（《周恩来年谱（1949—1976）》（下卷），中央文献出版社1997年版，第595页）

此处，毛泽东一方面说要批判"尊孔思想"，另一方面又说"从孔夫子到孙中山，从乌龟壳（甲骨文）到现在，都要进行研究、总结"，这与1938年他在中共六届六中全会上的提议"从孔夫子到孙中山，我们应当给以总结，承继这一份珍贵的遗产"（见本节前面的述评），思想观点完全一致。

7月4日，毛泽东在中南海游泳池住处召见了王洪文、张春桥两名"文革"新贵。毛泽东谈话中有一段说：

> 什么郭老、范老、任继愈、杨柳桥之类的争论。郭老又说孔子是奴隶主义的圣人。郭老在《十批判书》里头自称是人本主义，即人民本位主义。孔夫子也是人本主义，跟他一样。郭老不仅是尊孔，而且还反法，尊孔反法，国民党也是一样啊！林彪也是啊！（《毛泽东年谱（1949—1976）》第六卷，人民出版社2013年版，第485页）

毛泽东把"尊孔反法"与政治运作扭结到一起。8月5日，毛泽东召见江青，对她说：

> 历代政治家有成就的，在封建社会前期有建树的，都是法家。这些人都主张法治，犯了法就杀头，主张厚今薄古。儒家满口仁义道德，一肚子男盗女娼，都是主张厚古薄今的。（《毛泽东年谱（1949—1976）》第六卷，人民出版社2013年版，第490页）

这次谈话中，毛泽东的扬法贬儒已达极点。"九一三"事件中，林彪一伙攻击他是"当代的秦始皇"。对手的比附和攻击，激起了他的愤慨。这使他的评法批儒论始皇，不少为争辩与批驳的激愤之语，很难说是深思熟虑后的准绳之言。这些话语在1973年产生了令人遗憾的后果。

1974年1月18日，毛泽东批准下发了本年第一号中共中央文件，就是由江青直接指挥编辑的材料《林彪与孔孟之道》（之一）。中央通知说："林彪是一个地地道道的孔老二的信徒，他和历代行将灭亡的反动派一样，尊孔反法，攻击秦始皇，把孔孟之道作为阴谋篡党夺权、复辟资本主义的反动思想武器。"于是，一场比"评法批儒"更为荒谬的"批林批孔"运动在全国蔓延开来，这里的儒法之辩已经毫无学术味道。

从上述引语中可以看出，毛泽东"评法批儒"好强调儒家"法先王"，厚古薄今，复古倒退；法家"法后王"，厚今薄古，改革进步。这里藏着隐忧，即担心否定"文革"。当时的思维定式是：拥护维护"文革"的即是思想激进的左派，是革新派；抵制反对"文革"的即是观念保守的右派，是复辟派。这个评批目的，这个政治功利，这个价值取向，使"评法批儒"一开始就不是在争论学术是非，而是一种政治运作，是在较量政治短长。"四人帮"借题发挥的"影射史学"乘机甚嚣尘上。现在回头看，毛泽东晚年那一场评批运动虽然声势浩大，但是并未给毛泽东增加新的荣誉，实事求是地讲，那是他先秦子学品读史上的"滑铁卢"。

"文革"中带有浓烈政治色彩的"评法批儒""批林批孔"运动，不可能正确评价儒家、法家思想，不可能批判地继承儒法两家思想的精华，并给予其在我国思想文化史上弥足珍贵的一席之地。今天，它们的阴影早已渐去渐远。整体扫描毛泽东品读先秦子学的"全息"图像，仍然可以使我们在拂去灰尘后看到耀眼的光芒。

晚年毛泽东读先秦子书的情况，还有一种记载。毛泽东的图书管理员徐中远先生编制的《毛泽东晚年读过的新印大字线装书目录》，提供了较为全面的信息。从1972年7月8日到1976年8月31日，给毛泽东特别印制的大字本线装书，涉及先秦各家子书的有如下之著作：

> 道家有研究老子的著作：《老子简注》，高亨注译，1册；《老子校诂》，马叙伦校，1函5册。
>
> 儒家有批判孔孟的著作：《四书评》，（明）李贽著，1函4册；《从银雀山竹简看秦始皇焚书》，卫今著，1册；《鲁迅批判孔孟之道的言论摘录》，上、下册；《鲁迅批孔反儒文辑》，上、下册；《关于孔子杀少正卯问题》，赵纪彬著，1函5册；《孔丘教育思想批判》，冯天瑜著，1函6册；《批林批孔文章汇编》（一）（二），上、下册。

与此相关的还有两种书籍，大约当时是供"批判参考"之用：《十批判书》，郭沫若著，1函8册；《五四以来反动派、地主资产阶级学者尊孔复古言论辑录》，1册。

法家有商鞅和韩非的著作：《商君书注释》，高亨注译，1函6册；《商君书·更法》，（战国）商鞅著，1册；《论商鞅的历史功绩》，陕西师大师生著，1册；《论商鞅》，梁效著，1册；《韩非子》，1函6册；《韩非子·孤愤》，1册。

兵家有孙武和孙膑的著作：《孙子兵法》，1函1册；《孙膑兵法》，1函1册；银雀山汉墓竹简（《孙子兵法》《孙膑兵法》），1函10册。

杂家有吕不韦的著作：《吕氏春秋集释》，许维遹，1函10册。（徐中远：《毛泽东晚年读过的新印大字线装书目录》，《毛泽东晚年读书纪实》，中央文献出版社2012年版，第496—500页）

这些特制的大字线装书，涉及先秦道、儒、法、兵、杂五家。其中没有印制儒家诸子的著作，只有研究或批判儒家（主要是孔子）的著作，研究的如郭沫若的《十批判书》，批判的如《孔丘教育思想批判》——这是"评法批儒""批林批孔"特殊政治生活衍生的畸形文化现象。其他四家则是原著或注释类、研究类的著作同时印制，供毛泽东和中央高层领导阅读使用。尽管其间抹上了政治运作色彩的阴影，从中我们还是可以看出毛泽东终身不忘地关注先秦子学的浓厚情趣。

毛泽东一生品读先秦子书的实践活动，构成了"毛泽东品先秦诸子"丛书写作的对象和材料。据初步梳理统计，毛泽东品评引用先秦诸子代表性著作数量相当可观：

儒家孔子的《论语》达180次，其中肯定性评价引用160次，否定批评性引用只有不到16次，还不到十分之一（毛泽东评论孔子生平数十次不在本书之列）。

儒家孟子生平事迹和《孟子》达108次，其中肯定性评价引用达105次，否定批评性引用只有3次。

儒家荀况生平事迹和《荀子》5次。

道家老子生平事迹和《老子》达55次，其中肯定性评价引用51次，否定批评性引用只有4次。

道家庄子生平事迹和《庄子》达 50 次，其中肯定性评价引用 48 次，否定批评性引用只有 2 次。

道家列子著作《列子》达 18 次，全部是正面肯定性的。

墨家墨子生平事迹和《墨子》8 次，7 次是正面肯定性的。

兵家孙武子生平事迹和《孙子兵法》达 99 次（包括品评引用战国兵家、孙武后代孙膑生平事迹 7 次），其中肯定性评价引用 97 次，否定批评性引用只有 2 次。

法家商鞅生平事迹和《商君书》3 次。

法家申不害生平事迹 3 次。

法家韩非生平事迹和《韩非子》17 次。

法家李斯生平事迹和《谏逐客书》3 次。

杂家管仲生平事迹和《管子》11 次。

纵横家鬼谷子、苏秦、张仪、子贡、鲁仲连、叔孙通生平事迹 7 次。

毛泽东对先秦儒、道、兵、法、墨、杂、纵横家诸子代表性人物 20 人生平事迹和著作，品评引用共达 567 次之多。其中肯定性评价引用 539 次，否定批评性引用只有 28 次。

这组数据说明，毛泽东在品读先秦子学著作中，真正贯彻了汲取精华、剔除糟粕的批判继承性原则，做到了旧籍新解、古为今用。有人因为毛泽东在五四运动和"文革"中说过一些"批孔"的话，就判定毛泽东是全面"反孔派"；还有人因为毛泽东在著作和谈话中引用不少孔孟语录，就判定这是把马克思主义"儒家化"。其实，这两种说法都偏离了历史事实。如何继承传统文化遗产，如何借鉴旧时代思想家的思维成果，毛泽东可谓深思熟虑。他紧密联系中国革命和建设的实际，运用唯物史观，艰辛开拓，不懈努力，进行理论创立和文化整合，真正弘扬中华民族的优秀思想文化传统，使先秦子学得到现代阐释和现代转换，作为马克思主义中国化的养分和沃土，寻求到中国风格和中国气派。

品 读 卷

关于《老子》的书十几种

——《老子》品读史之一

在先秦诸子中，道家的著作首推其创始人李聃的书《老子》。但是，道家的书流传渠道相对狭窄，不像儒家著作那样被纳入私塾、学堂、书院的教材，成为童稚的启蒙读物，这影响了它传播的及时性和广泛性。

毛泽东大约是在二十岁前的某一个时期才接触到《老子》其书。因《老子》在中国思想史和文化史上具有"元典"的意义，毛泽东一经接触就被其吸引而不可脱离，品读这部有些奇特的古书直到晚年。他把《老子》视为哲学书、兵书、政书，视为人生大智慧的书，他的《老子》品读史也有些奇特而不同于品读其他子书。

《讲堂录》记有"《老子》：……"

毛泽东何时读的《老子》一书，他本人似乎没有说过，别人的回忆文字中似乎也没有提到过。

少年时代，毛泽东受的是旧式私塾教育；后来，他才上了新式学校，接受新式教育。他曾这样概括自己早年读书生活：我读了"六年孔夫子"，读了五年资产阶级的书，然后才开始接触马克思主义。

是说自己在故园韶山附近多处私塾，先后上了六年学。所读的书主要是儒家经典"四书五经"。"四书"指《大学》《中庸》《论语》《孟子》；"五经"即《诗经》《尚书》《礼记》《周易》《春秋》。对这六年的私塾读书经历，毛泽东后来形象地概括为"六年孔夫子"。

1913 年春，二十岁的毛泽东考入了湖南公立第四师范。第二年第四师范合并于第一师范，直到 1918 年夏季毕业，他在这所很有名气的学校学习了五年半。在这五年多的时间里，毛泽东主要以自修为主。他在湖南省立图书馆广泛阅读了中外文学、史地、哲学等书籍，特别是精读了资产阶级的社会科学、自然科学的代表著作，诸如亚当·斯密的《原富》、达尔文的《物种起源》、孟德斯鸠的《法意》、赫胥黎的《天演论》、卢梭的《民约论》、斯宾塞的《逻辑》，还读了不少浪漫主义的诗歌、小说及古希腊的传说故事。他把这五年的受新式教育形象地概括为"读了五年资产阶级的书"。

直到 1920 年，毛泽东第二次到北京期间，才读到陈望道翻译的《共产党宣言》这本马克思主义的书。

那么，毛泽东是什么时候开始阅读《老子》这部书的呢？现在很难说得准确。因为《老子》一书不在儒家经书之列，所谓的"六年孔夫子"，自然不包括《老子》。不过，从《毛泽东早期文稿》一书的记载中，却可以推知毛泽东品读《老子》大概的起始时间。

1913 年 12 月 6 日至 13 日之间，第四师范国文老师讲"国文"课。在毛泽东的听课笔记《讲堂录》中记有：

> 《老子》：天下莫柔弱于水，而攻坚强者莫之能先。（"先"是原文"胜"的误字——笔者注）（《毛泽东早期文稿》，湖南出版社 1990 年版，第 595 页）

《讲堂录》是毛泽东 1913 年 10 月到 12 月，在湖南第四师范求学时所做的听讲笔记。毛泽东在长沙读书时，写的日记、各种读书笔记、读报摘记等是很多的，曾积有一大网篮，存放湘潭韶山家中。1927 年马日事变之后，他的族人为防反动派迫害，将这些东西搬到后山烧毁。他幼年的塾师毛宇居从灰烬中救出这本残缺不全的听讲笔记和课本两册，珍藏到新中国成立后。现在保存下来的内容很少，只有四十七页，一万余字。前面十一页是手抄的《离骚》和《九歌》全文；后面三十六页冠名《讲堂录》。

《讲堂录》所记范围很广，在学术文章方面，凡先秦诸子、楚辞、汉赋等应有尽有。其中孔孟儒家学说占有突出的地位。在中国的文化遗产中，孔孟主要是入世的思想。显然，与青年毛泽东怀有改造国家和社会的抱负相符，故对孔孟学说感兴趣。而老庄主要是出世的思想。所以，《讲堂录》留下老庄的内容不多。

就是说毛泽东在长沙求学时就开始接触《老子》这部书了。《讲堂录》中记录这句话，出自《老子》第七十八章。

就在同一堂"国文"课，老师还从哲学角度对老子学派做出了评论。《讲堂录》记载：

> 老子唯心派。(《毛泽东早期文稿》，湖南出版社1990年版，第600页)

虽然寥寥五个字，但已不是讲《老子》某个思想观点，而是对以老子为代表的整个学派哲学属性的评估。

以上老师讲、毛泽东记的有关老子的两条，虽然只能证明毛泽东开始接触《老子》一书了，但把这作为毛泽东读《老子》之始，应该是有根据的。

《老子》一书，又名《道德经》，是中国思想史上道家的主要经典。相传为春秋末期老聃所著。《史记·老子韩非列传》载：

> 老子者，楚苦县厉乡曲仁里人也。姓李氏，名耳，字聃。周守藏室之史也。
>
> 孔子适周，将问礼于老子。老子曰："子所言者，其人与骨皆已朽矣，独其言在耳。且君子得其时则驾，不得其时则蓬累而行。吾闻之：良贾深藏若虚；君子盛德，容貌若愚。去子之骄气与多欲，态色与淫志，是皆无益于子之身，吾所以告子若是而已。"孔子去，谓弟子曰："鸟吾知其能飞，鱼吾知其能游，兽吾知其能走。走者可以为罔，游者可以为纶，飞者可以为矰。至于龙，吾不能知其乘风云而上天。吾今日见老子，其犹龙邪？"
>
> 老子修道德，其学以自隐无名为务。居周久之，见周之衰，乃遂去。至关，关令尹喜曰："子将隐矣，强为我著书。"于是老子乃著书上下篇，言道德之意五千余言而去，莫知其所终。
>
> 或曰：老莱子亦楚人也，著书十五篇，言道家之用，与孔子同时。云盖老子百有六十余岁，或言二百余岁，以其修道而养寿也。自孔子死之后百二十九年，而史记周太史儋见秦献公曰："始秦与周合，合五百岁而离，离七十岁而霸，王者出焉。"或曰儋即老子，或曰非也，世莫知其然否。
>
> 老子，隐君子也。老子之子名宗，宗为魏将，封于段干。宗子注，

注子宫，宫玄孙假，假仕于汉孝文帝。而假之子解为胶西王印太傅，因家于齐焉。

世之学老子者则绌儒学，儒学亦绌老子。"道不同，不相为谋"，岂谓是邪？李耳无为自化，清静自正。……

太史公曰：老子所贵道，虚无，因应变化于无为，故著书辞称微妙难识。

司马迁的《老子传》，说清了老子的几件关键事情：（一）老子的姓名、字号、籍贯、职守。（二）西出函谷关见关令尹喜，著书上下篇五千余言，"言道德之意"。《老子》一书"辞称微妙难识"。（三）老子学说的特征是"贵道，虚无，因应变化于无为"，"无为自化，清静自正"，"以自隐无名为务"。（四）孔子曾向老子问礼，儒道有交流融合。但道家学派和儒家学派在秦汉之际争斗激烈，"世之学老子者则绌儒学，儒学亦绌老子"。（五）老子的后代。（六）老子史料缺乏，后世误把老子与老莱子、太史儋混为一人。

老子的小传可以这样表述：老子即李耳，字聃，春秋末期楚国苦县（今河南鹿邑东）厉乡曲仁里人，曾当过"周守藏室之史"（相当今国家图书馆馆长）。他和孔子是同时代的人，较孔子年辈稍长。孔子到周的都城洛邑，问礼于老子。晚年，西出函谷关，关令尹喜要求其著书，于是著书五千言，分上下篇。退隐避居，不知所终。

后来学者们反复争论考证，证明司马迁的记载是审慎可靠的。

司马迁之时，《老子》分"上下篇"，即分"道篇"和"德篇"。与司马迁同代人河上公，作《老子章句》，将其分为八十一章，以前三十七章为《道经》，后四十四章为《德经》，故后世有《道德经》之称。现在的传世本，则多数是《老子》八十一章。

关于《老子》一书的成书时代，现在一般认为，《老子》书中掺杂有战国时人的语句，反映战国时人的思想，这是人们公认的。由此，推断《老子》不大可能是春秋时代的产物，而应该是战国初期或中期的作品，很可能是老子的后学者根据他的学说加以整理发挥而成。

但是，学者们研究，又较一致认为《老子》各章风格、笔致、遣词造句统一，出于一人之手。所以认为《老子》基本出于李聃之手，只是个别观点、用语、字词经战国后学改作整理。

《老子》虽然只有五千余言，但文字简约而内涵却极其丰富深奥，是旧时学者的必读书籍之一。

毛泽东品读《老子》一书开始于1913年冬，三年后其境界又提升到一个新的层面：对《老子》有了深刻的了解，并能够熟练运用了。

1917年4月1日，毛泽东写作发表《体育之研究》一文，第四节讲"体育之效"，其中论道：

> 人者，动物也，则动尚矣。……老子曰："无动为大"……然予未敢效之也。愚拙之见，天地盖惟有动而矣。（《毛泽东早期文稿》，湖南出版社1990年版，第69页）

1917年至1918年，毛泽东读了德国哲学家、伦理学家包尔生的《伦理学体系》一书，并做了大量批注，其中有一段批语写道：

> 是故老庄绝圣弃智、老死不相往来之社会，徒为理想之社会而已。（《毛泽东早期文稿》，湖南出版社1990年版，第185页）

这两段话，有一个共同特点，就是毛泽东不是一般地品读《老子》，不是传声筒式地转述老子的观点，而是对老子的观点持批判的态度。只有在读过原著、独立思考、吐故纳新之后，才能有突破性见解，达到这样的读书境界。

我不信老子李聃的出世思想

品读《老子》，信奉老子，可也不是生吞活剥、食古不化，而是激浊扬清、有取有舍。这是毛泽东品读《老子》的又一特点。

1949年11月13日是周末，毛泽东和家人共度良宵，有亲戚向三立来访。刘思齐给毛泽东沏了一杯茶，毛泽东喝了口茶，对家人也是对客人讲了一个民间故事。他说：

古时候有两个秀才，一个姓刘，一个姓李，两个人都爱做对联，一见面就想对对子。一次，俩人又见面了，商定对对子，谁对不出谁就要受罚。李秀才先出上联："骑青牛，过函谷，老子姓李。"刘秀才知道李秀才用了老子李聃骑青牛过函谷的典故，心想："他想占我的便宜，没门！看我非损他一下不可！"于是他略加思索，对了下联："斩白蛇，兴汉室，高祖是刘。"刘秀才以汉高祖刘邦自比，来对"老子"，高过李秀才一筹，李秀才不得不服了，连说："高明，高明！你赢了，我服输！"

刘思齐觉得这个故事很有趣，称赞道："爸爸，那个刘秀才真有学问！"

毛泽东对刘思齐说：

"思齐呀，那个刘秀才是你的祖先，他崇拜汉高祖刘邦。那个李秀才也可算是我的本家，因为我在延安时曾化名李得胜，但我不信老子李聃学说，他提倡出世思想，清静无为。""你说得对，人家多有学问，对历史掌故如此熟悉，能运用到实际生活中来，并且一用就活，一下把人家给吓倒了。这就是知识的力量！"

刘思齐和姊妹们听得很认真。毛泽东又对孩子们说：

知识一旦灵活运用，就可以变成武器，用来保卫自己。所以，你们要努力学习，积累丰富的知识。尤其是要学好历史和古典文学。

接着，毛泽东又把学习历史同治国联系起来。他说：

刘邦出身贫苦，没有多少兵力，没有万贯家财，却能称霸一方，统一天下，并且使汉朝长治久安。其原因主要是他善于用人。他手下两个重要的谋士，一个是张良，另一个是韩信，这两个人都能够为他所用。刘邦的对手楚霸王项羽却是个孤家寡人。当初，他的势力比刘邦大多了，拥有庞大的军队，统治着楚国这块富庶之地，兵强马壮，不可一世。但他有勇无谋，刚愎自用，不听谋士的进言，鸿门宴放走了刘邦。当然，项羽心肠好。鸿门宴项庄舞剑，意在沛公，项羽却不肯杀刘邦，刘邦说了几句好话，他就心软了。范增向他进言，他却不杀刘邦，而把刘邦放了，等于放虎归山。项羽没有理睬他的话，结果被范增言中。刘邦逃走后，势力不断扩大，与项羽争雄，结果打败了项羽。项羽被围在垓下，只得别姬自刎。项羽也不善用人，招贤纳士。韩信去拜访项羽，项羽却看不起韩信，结果韩信却为刘邦所用，为建立汉朝立下了汗马功劳。

毛泽东说到这里，把历史掌故引到现实生活中来，他说：

殷鉴不远。前车之覆，后车之鉴。我们要记取项羽的教训，切不可骄傲自满，对敌人更不要心慈手软。"宜将剩勇追穷寇，不可沽名学霸王。"现在新中国刚刚成立，百废待兴，蒋介石逃到了台湾，还想要反攻大陆。我们一定要解放台湾，将革命进行到底！

毛泽东停了停，又说：

"刘邦的治国之道，任人唯贤，广纳贤才，治理好国家，实现长治久安，也是值得我们借鉴的。"（赵志超：《毛泽东一家人——从韶山到中南海》，中央文献出版社 2000 年版，第 522—523 页）

毛泽东的话很有道理，事业成败关键在于个人主观上是否克服骄傲自满、狂妄自大，如果不能听取谏言，只囿于己见、故步自封，结果必然导致失败。由此可见要改造客观世界，首先要改造好主观世界，这样才能适应不断变化了的客观世界的需要。

这个故事有两点与老子有关：

对对子，李秀才出的上联，是关于老子生平出函谷关著书归隐的故事。此事《史记》老子传中已经讲过，前面讲老子生平时也引述过。

第二点是毛泽东申明：我不信老子李聃学说，他提倡出世思想，清静无为。

毛泽东对老子学说多方面吸纳，但对他的"出世思想，清静无为"却明确表示"不信"。虽然是周末家中接待客人时的漫侃闲聊，可毛泽东在事关思想是非方面却不信口开河。尤其对子女们谈文史，总是在看似轻松的话题中，隐含着修身养性的引导和教诲。这种不经意间的谈吐，更清楚更真实地表明了毛泽东对"老学"另一面持否定放弃态度。

清静无为的出世思想，是道家关于顺应自然的主张，最早由老子提出。

"无为"首先是老子哲学思想中的一个重要概念。《老子》一书中讲到这个观点的地方有十几处，可以从哲学角度来理解的也有不少条。例如：

道常无为而无不为。（第三十七章）

这里的"为""无为""无不为"都是一种泛指，是高度抽象与概括。

都与"道"有关。认为作为世界本原的道是自然而然的（"无为"），但它能产生万物（"无不为"），人应该效法道，顺应自然之势，实行无为。老子认为事物应按它们自己的情状发展，人类不宜根据自己的意志去干涉、制约它，要顺乎自然。"无为"和"无不为"的对象包括自然、社会、人生各个方面。

　　为无为，事无事，味无味。（第六十三章）

　　"为无为"，不是没有作为，也不是没有做事，而是做了一个"无为"，而是事了一个"无事"，而是味了一个"无味"。无为也是一种"为"。

　　在多数情况下，《老子》中的"无为"和"无不为"都是与治国行政相联系，是一种政治理念，是一种行政的运作模式。

　　不尚贤，使民不争；不贵难得之货，使民不为盗；不见可欲，使民心不乱。是以圣人之治，虚其心，实其腹，弱其志，强其骨。常使民无知无欲。使夫智者不敢为也。为无为，则无不治。（第三章）

　　这里老子研究的课题是"圣人之治"，其目的是贤、货、欲的"不"与"尚、贵、可"两种状况，老子选择了前者"不"，包含对"尚贤""德政"的否定，使民虚心实腹，弱志强骨。结论是：圣人"为无为"，则天下国家"无不治"。说到底，还是圣人治民之策。

　　《老子》第二章曰：

　　天下皆知美之为美，斯恶已；皆知善之为善，斯不善已。有无相生，难易相成，长短相形，高下相倾，音声相和，前后相随，恒也。是以圣人处无为之事，行不言之教；万物作焉而弗始，生而弗有，为而弗恃，功成而弗居。夫惟弗居，是以不去。

　　大意是：如果天下人都仅仅知道以美为美，这就是丑了；都仅仅知道以善为善，这就是恶了。有与无相反相生，难与易相互形成，长与短互为比较而存在，高与低在对比中才有，声响和回音相呼应，前边与后边相伴随。所以，圣人才奉行自然无为的做事方法，推行不言的教化。任万物自己生发而不逆拒，生养万物而不占有，施予而不自恃其能，成就了功业而不自居有功。正因不自居其功，其功才不会消失。

《老子》本章还是研究"圣人之治"。处政事，行政教，老子主张"无为之事"和"不言之教"。把万事万物做成功了，还要不辞、不有、不恃、弗居，这样才能"是以不去"，永远保持成功、成就、成果状态。

这一章说明道的玄妙。道的玄妙主要体现在万事万物的对立统一之中，对立双方总是相反相成的关系。如老子在这里举了诸多例证：有与无，难与易，长与短，高与低，前与后等，都是证明事物是对立统一的。所以，老子说："圣人处无为之事，行不言之教。"意思是说：圣人才奉行自然无为的做事方法，推行不言的教化。这句话是本章的中心论点，也是该书的灵魂，以后各章的论述都是围绕着"无为之治"和"不言之教"这一辩证法的基本原理而展开的。

无为，道家所指顺应自然变化之意；顺应自然变化不妄为而使天下得到治理。原指舜当政的时候，沿袭尧的主张，不做丝毫改变。后泛指以德化民。

无为而治是道家的基本思想，也是其修行的基本方法。老子认为，世界的本原是无，只有无才符合道的原则。他认为统治者的一切作为都会破坏自然秩序，扰乱天下，祸害百姓。要求统治者无所作为，效法自然，让百姓自由发展。老子认为天地万物都是由道化生的，而且天地万物的运动变化也遵循道的规律。老子说："人法地，地法天，天法道，道法自然。"（《道德经·二十五章》）可见，道的最根本规律就是自然，即自然而然、本然。既然道以自然为本，那么对待事物就应该顺其自然，无为而治，让事物按照自身的必然性自由发展，使其处于符合道的自然状态，不对它横加干涉，不以有为去影响事物的自然进程。也只有这样，事物才能正常存在，健康发展。所以在道家看来，为人处世，修心炼性，都应以自然无为为本，避免有为妄作。

老子在书中用了很多"无为"，基本意思就是自然无为，即指顺应自然，不按主观愿望有所作为。总之，根据道家的观点，在自然无为的状态下，事物就能按照自身的规律顺利发展，人身、社会亦是如此。如果人为干涉事物的发展进程，按照某种主观愿望去干预或改变事物的自然状态，其结果只会是揠苗助长，自取其败。因此，明智的人应该采取无为之道来养生治世，也只有如此，才能达到预期的目的。

当然，老子的"无为"，并非一无所为，什么事都不做。"无为"是不妄为，不随意而为，不违道而为。相反，对于那种符合道的事情，则必须以有为为之。顺乎自然，是自然而为，而不是人为而为。

我无为，而民自化；我好静，而民自正；我无事，而民自富；我无欲，而民自朴。（第五十七章）

老子在这里，把"我"与"民"对举，强调的仍然是治政行权问题。"我"即"圣人"，即统治者。我做到"三无一好"，民则能做到"四自"：自化、自正、自富、自朴。核心还是"我无为"。

上德无为而无以为；下德无为而有以为。（第三十八章）

在这里老子着重讲了"无为"的目的性意义。最高的德是上德。上德是什么？"上德无为而无以为。"意为我自己没有做事，但是我并没有意识到自己没有做事，我并不是要通过这种没有做事而达到什么，而谋求什么。这是"上德"。下德是什么？"下德无为而有以为。"意为没有做事，但没有做事是有想法的，是自己有意用这样一种"无为"来对待"有为"。这叫"下德"。"上德"是不离道，实际上也就是自然。"下德"是懂道、守道，是依道而行。守道依道而行虽然做起来很难，但毕竟还可以做；而不离道、自然却不是想做就可以做到的。"下德"还可以修为，"上德"则不可以修为，因为任何修为也是一种作为。

《老子》书中还指出了"为"和"有为"的危害性：

天下神器，不可为也，不可执也。为者败之，执者失之。（第二十九章）

民之饥，以其上食税之多，是以饥。民之难治，以其上之有为，是以难治。民之轻死，以其上求生之厚，是以轻死。夫唯无以生为者，是贤于贵生。（第七十五章）

"神器"指帝位、政权。"上"指侯王。他们"有为"则民难治，税多则民饥，生厚则民轻死。"可为"的结果是"败之""失之"。

"无为"的"为"，当然就是作为的意思。老子主张"无为"，排斥"有为"，把"无为"视为"道"的本性在政治、人生中的体现，这被后人看作"君人南面之术"，即统治术。

对老子和道家清静无为的主张，后人的理解有消极和积极两个方面：

从消极方面理解，"无为"就是不做事、不作为。"无为"就是无所作为，"无事"就是无所事事，"无欲"就是清心寡欲。老子"无为而治"的政治思想，是对现实的各种政治手段，包括礼治、德治、法治的有效性表示怀疑乃至否定，主张回到人类早期，即与自然精神融汇一体的时代，这与当时的复古思潮有关。事实上，"无为"不是不做事，也不是不作为，"无为"是人的一种行为，也是一种为。

从积极的方面理解，清静无为的基本含义是政治应当宽松，统治者对人民少烦扰、少干预、少剥夺、少压制，对四方邻邦也采取和平相处、互不侵扰的态度，以利于对内造成一种自由、轻松、和平、稳定、安宁的政治局面，对外造成一种和睦、安宁的国际环境，使人民得以休养生息，繁育发展，逐渐臻于富庶寿康的境地。清静无为是以统治者对人民群众让步为代价的。所以统治者要实现清静无为，往往需要自己少私寡欲，清虚自守，卑弱自持。后世道家为了强调清静无为政治思想的有效性，把"文景之治""贞观之治""开元之治"那样的盛世，归结为道家理论对安邦治国的作用。这得到历史上许多有识之士，包括许多贤明的最高统治者的首肯和认同，从而也就奠定了道家在中国政治思想史上的不可取代的历史地位。

不管从消极方面还是从积极方面来理解老子和道家的"清静无为"，它都不适合积极进取的入世行为和思想，倒是适合消极避世的出世行为和思想；至多，它的合理部分（如汉代与民休息的黄老思想）可以稳定社会，促进守成。所以，有一种认识：入世则学孔孟，出世则学老庄。

新中国成立之初，毛泽东是刚刚领导了新民主主义革命胜利的职业革命家。"为有牺牲多壮志，敢教日月换新天"的诗句，是他精神世界的写照，积极入世是他思想的主旋律。此时谈老子，论刘邦，他理所当然不信老子的出世思想，不追求什么"清静无为"，不学项羽的沽名钓誉衣锦还乡，而赞扬刘邦的纳谏如流，善于用人，积极进取。他很清楚面前现状是"新中国刚刚成立，百废待兴"，台湾还没有解放，必须把革命进行到底。这里说的"革命"，已不是武装夺取政权，而是巩固新生的人民政权。所以他总结汉初的经验："刘邦的治国之道，任人唯贤，广纳贤才，治理好国家，实现长治久安，也是值得我们借鉴的。"

跟孔子、老子、蒋介石的东西见面

从思想史的角度说，《老子》一书的哲学思想体系，属于唯心主义范畴。老子是客观唯心论者。这与新中国的主流意识形态马克思主义理论是对立的，马克思主义哲学是辩证唯物论和历史唯物论。

意识形态是特殊的上层建筑。新的经济基础形成以后，代表旧的意识形态的如孔子的《论语》、老聃的《老子》还要不要在人们中流传，要不要整理出版阅读研究？这在今天似乎不是问题，但在新中国成立初却困扰着人们的思想。几年的探索，毛泽东的结论是：不要禁止人们跟孔子、老子、蒋介石的东西见面！

1956 年 2 月到 4 月，刘少奇和毛泽东先后听取了国务院所属三十四个部委（主要是经济部门）的汇报，为党的八大和"二五"计划的制订，做调查研究准备。他们两人在听取汇报时，都有重要的和精辟的插话。这样，边听边议，最后毛泽东总结为十大关系问题。在政治局扩大会议上讲了之后，随即于 5 月间的最高国务会议上，做了著名的《论十大关系》的报告。

在三大改造已经完成，阶级斗争基本结束，国内主要矛盾发生变化以后，同经济建设密切相关的，扩大党内党外民主生活，改善有关制度，已成为突出问题。鉴于文化科学领域内存在着教条主义、宗派主义的"左"倾思想，也曾受到苏联在这方面粗暴干预等不良影响，毛泽东在研究十大关系过程中，提出"艺术问题上百花齐放，学术问题上百家争鸣"的方针。这个著名的"双百"方针，也在最高国务会议上郑重做了说明：

> 现在春天来了嘛，一百种花都让它开放，不要只让几种花开放，还有几种花不让它开放，这就叫百花齐放。百家争鸣，是说春秋战国时代，二千年以前那个时候，有许多学派，诸子百家，大家自由争论，现在我们也需要这个。（《毛泽东文艺论集》，中央文献出版社 2002 年版，第 144 页）

1956 年 5 月 26 日，中宣部部长陆定一向自然科学家、社会科学家、医学家、文学家和艺术家，发表了题为《百花齐放，百家争鸣》的讲话，对"双百"方针做了全面的系统的说明。"双百"方针不仅在文艺界和科学界，也在全国文教界引起了强烈反响，人们眼界顿时开阔起来，思想顿时活跃起来。

1957 年 1 月间，在党的省、市、自治区党委书记会议上，针对党内一些同志对此方针的怀疑和某些消极现象的出现，毛泽东先后两次谈道：

> 百花齐放，我看还是要放，有些同志认为，只能放香花，不能放毒草，这种看法，表明他们对"双百"方针很不理解。这个方针是合乎辩证法的。真理是跟谬误相比较，并且同它作斗争发展起来的。香花也是跟毒草比较，并且同它作斗争发展起来的。

> 禁止人们跟谬误、丑恶、敌对的东西见面，跟唯心主义、形而上学的东西见面，跟孔子、老子、蒋介石的东西见面，这样的政策是危险的政策。它将引导人们思想衰退，单打一，见不得世面，唱不得对台戏。（《在省市自治区党委书记会议上的讲话》,《毛泽东文集》第七卷，人民出版社 1999 年版，第 193 页）

同时，他也指出：

> 统一物的两个互相对立互相斗争的侧面，总有个主，有个次。在我们无产阶级专政的国家里，当然不能让毒草到处泛滥。无论在党内，还是在思想界、文艺界，主要的和占统治地位的，必须力争是香花，是马克思主义。（《在省市自治区党委书记会议上的讲话》,《毛泽东文集》第七卷，人民出版社 1999 年版，第 197 页）

毛泽东关于"双百"方针的论述，明确宣布，这是一个基本性的同时也是长期性的方针，不是一个暂时性的方针。可以说明毛泽东当时的主导思想，是为调动一切社会力量为社会主义建设全面服务。

总之，新中国刚刚成立七年，在抗美援朝、三大改造、经济建设等方面取得一系列胜利之后，在国内外有利条件下，以毛泽东为首的中共中央主要领导人，都在探索有别于苏联的适合中国国情的社会主义建设道路，都认为国家任务已由阶级斗争转为向自然开战，即发展生产力的斗争，同时也要在文化科学技术方面更加开放，同生产力同步发展。

由于人们的思想长期处于封闭的状态，对于"双百"方针还不完全理解，对于文化科学技术领域全面开放一时还接受不了。甚至党内一些同志对此方针持怀疑态度和带有消极情绪，担心会不会搞乱了。对此，毛泽东在党内的相关会议上一再重申，反复强调。在讲到"百家争鸣"时，毛泽东讲得很具体。他说：

> 在宪法范围之内，各种学术思想，正确的，错误的，让他们去说，不去干涉。有那么多的学说，那么多的自然科学，就是社会科学，这一派，那一派，都让他们去说，在刊物上、报纸上可以说各种意见。

毛泽东以辩证唯物主义的观点，讲的这些都是正确的。

这里，我们重点分析毛泽东对老子的态度，可以细化为三个方面：

（一）老子和道家是春秋战国时代"百家争鸣"中的重要"一家"，他的存在，客观为当时的社会主义社会学术发展提供了历史的借鉴。对老子这个客观存在，不能采取不承认的历史虚无主义的态度，应采取历史唯物主义的态度。"一家"都不承认了，也就否定了"百家"的存在，还有什么"百家争鸣"？！

（二）毛泽东在这里把孔子、老子、蒋介石的东西，是从对立面角度提出来，这表明他对孔子、老子的东西是持否定的、批判的态度。总的来看，毛泽东对孔子、老子的东西有肯定，有否定，一分为二，有取有舍，取其精华，剔其糟粕——对于历史的文化遗产，毛泽东坚持的观点是他一贯的方针。这里有个问题需要说明，毛泽东只是把老子视为思想的对立面，即"唯心主义、形而上学的东西"，并没有把老子视为政治上对立面，更不是"反革命"的。孔子和老子的东西是地主阶级的，蒋介石的东西是资产阶级的，它们与无产阶级的思想理论显然不是一个性质东西。毛泽东在对各个阶级的思想体系做总体评估的时候，他对孔、老采取了否定批判态度。这不妨碍对《老子》一书真理部分（如朴素辩证法）的肯定、继承和吸纳。

（三）主张不要禁止与孔子、老子、蒋介石的东西见面。"见面"一词，有丰富含义。毛泽东后来还主张出蒋介石的书，出赫鲁晓夫的书，扩大《参考消息》的发行范围，他说这是"种牛痘"。他始终认为真理与谬误、鲜花与毒草、真善美与假恶丑，相对立而存在，相斗争而发展。禁止人们与错误、荒谬、丑恶、反动的东西见面，就不可能经风雨见世面，思想就不可能健康发展，学术就不可能快速繁荣。

先学《离骚》，再学《老子》

有时，毛泽东在特殊的历史背景下会强调"学《老子》"。1958年的南宁会议就是突出一例。

这年1月，毛泽东在南宁会议（九省两市书记会议）上，对所谓"反冒进"和经济建设上的所谓"右倾保守的错误"进行批判。

毛泽东武断地提出："反冒进"是政治问题，泄了六亿人民的气。"反冒进"反掉了多快好省、四十条纲要、促进委员会这三样东西。毛泽东还说那篇社论（指1956年6月20日的《人民日报》社论：《要反对保守主义，也要反对急躁冒进》——引者注）既要反右倾保守，又要反急躁冒进，好像是有理三扁担，无理扁担三，实际重点是"反冒进"。并说社论中有些话是"尖锐地针对我"的。毛泽东还说，"反冒进"使一些同志跑到和右派差不多的边缘，只剩了五十米。

毛泽东在会上多次批判"反冒进"，使曾经"反冒进"的刘少奇、周恩来相继做了自我批评，陈云、邓小平等人在会上也先后做了自我批评。

但是毛泽东仍不满意，在1958年5月召开党的八大二次会议的时候，他又重提"反冒进"的错误，会议又掀起批判"反冒进"的浪潮。周恩来、陈云、李先念等人只好在每人的发言中，再一次地郑重检讨他们"反冒进"的错误。

毛泽东《在南宁会议上的讲话提纲》（1958年1月16日）的第一部分写道：

> 上海报告
>
> 文件，秀才，理论，文风，文法，学哲学，学逻辑，文件的重要性，苏联不重视理论和文件。
>
> 学外国文，十年计划，革命意志，朝气，可以不很紧张，安排很好
>
> 破暮气，走出办公室
>
> 学楚词（辞），先学《离骚》，再学《老子》。
>
> 会议上谈理论
>
> 官僚主义（《建国以来毛泽东文稿》第七册，中央文献出版社1992年版，第16页）

1月16日这天在南宁会议上讲话中,毛泽东主要讲了领导干部要学理论的问题,还谈到要学外国文,学点文学,并讲得很具体:

他说:"学点文学也好,古文、今文都可。"还进一步强调:"光搞现实主义一面也不好,杜甫、白居易哭哭啼啼,我不愿看,李白、李贺、李商隐搞点幻想。我们党建党以来,几十年没正式研究过这问题。"(《建国以来毛泽东文稿》第七册,中央文献出版社1992年版,第16—17页;陈晋:《毛泽东读书笔记解析》,广东人民出版社1996年版,第1260页)

毛泽东讲话中再次提到"学《老子》"。有意思的是,他把《老子》纳入"楚辞"系列,竟说"学楚词(辞),先学《离骚》,再学《老子》"。

怎样理解这句话呢?因为是讲话提纲,毛泽东只列了纲要式的几条,每条只有一两个句子,或几个词组。要把前后的内容连贯起来,才能理解讲话的内涵。

我理解,这里的"楚辞"不仅是楚地辞赋、不仅是"骚体"诗歌的意思,而要放大一点,是楚文化、湘楚文化的含义。显然,毛泽东是把老子当作楚人、把《老子》当作楚文化范畴的著作了。

老子历来有楚人、陈人、宋人说。大史学家司马迁主"楚人"说。《史记·老子韩非列传》说:"老子者,楚苦县厉乡曲仁里人也。"但据孔颖达《礼记·曾子问》疏引《史记》则云:"老聃,陈国苦县赖乡曲仁里人。"这就有了楚、陈异说。楚、陈之差,其关键则在于它们与苦县之间的关系。司马贞《史记索隐》说,"苦县本属陈,春秋时楚灭陈,而苦又属楚,故云楚苦县。至(汉)高帝十一年立淮阳国,陈县苦县皆属焉。"因此有楚、陈二说流行。

阎若璩《四书释地又续》则说:"苦县属陈,老子生时,地楚尚未有。陈灭于楚惠王,在春秋获麟后三年,孔子已卒,况老聃乎!史冠楚于苦县上,以老子为楚人,非也。"此后,一些人便肯定老子为陈人,虽然也有人仍然认为老子乃楚人无疑。

高亨先生据《史记·老子韩非列传》下文"老莱子亦楚人也",肯定《史记》原文当作楚,不作陈。因为事实上,老子死在孔子的前后和死在楚灭陈的前后还不可确证,所以说楚苦县并无妨碍。

比较可靠的说法,还是老子是楚人。

《楚辞》是继《诗经》而后，对中国文学具有深远影响的一部诗歌总集。汉代刘向辑，包括屈原、宋玉、景差、贾谊、淮南小山、东方朔、严忌、王褒以及刘向自己的作品，共十六篇。今所见《楚辞》十七篇，乃东汉王逸作《楚辞章句》时，附己作《九思》于卷末，共为十七卷。

　　"楚辞"创始者是楚国伟大诗人屈原，他在楚国民间歌谣的基础上创制了这种新的诗歌。楚国这种新诗歌比《诗经》中的诗篇幅扩大，句式延长，不采取回环复沓的形式，富有浪漫主义色彩。屈原之后楚人宋玉、唐勒、景差诸人，均仿之而作。其作品都具有"书楚语、作楚声、纪楚地、名楚物"的浓厚地方特色。以其为楚人独创而又有特殊形式的诗歌，自汉以来，即被称为"楚辞"，又称为"赋"。汉代，更大量出现了模拟这种形式的诗歌。作者虽非必楚人，但"其情其辞则楚"，故亦称"楚辞"。西汉末年，刘向辑录屈原、宋玉及汉人模拟的作品，汇为一集，称为《楚辞》。因此，"楚辞"既是一种楚人特有的诗歌形式名称，又是一部诗歌总集的名称。

　　无论从诗歌形式还是诗歌总集上说，《楚辞》作者代表首推屈原。他不仅是这种诗歌形式的创始者，而且作品的数量最多，质量最高；他的作品的思想性和艺术性，在中国文学史上都属于第一流。他的《离骚》，是他的代表作，也是楚辞的代表作。《离骚》全诗长达两千余字，是诗人遭逢忧患以后的作品，是我国古典文学中最长的光芒四射的抒情诗，是我国文学发展史上的伟大作品之一。诗人屈原通过自叙身世、陈述节操、诉说理想等几个重点，痛斥了昏庸王室与反动贵族陷害贤良、误国殃民的罪行，申述了自己远大的政治理想，诉说了自己横遭迫害的愤慨，批判了黑暗污浊的现实，表达了他对理想的执着追求和对祖国对人民的深切热爱，充分显示了诗人的爱国主义思想和战斗精神。《离骚》也集中表现了屈原的创作特征：作品运用美人香草的比喻和大量的神话传说、驰骋壮美奇特的想象，结构宏伟，词采瑰丽，形式多变，富于积极浪漫主义；作品感情炽烈，想象大胆丰富，结合对现实和理想的描绘，驱使历史人物、日月山川、风云雷电、鸾凤虬龙，构成五彩斑斓、奇特非凡的艺术形象；作品又以引类譬喻的方式，经过诗人点染，构成一套完整的象征，达到了极高的境地，因而成为闪烁着璀璨光辉的诗篇。在艺术形式上，在南方民歌的基础上，发展了比兴手法，创造了一种新的文学样式——"楚辞体"，又称"骚体"。鲁迅评论屈原的作品说："其言甚长，其思甚幻，其文甚丽，其旨甚明。"（《汉文学史纲要》）

　　总之，屈原、楚辞、《离骚》这三者可以概括出一个特征，那就是充满理想和斗志的积极浪漫主义精神。与此相联系的是毛泽东在南宁会议的讲话中提到唐代的诗人杜甫、白居易和"三李"（李白、李贺、李商隐）。显然，毛泽东认为写诗"光搞现实主义一面也不好"，对只揭露社会黑暗现实的杜、白（主要是杜甫）的诗"不愿看"，原因是这样的作品多是"哭哭啼啼"消极的东西，鼓不起劲来；而"三李"的诗作以豪放气概为主，充满幻想和积极浪漫精神，颇有大唐盛世气象，看了令人志壮气豪，精神大振，毛泽东喜读。说到底，此时此刻毛泽东从屈原到"三李"，喜欢他们的积极浪漫精神，这与此时他要提倡的建设思想和建设任务相关涉。他在为推动经济建设掀起"跃进"高潮而鼓动"朝气"，又为批判"反冒进"而破除"暮气"，而他把浪漫主义文学抬得很高，却突出批判现实主义文学"哭哭啼啼"的悲观，则是在寻求二者之间的同构关系，为自己的思想主张获得历史支持。以后的历史证明，1958年上半年毛泽东的批"反冒进"，终于导致了得不偿失的"大跃进"，此次浪漫主义文学帮了倒忙，倒是刘少奇、周恩来等人的"现实主义"的思考问题符合当时中国经济建设和社会发展的实际。

在这样的背景下毛泽东提倡"先学《离骚》，再学《老子》"，颇耐人寻味。"先学《离骚》"，通过上面的分析可以理解了，而《老子》总体上是一部哲学著作，是不能用现实主义或浪漫主义来归类的。但是，"再学《老子》"也不是不可解。在笔者看来，毛泽东这样提倡，至少有三条原因：（一）《老子》属湘楚文化范畴，读《离骚》，学《老子》，都是在消解湘楚文化，毛泽东的文化之根从年轻时就深深地扎在湘楚大地上，他的思想血脉里流淌着屈原、老聃等楚地文人的血液，这种文化认同感随时都会发生，关键时尤甚。（二）在强调干部理论学习时，除了学文学，他还提倡"学哲学，学逻辑"，"重视理论"，克服官僚主义，而《老子》是他多年认可的古典哲学著作，所以提出"再学《老子》"也是题中应有之义。（三）从毛泽东"先学"和"再学"的排序看，毛泽东此时思考问题似乎关注到事物的另一方面。他注意到《离骚》的积极入世浪漫主义，同时也注意到《老子》的消极出世以退为进。毛泽东毕竟是唯物辩证法的大师，即使在斗争激烈、情绪激动的情况下，也能从两方面看问题，只是次要方面的思想倾向往往被主要方面的思想倾向掩盖了，别人也往往忽视此点。这应该是他提倡"再学《老子》"的深层原因。

如果在头脑发热的"大跃进"发轫期，真的学点《老子》哲学，懂点老子辩证法，明白"高下相倾"（第二章）、"大成若缺，大盈若冲"（第四十五章）的道理，也许事情会好得多！

关于老子的书十几种

1917 年以后，毛泽东很快走上了职业革命家的道路：1927 年的秋天他组织和发动了著名的秋收起义，武装夺取政权；1937 年冬天他处理震惊中外的西安事变，积极开展抗日救亡活动；1947 年他带领中央纵队转战陕北进行解放战争，陕北取得了几次战役的胜利；1957 年秋天，社会主义建设事业如火如荼，工业农业都有了很大的变化发展……在戎马倥偬、铁血交织的漫长岁月里，除了在著作和谈话中引用《老子》的名言，似乎再没有听到看见毛泽东品读《老子》的故事。又过了两年，到了 1959 年，毛泽东自己开列一份书单，一次提到《老子》的书十几种，似乎是对四十余年他于《老子》书默默无闻的一种补偿。据为他管理过图书、后来任过中央文献研究室主任的逄先知先生回忆：

1959 年 10 月 23 日，毛泽东从北京出发到南方视察，外出前他列了一个很长的书单。在他指名要带走的书籍中，第一批是马列著作和他自己的选集，第二批是哲学社会科学著作，主要有：

普列汉诺夫：《史的一无论》《艺术论》。

黑格尔的著作。费尔巴哈的著作。

欧文、傅立叶、圣西门三大空想社会主义者的著作。

《西方名著提要（哲学社会科学部分）》。

冯友兰：《中国哲学史》。

《荀子》《韩非子》《论衡》《张氏全书》（张载）、关于《老子》的书十几种。

《逻辑学论文选集》（科学院编辑）。

耶方斯和穆勒的名学（严译丛书本）。

米丁：《辩证唯物论与历史唯物论》。

尤金等：《辩证法唯物论概要》。

艾思奇：《大众哲学》及其他著作。

杨献珍的哲学著作。（龚育之、逄先知、石仲泉著：《毛泽东的读书生活》，三联书店 1986 年版，第 18—19 页）

从品读《老子》的角度仔细研究这个书单，有两个特点十分鲜明：

（一）这是一批哲学社会科学著作。点到名字的哲学家、社会学家有十六人：普列汉诺夫、黑格尔、费尔巴哈、欧文、傅立叶、圣西门、冯友兰、荀子、韩非子、张载、耶方斯、穆勒、米丁、尤金、艾思奇、杨献珍；点到具体书名的哲学社会科学著作有十一部：《史的一无论》《艺术论》《中国哲学史》《荀子》《韩非子》《论衡》《张氏全书》《老子》《辩证唯物论与历史唯物论》《辩证法唯物论概要》《大众哲学》；点到人名，没点书名，但明确说带了其著作的有九人：黑格尔的著作、费尔巴哈的著作、三大空想社会主义者的著作、耶方斯和穆勒的名学、艾思奇及其他著作、杨献珍的哲学著作；还有两种著作点到书名，是资料书或论文集：《西方名著提要（哲学社会科学部分）》《逻辑学论文选集》。这些人，是古今中外著名的、巅峰的哲学家和社会学家；这些书亦是古今经典、中外名著。《老子》一书名列其中，那么十分显然，毛泽东在选书时，在潜意识中，是把《老子》视为哲学名著的，把老子视为哲学名人的。在十六位古今中外哲学、社会学家中，老子无疑位居第一，是两千五百年前的哲学大师。

（二）《老子》的书最多。"关于《老子》的书十几种"。这里"关于《老子》的书"，指的是研究《老子》的书。别的哲学书，毛泽东只带了原著；而《老子》书，毛泽东却带了研究它的著作"十几种"，这种现象在外出带书中是少见的。这说明了毛泽东对《老子》一书哲学价值的看重，对品读《老子》兴趣浓厚，也说明他对研究《老子》的著作很偏爱。

这里也有一点令今天的读者有些遗憾，就是这个书单只是笼统地记载了一句"关于《老子》的书十几种"，并没有详细开列十几种书的书目，不能使人们具体看到毛泽东品读《老子》的全部风貌。不过，这也有个补救的办法，就是可以把新中国前十年（1949—1959）出版的"关于《老子》的书"书目列出来，把民国时期出版的《老子》书目列出来，就可以大体上了解毛泽东外出所带之《老子》书有哪些：

《老子校诂》，马叙伦著。此书原名《老子覈诂》，1924 年出版。中华书局 1956 年出作者修订本。

《老子正诂》，高亨著。1943 年开明书店排印本。1956 年 10 月中华书局据其原纸型重印。作者改正个别错字，并在前面加写《重印老子正诂的说明》。

《中国古代哲学家老子及其学说》，杨兴顺著，杨超译。科学出版社1957 年 5 月版。作者是苏联汉学家。本书 1950 年在莫斯科出版，1956 年由杨超译成中文时，作者有补写和多处修改。

《老子译话》，杨柳桥著。古籍出版社1958年2月版。本书译文前有《引言》，译文后有《附录》。附录是作者写于1957年9月的论文《老子的哲学是唯物主义的吗？》。

《老子校释》，朱谦之著。中华书局1957年版。

……

列举这些"《老子》的书"，并不是凭主观猜测。在本书后面一些章节就会看到，这些书的大部分，毛泽东的藏书中都有；在他的读书实践中，也偶尔涉及这些书。这就是明证。

毛泽东外出为什么带这些书？这只要了解一下这一阶段他的读书生活就会明白：他是为着从哲学高度研究和解决社会主义经济建设问题而选书，而读书。

1958年和1959年毛泽东要求各级干部重点读两本书：《苏联社会主义经济问题》和苏联《政治经济学（教科书）》。

1958年夏，北戴河会议前后是"大跃进"、人民公社运动高潮，出现了一种否定商品生产的极"左"观点。为了从理论上解决这个重大问题，说服持这种观点的人，毛泽东下功夫多次读了斯大林的《苏联社会主义经济问题》，并做了批注。11月9日，毛泽东在郑州给中央、省市自治区、地、县四级党委写信，要求学习《苏联社会主义经济问题》："不为别的，单为一件事：向同志们建议读两本书。一本，斯大林著《苏联社会主义经济问题》；一本，《马恩列斯论共产主义社会》。每人每本用心读三遍，随读随想，加以分析……要联系中国社会主义经济革命和经济建设去读这两本书，使自己获得一个清醒的头脑，以利指导我们伟大的经济工作。"信里还提到将来有时间，可以再读苏联《政治经济学（教科书）》。

在接着召开的武昌政治局会议上，毛泽东又批示印发中国科学院经济研究所整理的《苏联政治经济学（教科书）第三版的重要修改和补充》给与会人员。他还在会上讲话说："苏联《政治经济学（教科书）第三版》的要点，你们看一下。我们这些人，包括我在内，社会主义经济规律是什么东西，过去是不管它的；现在我们真正搞起来了，全国也议论纷纷，斯大林的书，我们要看一下，《政治经济学（教科书）》也要看，每人发一本，把社会主义部分看一遍。"

1959年的"庐山会议"本来意在纠"左"，在毛泽东7月3日所拟讨论的十八个问题中，第一个问题就是"读书"。要求"高级干部读《政治经济学（教科书）》第三版下册"，还说"由中央委员到县委书记，都要读"。

虽然因为批彭老总使会议转向，没有真读，但到党的八届八中全会前一天的 8 月 15 日，他又给各位同志写了《关于读两本书的建议》：一本是《哲学小词典》第三版，一本便是《政治经济学（教科书）》第三版，要求"两本都在半年读完"。

1959 年 12 月 10 日至 1960 年 2 月 9 日，已六十六岁的毛泽东组织了一个读书小组，先后在杭州、上海和广州组织阅读苏联的《政治经济学（教科书）》。在边读边议中，他发表了许多重要见解，这对于我们今天的经济建设和个人生活仍然具有重要的现实意义。

《苏联社会主义经济问题》和《政治经济学（教科书）》对毛泽东和当时的中国共产党产生了重大影响，毛泽东与全党同志思考、分析苏联社会主义建设模式的成败得失，从而进一步探索适合中国自己国情的社会主义建设道路。

毛泽东是哲学大师，谈经济、军事、政治、文化等问题，往往从哲学角度切入。20 世纪 50 年代末他谈社会主义经济建设，其中涉及不少哲学思想，这与他喜欢阅读包括《老子》在内的大量哲学著作不无关系。

这是老子的办法

毛泽东品读《老子》，也品读《史记》中的《老子韩非列传》。他引用《老子》名言说理，也引用《老子传》说事。

突出的一例发生在 20 世纪 50 年代末。

1959 年 11 月 30 日至 12 月 4 日，毛泽东在杭州主持召开中央政治局常委扩大会议。出席会议的有刘少奇、周恩来、邓小平、彭真、李富春、李先念、陈毅、薄一波、陆定一、罗瑞卿、胡乔木和各大协作区的负责人柯庆施、陶铸、李井泉、王任重、林铁、张仲良、欧阳钦等。会议地点在南屏游泳池。

会议主要内容是讨论两个问题：一是讨论 1960 年的计划；一是讨论国际问题。关于 1960 年的计划，毛泽东在讲话中引用了《老子传》中的内容。他说：

> 所谓粮食过关，即有储备，平均每人占有粮达到一千斤以上，到一千五百斤，即比现在要加一倍，这也要十年，争取提前完成。还有藏一点，这是老子的办法，"良贾深藏若虚。君子盛德，容貌若愚"。（逄先知、金冲及主编：《毛泽东传》下册，中央文献出版

社 2003 年版，第 1030 页）

这里"老子的办法"，引自司马迁《史记》卷六十三《老子韩非列传》：

> 孔子适周，将问礼于老子。老子曰："……吾闻之：良贾深藏若虚；君子盛德，容貌若愚。去子之骄气与多欲，态色与淫志，是皆无益于子之身。"

大意是，孔子年轻的时候到了周朝的都城，准备向老子请教礼的学问。老子对他讲：我听说，一个了不起的商人，深藏财货，而外表看起来好像什么也没有；一个有修养的君子，内藏道德，而他的容貌看起来好像是一个愚蠢迟钝的人。去掉你身上的骄气和过多的欲望，去掉不必要的姿色和过多的志向，这些对你的身心都没什么好处。如此才能成为圣人。

"良贾深藏若虚"，原指精于卖货的商人隐藏宝货，不轻易让人看见。在中国旧时的店铺里，店面是不陈列贵重物品的，店主们总是把它们藏起来。只有遇到有钱识货的人，才告诉他们有好东西在里面。假使随便将上等货摆在店铺里，哪有盗贼不惦记之理。其实不仅是商品，人的才能也是如此。"君子盛德，容貌若愚"，后比喻有真才实学的人锋芒不外露，这便是俗语所谓"大智若愚"。

老子教诲孔子这句话，其深意在于告诫人们，不能过分炫耀自己的才华与能力，将欲望或精力不加节制地滥用，是毫无益处的。为商者能深藏不露，为人者能大智若愚，这便是老子的处世为人哲学。毛泽东很欣赏这句话。他把老子讲的道理称之为"老子的办法"。

毛泽东用《老子传》上这句话，用的是引申意义。

1959 年 10 月 1 日，中华人民共和国成立十周年，是一个大庆的日子。中共中央邀请苏联等十一个社会主义国家领导人率领的党政代表团和日本、印度等六十个国家的共产党代表团参加中国国庆活动。在这期间，毛泽东等中共领导人同一些代表团进行了会谈或谈话。

10 月 18 日，毛泽东在颐年堂会见日共代表团。谈话中，讲了一段对国际形势的看法。他说："整个国际形势是好的。西方统治集团，美国集团，这个集团的大部，都对打第三次世界大战抱着恐惧。我们利用他们的困难争取和平时间，这是可能的。而且不会是很短的和平时间，争取比较长的和平时间是可能的。我们历来是这样估计的，情况是向好，不是向坏。战争的情况也要估计到。总的情况来看，争取十年至十五年的和平时间是可能的。""我们并不想去解放台湾、金门、马祖，看情况的发展再去解决。澳门也不去解放它，同国际上有关联的地方，要看情况。争取十年、二十年的时间搞建设。"

"争取十年、二十年的时间搞建设。"这是毛泽东的一个战略思想。他渴望在这段时间里，把钢铁尽快搞上去，把粮食尽快搞上去，把整个工业尽快搞上去，超英赶美，使中国摆脱贫穷落后的地位，以争取主动。

10 月 23 日，毛泽东离京南下，经天津、济南、徐州、合肥、马鞍山、南京、上海，31 日到达杭州。一路上参观视察，除了农业，重点是工业，特别是钢铁生产。

10 月 30 日，在南京到上海间行进中的专列上，毛泽东同安徽、江苏两省负责人曾希圣、刘顺元、惠浴宇、陈光、彭冲等谈话，向他们详细了解情况。

毛泽东最关心的仍然是农业，尤其是粮食生产。他问："你们情况如何？"

答："情况还好。"

问："比夏季有点起色吗？"

答："同夏季完全不一样了，现在是一心一意了。"

毛泽东问江苏负责人："你们今年粮食有没有希望多少增一点产呢？"

答："粮食情况今年比较好。""今年的好处是大面积的高产，这一点比去年好。无论如何明年春天的问题不会再是今年春天那个样子了。"

毛泽东紧跟着问了一句："明年春天会比今年春天更好一些？"

答："恐怕好得多。"这时，有人插了一句："我觉得，这个粮食问题，心已经是比较放下来了。"

毛："心放下来了？"

答："心比较放下来了。"

毛："还是不要放下。搞十年吧，搞十年能够储备一年就好。能不能够？"

答："大概差不多。"

在粮食问题上，毛泽东记取一年多来的"大跃进"深刻教训，头脑冷静多了。然后，他又问到经济作物和多种经营的情况，重申他的"大农业"思想：农业包括十二个方面，粮、棉、油、麻、丝、茶、糖、菜、烟、果、药、杂，还有畜牧业、林业、渔业，还有别的副业，都要发展。

在这样的基础上，11 月底至 12 月初毛泽东在杭州主持召开了中央政治局常委扩大会议，重点讨论了明年计划和国际问题，这是毛泽东在庐山会议后这一年多的时间里，一直所关注的两大问题。

会议第一天，国务院副总理兼国家计划委员会主任李富春做 1960 年计划的报告，在大家充分讨论后，毛泽东就明年的计划问题发表了重要讲话。在讲到钢、棉、粮计划时，他指出：1960 年钢产指标一千八百万吨，无论如何要超过，两千两百万吨不要去打算，搞到两千万吨就了不起了。

毛泽东接着说：八大的指标，没有人说是右倾机会主义。其中，棉、油、粮提高了一点。现在要学习八大会议的经验，钢的指标为例。留了三年余地。现在，给三年补充计划要留一年的余地。棉、油、粮打高了，可以改，不要为八大建议所限制。棉提个四千五百万担或者稍多一点，就可以了。去年估计四千七百万担，实际只有三千八百万担。这九百万担是脑筋里的。现在提四千五百万担，比较稳当，这并不束缚我们手脚。粮食定为六千亿斤，行不行？天有不测风云，今年只要有五千亿斤，就大有可为。

毛泽东侧重讲到粮食储备问题时，说到"这是老子的办法"。良贾藏货，君子藏德。毛泽东引申为"国家藏粮"，他在讲话中强调计划要注意留有余地，留得还要多点，不仅中央，地方也如此。他关心农业，尤其是粮食生产。强调粮食要有储备，要有余粮，"藏一点"。中国是个农业大国。民以食为天。对于老百姓来说，最重要的是解决吃饭问题。毛泽东借用"老子的办法"强调粮食储备的思想，后来发展为"藏粮于民""备战备荒为人民""深挖洞，广积粮，不称霸"的战略思想。

不能不说，毛泽东借用"老子的办法"，是个大思路，解决了大问题！

老子的文章也只有五千字

品读《老子》，毛泽东也不一味讲老子思想，有时也讲老子文章的优长，作为今天文章写作的借鉴。

1965 年 11 月 15 日，毛泽东在专列上听取李葆华等人的汇报。在汇报时，毛泽东让身边工作人员拿出一本自己的著作说：

> 这本书共有三十三章，比孔夫子的著作文章还多。老子的文章也只有五千字，还没有这个本子这么多。马恩列斯文章太长。我主张写短文章。（陆德生等主编：《政治风云》，安徽人民出版社 1999 年 8 月版，第 424 页）

毛泽东这里说的"这本书共有三十三章"，指的是《毛主席语录》。

这本书在 20 世纪 60 年代中期由《解放军报》资料室有关人员编辑。1965 年 5 月出版的《毛主席语录》共三十三个专题，四百二十七条语录，总字数为八千八百字。毛泽东在介绍时，把三十三个专题说成了"三十三章"。

四天后的 11 月 19 日，中央办公厅给《解放军报》资料室有关人员打来电话，说毛主席同意给安徽省委《毛主席语录》纸型，让他们自己印刷。当时《毛主席语录》仅限于军队内部发行。

一个多月后的 12 月 28 日，总参谋部杨成武代总参谋长给总政治部副主任刘志坚一封信，主要内容是谈毛泽东让陈伯达再编一本适合全国人民学习使用的《毛主席语录》。杨成武代总长在信中说：

> 主席指示陈伯达同志负责编写一本全国通用的"毛主席语录"。准备编写 6 万字左右，现只编写出一部分，3 万多字，给我送来一份。陈伯达同志说，这本语录是在总政和各地所编写的主席语录基础上编写的，要征求总政的意见，将来他们讨论时还要请总政派人参加。此事我已向林副主席报告过，林副主席指示：这是件大好事，要大力支持，需要我们做什么，我们就做什么。现将送我的一份稿转上，请你即告有关同志先研究，待陈伯达同志征求意见时，即可告伯达同志或参加研究。并请将结果告我一下。（张湛彬：《中南海三代领导集体与共和国文化实录》中卷，中国经济出版社 1998 年版，第 346 页）

这封信很快转到了《解放军报》资料室有关人员手里。这封信可说明毛泽东本人赞成用"语录"这种短小精粹的文章体裁形式传播他的思想。总政治部编的这本语录是根据部队需要编辑的，所以毛泽东还希望编一本全国通用的、能全面概括他的思想的《毛主席语录》。但是，大也有大的难处，这本六万字大而全的《语录》既不易问世，更不易普及，后来随着军版《毛主席语录》的迅速普及，全国通用版《语录》没有编完，更没有出版发行。

用"语录"传播哲人思想，并不是什么新发明，古代的《论语》也是近似语录体的。毛泽东谈话中提到的"孔夫子的著作"，就是指孔子的《论语》。《论语》包括《学而》《为政》《八佾》《里仁》等二十章，所以毛泽东说他的《语录》三十三章"比孔夫子的著作文章还多"。

这次毛泽东提到《老子》这部书，欣赏它"只有五千字"，还没有《语录》的文字多。《语录》将近九千字，也就是说，毛泽东赞赏《老子》的言简意赅，言约旨丰。

这确实是《老子》的一大优长，先秦诸子的著作，唯《老子》最短，最精练。《老子》八十一章，平均每章还不到一百字。

《老子》的文体，可说是歌诀体。既非如《论语》那样的语录和对话录，也非一般意义上的"文章"。全书每章都是一些简短精赅的哲理格言，又押韵脚，特别便于记诵。是一部用韵语写成的哲理诗，语句精巧，善用譬喻，吸收了不少民间谣谚。

它的语言不加雕琢，无所修饰，但所包含的道理玄奥而深刻。金克木先生认为，与《论语》不同，《老子》和《易经》一样，在语言运用上，几乎不用什么虚字，符号居多，接近数学公式。而且，《老子》和《易经》中所用的"实字"大都和"虚字"类似，是别有用意的抽象意义的符号。如"道，可道，非常道"中的"道"字就有作为哲学概念的"道"和作为普通名词的"道"的区分。而且，老子恰是在对这种区别的界说中阐发其哲学思想，开创在普通名词中确立哲学概念的方法。它常常揭示出事物向其反面转化、事物之间的关系不断转变的规则，以及从反面取胜的途径，反映出中国先秦时期哲学思想的透彻性。这对整个中国古代哲学的创作不能不说具有重大影响。

即使单就文学影响来看，《老子》抽象虚字少，更多断语，更自信，因而文气也显得特别急促有力，气势磅礴，这对后世散文创造讲究力度、重视气势的作品也不无影响。在此，《老子》和《易经》与口语化的《论语》《孟子》确乎大为不同，自有特色。

老子创作了许多渗透丰厚生活经验的格言。其中有讲治国行政的，有讲政略战略的，有讲选才用人的，有讲励志成功的，也有讲朴素辩证法的，如：

治大国，若烹小鲜。（第六十章）

处无为之事，行不言之教。（第二章）

其政闷闷，其民淳淳；其政察察，其民缺缺。（第五十八章）

以正治国，以奇用兵。（第五十七章）

善为士者，不武。（第六十八章）

大军之后，必有凶年。（第三十章）

祸莫大于轻敌，轻敌几丧吾宝。（第六十九章）

故抗兵相若，哀者胜矣。（第六十九章）

江海所以为百谷王者，以其善下之。（第六十六章）

善用人者，为之下。（第六十八章）

知人者智，自知者明。（第三十三章）

合抱之木，生于毫末；九层之台，起于累土；千里之行，始于足下。（第六十四章）

天下难事，必作于易；天下大事，必作于细。（第六十三章）

正复为奇，善复为妖。（第五十八章）

祸兮，福之所倚；福兮，祸之所伏。（第五十八章）

柔弱胜刚强。（第三十六章）

天下莫柔弱于水，而攻坚强者莫之能胜。（第七十八章）

大白若辱，大方无隅，大器晚成。大音希声，大象无形。（第四十一章）

大成若缺，大盈若冲，大直若屈，大巧若拙，大辩若讷。（第四十五章）

有无相生，难易相成，长短相形，高下相倾，声音相和，前后相随。（第二章）

　　这些格言警句，内蕴丰赡，哲理警人，精粹精辟，易背易记，操作性强。做人处世皆可师；不同人员，可以各取所需，作为座右铭。

　　作为哲理散文诗，《老子》在语言形式上也有自己的特点，它不同于《诗经》讲究用字整齐，押韵严格，而是使用"对字协韵"的方法，既力求文字对应，音韵相押，但又不甚严格，灵活多变，因而更有利于表达思想，激发人们的兴趣，也便于记诵。这种注重把工整的形式美与和谐的声音美结合起来的语言特点，也是中国古代文学语言形式的重要美学风格。

　　《老子》一书，不因高度抽象思维而造句用词死板呆滞，善于运用生动形象的字眼加以描写，用富有形象的事物譬喻表达思想内容，注重以对自然景物和日常生活事件的描写来阐发哲学观点，如以水、草、木、火等景物的生死荣枯的描写，来说明"柔弱胜刚强"的道理——"天下莫柔弱于水，而攻坚强者莫之能胜。"（第七十八章）再比如"合抱之木，生于毫末；九层之台，起于累土；千里之行，始于足下"（第六十四章）等句子，也是如此。在抽象的哲理阐发中也不乏艺术的灵巧和情趣。

　　研究古代文论思想和文法的人，关注《老子》写作技法者太少。但是毛泽东注意到《老子》的写作特长，特别指出它的简练精粹。先秦散文有这个特点，千古名篇《论语》不过万把字，《孙子兵法》不过六千余字，《老子》只不过五千字。毛泽东的文论思想："马恩列斯文章太长。我主张写短文章。"毛泽东回头向先秦诸子散文借鉴，向《老子》的"短文章"学习，他是很喜欢文章写作的民族传统和民族形式的。

读过高亨关于《老子》和《周易》的著作

毛泽东喜欢品读《老子》，也喜欢与研究《老子》的学者交往。他与山东大学教授高亨先生就有十几年的交往史。

高亨（1900—1986），吉林双阳人。著名先秦文史研究专家、文字训诂学家。1926年毕业于清华大学国学研究院。读书期间，导师梁启超、王国维两先生，对他的影响很大。自1927年到1945年，曾在东北大学、河南大学、武汉大学、齐鲁大学等多所大学任中文系教授、系主任等职务。1945年，任东北大学文学院院长，私立东北中正大学中文系主任。1948年初被选为国民党政府"国大代表"。1953年8月起，执教于山东大学中文系，曾任中文系教授、古典文学研究室副主任、校学术委员会委员。山东省政协第三届常务委员、第四届全国人大代表。1957年6月起，兼任中国科学院哲学研究所研究员。

1963年11月，在北京参加中国科学院哲学社会科学学部委员会第四次扩大会议期间，受到毛泽东的接见。之后，便与毛泽东有了一段交往。会议临结束的11月16日那天，毛泽东、刘少奇和周恩来等党和国家领导人，在中南海的一个客厅里，小范围接见了高亨以及范文澜、蒙文通、陈望道、冯友兰、刘大年、周予同等与会学者。毛泽东依次与学者们握手，中宣部副部长周扬在一旁给毛泽东做介绍。

当毛泽东和高亨握手时，亲切而又风趣地询问："你是研究哲学的还是研究文学的？"

高亨回答说："古代哲学和古代文学我都很有兴趣，但水平有限，学得都不好。"

毛主席似乎兴致很高，继续说，他读过我父亲关于《老子》和《周易》的著作（注：可能是指父亲写的《老子正诂》《周易古经今注》和《周易古经通说》等），并对我父亲的研究成果给予了肯定的评价，又说了些鼓励的话，让父亲极为振奋。（高英：《父亲高亨与毛主席的一段往事》，《毛泽东与山东》，中央文献

出版社 2003 年版，第 456 页）

接见后，毛泽东等党和国家领导人同参加会议的全体人员一起合影留念。高亨回到济南，向全家讲述当时的情形，依然兴奋不已。

此后不久，高亨给毛泽东写了一封信，表达了崇敬之感，并将自己的著作《诸子新笺》《墨经校诠》《老子正诂》《周易古经今注》《文字形义学概论》《周易杂论》一同寄请中宣部周扬转呈毛泽东，请求指正。

1963 年 12 月，在新年来临之际，人民文学出版社出版了新版《毛主席诗词》，其中，除收入了早已发表的二十七首诗词外，还第一次正式刊登了《七律·人民解放军占领南京》《七律·到韶山》《七律·登庐山》《卜算子·咏梅》等十首新诗词。为此，山东大学《文史哲》编辑部组织了一次"笔谈学习毛主席诗词十首"的活动。高亨积极参加了这次活动。

在笔谈中，高亨认为，毛泽东的诗词，精奇宏丽，气象万千，达到诗词的高度成就。高亨有感而发，赋词一首《水调歌头》，词云：

> 掌上千秋史，胸中百万兵，眼底六洲风雨，笔下有雷声。唤醒蛰龙飞起，埽除魔焰魅火，挥剑斩长鲸。春满人间世。日照大旗红。
>
> 抒慷慨、写鏖战、记长征。天章云锦，织出革命之豪情。细检诗坛李杜，词苑苏辛佳什，未有此奇雄。携卷登山唱。流韵壮东风。

新春将至，高亨把这首词连同一张恭贺新禧的短函寄呈毛泽东。

1964 年 3 月下旬，一封由毛泽东亲笔写给高亨的信，寄到了山东大学。信是用毛笔直行写在几张宣纸上的，遒劲奔放，落款处的签名——"毛泽东"足有三个核桃般大小。信上写道：

高亨先生：

寄书寄词，还有两信，均已收到，极为感谢。高文典册，我很爱读。肃此

敬颂安吉！

毛泽东

一九六四年三月十八日

高亨收到信后，惊喜万分，乐得跳了起来，感动得几乎落泪。

毛泽东给高亨写了一封亲笔信的消息很快传遍了山大校园。信封上，毛泽东手书的"山东大学"几个字，后经排列组合，形成了现在的山东大学的校牌和校徽。高亨的《水调歌头》在1964年《文史哲》第一期上发表后，曾广为传诵。

毛泽东在回信上提到"寄书"，即指高亨曾经给他寄《诸子新笺》《墨经校诠》《老子正诂》《周易古经今注》等书的事情。毛泽东评价高亨的书是"高文典册"，并表示"很爱读"，不仅仅是出于客气和谦虚，表明他珍视文史工作者的学术成果，也表明他对"关于《老子》的书"十分珍爱。

自从收到毛泽东的复信后，每逢佳节，高亨都要给毛泽东写信问候起居、祝福健康，有时还会将自己写的七言绝句、古诗等寄给他。

狂澜横扫的"文化大革命"，使山东大学的许多领导和老教授被扣上种种罪名，受到迫害，高亨也未能幸免。然而，错误地发动了"文化大革命"的毛泽东，在"文革"过程中也对不少知名学者采取了保护措施，把他们解放出来，继续进行学术研究，高亨便是其中之一。

1967年，在毛泽东的直接干预下，高亨被"借调"到北京，实际上是被保护了起来，使得他在那样一种不适宜进行学术研究的年代，仍然能够潜心于自己热衷的文史研究工作。"文革"期间，高亨出版了《商君书注译》一书，并对其他的研究做了充分的准备工作。

高亨寄给毛泽东的书，毛泽东需要时就翻阅。有关材料记载，1973年8月2日，毛泽东在中南海书房接待友人。谈到健康状况时，他用手指了一下放在身边沙发扶手上的高亨《诸子新笺》一书的封皮，说："这样的大字我还看得清，小字就不行了。"由此可以看出，高亨的书，毛泽东还是读过的。

1974年，高亨还下功夫研究了帛书本《老子》，与池曦朝合作撰写了《试谈马王堆汉墓中的帛书〈老子〉》的学术论文。这样的论文，在那个特殊年代里可谓凤毛麟角。尽管文中有类如"儒法斗争"等提法的时代印记，但基本上是学术论文。

高亨与池曦朝在论文导言中写道："1972年1至4月，发掘了长沙马王堆一号汉墓；1973年11月至1974年年初，又发掘了马王堆二号、三号汉墓。从三号汉墓中，获得了大批珍贵历史文物，其中更值得重视的是一批帛书。这批帛书有十二万多字，大部分是失传了一二千年的古籍，一部分并非佚书如《老子》《易经》等，相当完整而同今本有一定的出入，可供研究参考之用。这些发现，为文物发现史写出了新的篇章，为古代文献学做出了新的贡献，为研究古代历史，尤其是法家、兵家、道家等思想史，提供了新的资料。"

此篇论文讨论了六个问题：

（一）帛书《老子》的抄写年代。

（二）帛书《老子》，《德经》在前，《道经》在后。

（三）帛书《老子》不分章。

（四）帛书《老子》甲、乙本是两种不同的传本。

（五）帛书《老子》可以订正今本章次文字之误。

（六）帛书《老子》多用借字。

高亨与池曦朝在论文结尾写道："《老子》……以全书来说，帛书本多胜于今本。我们今后整理《老子》书……用帛书本校勘今本，判别今本的正与误，用帛书本研读今本，审定旧注的是与非，从而给《老子》思想做出正确的评价。现在有帛书《老子》，大有助于我们重读《老子》书，评价《老子》思想，这真是一件值得欣喜的事！"（高亨、池曦朝：《试谈马王堆汉墓中的帛书〈老子〉》，《马王堆汉墓帛书·老子》，文物出版社1976年版，第109—128页）

论文发表于1974年第十一期《文物》杂志。年初帛书《老子》刚刚出土面世，年底研究论文就在杂志上刊发，可见高亨用力之大，用功之殷。1976年，该文收入《马王堆汉墓帛书·老子》一书时，个别地方作了修改。这篇论文是"文革"期间《老子》研究最具学术特点和学术水准的学术著作，尤其对帛书《老子》的研究，可谓开山之作。

1974年，高亨在撰写研究帛书《老子》论文的同时，又写作了《老子注译》的书稿。这部著作1980年出版。高亨的学生华钟彦在《校后记》中写道："高先生这部稿本，写成于1974年。""高亨先生是我最钦敬的老师，曾写过《老子正诂》一书，于1930年出版。在长沙马王堆三号汉墓出土帛书甲、乙本以后，高先生为了供广大群众参考，又写出《老子注译》一书，重新修整旧注释，又增加译文和分析两部分，特别在卷首写了'关于老子的几个问题'，这主要是重新考订的老子传，论证了老子的真正姓名不是李耳，而是老聃。我们相信，此书的问世，无论对初学者或对爱好研究者，都会有所帮助。"（高亨著、华钟彦校：《老子注译》，河南人民出版社1980年版，第169—170页）

"文革"一结束，在1978年到1979年短短的两年中，高亨就修订出版了《老子注译》《诗经今注》和《周易古经今注》等著作。

应该说，在特殊年代，高亨先生借助帛书《老子》出土的有利条件，在"老学"研究上取得了令人瞩目的学术成果，这无不与毛泽东给他创造的环境和对他学术研究的关注有着密切的关系。

黑格尔的哲学史里比较佩服老子

老子是早已"走出国门"的古典哲学家，他在欧洲遇到的知音最著者恐怕是德国哲学史家黑格尔。

毛泽东在延安写作"两论"（《实践论》与《矛盾论》）时，就评价过黑格尔对辩证法做出的贡献。20世纪70年代中美关系打开封闭大门的时候，他又与美国国务卿基辛格博士大谈黑格尔对老子的激赏。

1972年2月17日，美国总统理查德·尼克松终于踏上了他的中国之旅。他在与国会领袖们的简短告别仪式上，引用了"阿波罗11号"宇航员们在月球纪念碑上留下的话："我们是为了谋求全人类的和平而来的。"此前，美国总统国家安全事务助理基辛格已经通过"巴基斯坦渠道"秘密访问中国两次，为尼克松的这次来访做足准备。对峙了四分之一世纪的两个大国终于可以通过这次"破冰之旅"改善关系了，这对整个国际局势影响巨大。

2月21日11时27分，"空军一号"平稳地停在候机楼前，尼克松和夫人走下舷梯。离地面还有三四级阶梯时，尼克松已经微笑着伸出自己的手，周恩来也伸出手。两人紧紧地握手，轻轻地摇晃着，足足有一分多钟。尼克松下榻钓鱼台国宾馆后不久，周恩来就接到了毛泽东要求会见尼克松的电话。尼克松久悬着的心终于放了下来。早在1972年1月，美方派员到中国为他进行访华先遣安排时，周恩来一直未能确定毛泽东是否会见他，这让尼克松非常不快。而且按照惯例，毛泽东一般是要等到外宾离开前的一两天才安排会见的。然而现在，中美两国领导人会见在即。旧时代就要过去，一个新时代开始了。

尼克松来华的日子，距毛泽东1972年2月那次突然休克只有九天，他的健康状况仍然处在极不稳定的状态，随时都有恶化与发生危险的可能。但是，尼克松来华的当天傍晚，毛泽东就决定接见尼克松一行。

当尼克松走进毛泽东在中南海游泳池寓所的书房时，毛泽东站起来，微笑着向尼克松伸出手，尼克松也伸出手。来自两个世界大国的最高领导人双手紧紧相握。他们两人都笑了，四只手紧紧握在一起，大大超过正常礼节的握手时间。

尼克松在后来撰写的回忆录中，详细地记述了这次历史性的会见。事先考虑到毛泽东的身体状况，会见预定时间只有十五分钟。但是毛泽东的兴致很高，一直引导着这次历史性的会晤。毛泽东将十分严肃的原则性的话题转化成了诙谐随意的漫谈，更像是几个熟人在聊天。对峙长达四分之一世纪的两个大国，就在这次轻松的会晤中一笑泯恩仇。

作为一位美国政坛甚至世界政坛的传奇人物，亨利·基辛格博士缔造了无数闪亮的历史时刻。他是"跑中国跑出名"的外交专家，1971年7月—1975年12月间九次访问中国，并有五次受到毛泽东接见。随着中美的顺利建交，他也成为中国人民所熟悉的老朋友。他与中国结缘始于1971年的"秘密访问"，但直至1972年尼克松访华时，他才第一次见到毛泽东，这已经是他的第三次中国之行了。

毛泽东会见尼克松时，基辛格只是美国总统国家安全事务助理、国家安全委员会主任，而身为国务卿的罗杰斯反而没有参与会见，这使罗杰斯和国务院的外交专家们甚为不满，甚至因此使中美联合公报发表时一波三折。

在这次会见中，尽管基辛格与毛泽东首次见面，但实际上他们早就熟识对方了，基辛格前两次访华的详细情况自然全在毛泽东的直接掌握中。

在基辛格看来，那次历史性的会见来得很突然，因为没有预定正式接见的时间。但是，也可能是故意如此安排。基辛格多年后回忆起来，仍然深为毛泽东那几乎"发出有形力量的权威"所折服：

在会见一位出名与掌握大权的领袖人物时，人们往往分辨不出在多大程度上倾倒于他的人格，又在多大程度上敬畏他的地位和声望。毛泽东站在那里，他的周围都是书。他在中国人当中身材是高大魁梧的。他微笑地注视着来客，眼光锐利。他的整个神态似乎在发出警告说，他是识透人弱点和虚伪的专家，想要欺骗他未免是徒劳的。或许除了戴高乐以外，我从没见过一个人像他这样具有如此高度集中的、不加掩饰的意志力。他成了凌驾整个房间的中心，而这不是靠大多数国家那种用排场使领导人显出几分威严的方法，而是他身上发出一种几乎可以感觉得到的压倒一切的魄力。他的一生是传奇式的，没有任何外在的装饰物可以解释毛泽东所焕发的力量感。

当基辛格与毛泽东握手时，毛泽东特意打量了这位"神秘使者"一番，开口说："哦，你就是那个有名的博士基辛格？"

基辛格答道："我很高兴见到主席。"他还告诉毛泽东，在哈佛大学执教时，就指导自己的学生研读毛泽东的著作。

这次会见主要以尼克松与毛泽东交谈为主，基辛格只是随行人员。当尼克松想谈台湾、越南问题时，基辛格示意他暂缓讨论，而毛泽东直接打断他说："这些问题我不感兴趣，那是他（指周恩来）跟你谈的事情，我只谈哲学问题。"

这次会见持续了一个多小时，实际已经勾画出了中美联合公报的轮廓。会见结束后几小时，新华社就发表了毛泽东与尼克松会见的照片和消息，称这次会见是"认真坦率的"。

亨利·艾尔弗雷德·基辛格,1923 年 5 月 27 日生于德国，犹太人后裔，1943 年加入美国籍。毕业于哈佛大学，获得文学硕士和哲学博士学位，随后执教于哈佛大学。他先后担任哈佛大学国际关系研究班主任、哈佛大学国际问题研究中心主任等一系列职务，以其不凡的研究成果跻身世界著名国际关系学者之列。

毛泽东用英语问基辛格："你这个博士是个什么博士啊？"

"哲学博士。"

"你给我上点课嘛。"

"毛主席对于哲学的了解比我多得多，而且写过深刻的哲学著作。"基辛格满面笑容地说，"我过去在哈佛大学教书时，常常因为把毛主席的选集列为我所教课程的必读书籍，而使我的同事们感到震惊。"

"哎呀！我自己从不满足什么，主要一条是我不懂外语。"

毛泽东无时无刻不在关注着风云变幻的世界，无时无刻不在关注着形形色色的政治家对国际问题的思考和采取的对策。他对面前的这位哲学博士可以说了如指掌。

基辛格从政之前，在哈佛大学学习和任教长达二十余年。他长期从事哲学研究，逐步建立起自己的"外交哲学"框架。他以早年研究过的康德、黑格尔的古典唯心主义哲学为理论基础，运用 19 世纪奥地利外交大臣梅特涅的强权政治与"均势"政策：在力不从心的情况下暂时收缩阵地，加强实力，拉拢伙伴，利用各种矛盾，制造利己"均势"，集中主要精力对付主要对手。

基辛格的这套理论，深得尼克松的赏识。这也是为什么尼克松上台之后把一个竞选时极力反对自己的人拉入白宫并委以重任的主要原因……

多年来，美国为侵越战争所累，付出了沉重的代价，先后投入了二百多万兵力，死亡三十六万人，所耗战费近两千亿美元。战争不仅遭到世界人民的强烈谴责，而且激起本国人民的反对。尼克松上台后，内外交困，不得不有所收缩，寻求"体面地结束越南战争"的办法。经过几年的谈判，于1973年1月同越南达成巴黎停战协定，退出了越南战争，卸掉了一个沉重的包袱，解决了尼克松政府"最紧迫的外交问题"。

停战协定签字二十天之后，毛泽东曾当面称赞基辛格说："你的事情干得好，到处飞。你是燕子，还是鸽子？"

今天，基辛格又一次听到毛泽东富于哲理并带有欣赏的话，有一种掩饰不住的喜悦心情。他不假思索地告诉毛泽东："现在自由多了。"

毛泽东指着这个德国出生的犹太人说：

> "你的祖国的哲学家黑格尔说过，自由是对必然的认识，对吧？"

"对。"基辛格满脸笑容。

毛泽东特别提醒基辛格：

> "你注意了没有，黑格尔的哲学命题叫作'对立的统一'？"

"十分注意。黑格尔在哲学方面对我的影响很大。"

毛泽东称：

> 黑格尔和费尔巴哈是伟大的思想家，马克思主义从这里产生，他们是先辈，如果没有黑格尔和费尔巴哈，也不会产生马克思主义。

毛泽东一生中阐述和发挥了马克思主义辩证法的核心——对立统一规律。他使哲学真正成为无产阶级和人民群众认识世界和改造世界的锐利武器。毛泽东对黑格尔有着浓厚的兴趣。他说：

> 黑格尔的哲学史里，谈到孔夫子，很不佩服，比较佩服老子，最佩服印度的佛教哲学。就是所谓的唯物主义者赫胥黎，在谈到印度哲学时也是一塌糊涂，这个英国人！（于永钦：《毛泽东与基辛格》，《党的文献》1997年第1期，第94—95页）

两个人在哲学的海洋里漫游，基辛格也如鱼得水，兴致很高。他认为印度的佛教哲学是一种消极的哲学，并不是为了实践运用。他说，甘地主张非暴力并不是作为一项哲学原则，本质是反英斗争的一种策略手段，印度的独立应该归功于他。

毛泽东不完全同意这种说法。他认为印度并没有真正独立，不附属于英国就附属于苏联，经济上一多半又依靠美国，欠了美国一百亿美元。他指着基辛格说，这是你在吹风会上说的嘛！这一条也是你给我的知识，过去我也不知道。所以，你如果再来中国，一定给我讲一点哲学喽。

基辛格高兴地说："这我很乐意去做，因为我一开始就爱上了哲学研究……"

黑格尔是18世纪末19世纪初德国的哲学家。黑格尔辩证法是德国古典哲学最重要的成果之一。黑格尔关于辩证法三大规律的学说，为唯物辩证法的出现奠定了基础。毛泽东在七十多年前曾经说过：

039

> 生活在18世纪末和19世纪初期的德国著名哲学家黑格尔，对于辩证法曾经给了很重要的贡献，但是他的辩证法却是唯心的辩证法。(《矛盾论》，《毛泽东选集》第一卷，人民出版社1991年第二版，第303页)

黑格尔对辩证法的重要贡献，是他批判了形而上学，第一个系统地表达了辩证法的基本特征。

黑格尔以唯心主义的方式，叙述了辩证法的三个规律。第一个规律是质量互变规律。他认为一事物的变化从来都不仅是从一个大小到另一个大小的过渡，而且是从质到量和从量到质的过渡，是变为他物，即渐进过程之中断以及与先前实有物有质的不同的他物。第二个规律是对立的相互渗透规律。他认为一切事物在其自身中都是矛盾的，矛盾却是一切运动和生命力的根源。它们既对立而又统一，这就是矛盾。谁如果要求一切事物都不带有对立面的统一那种矛盾，谁就是要求一切有生命的东西都不应存在。第三个规律是否定之否定规律。他认为肯定中有否定，否定中有肯定，二者可以互相转化。他指出：如果某物被规定为肯定的东西，那么从这个基础出发继续前进，它立刻就会直接转化为否定的东西；反过来，被规定为否定的东西也会直接转化为肯定的东西。他把这一规律归结为正、反、合的公式，即正题、反题、合题。黑格尔辩证法，特别是矛盾的学说，是马克思以前辩证法的最高成果，包含着合理的内核。所以，在延安时期，毛泽东即肯定他"对于辩证法曾经给了很重要的贡献"。

黑格尔《哲学史讲演录》第一卷，讲《中国哲学》时，讲到孔子、易经哲学和道家，他在评说孔子思想时说：

> 关于中国哲学首先要注意的是在基督降生五百年前的孔子的教训。孔子的教训在莱布尼兹的时代曾轰动一时。它是一种道德哲学。他的著作在中国是最受尊重的。他曾经注释了经典，特别是历史方面的，（他还著了一种历史）。他的其他作品是哲学方面的，也是对传统典籍的注释，他的道德教训给他带来最大的名誉。他的教训是最受中国人尊重的权威。孔子的传记曾经法国传教士们由中文原著翻译过来。从这传记看，他似乎差不多是和泰利士同时代的人。他曾作过一个时期的大臣，以后不受信任，失掉官职，便在他自己的朋友中过讨论哲学的生活，但是仍旧常常接受咨询。我们看到孔子和他的弟子们的谈话（按即《论语》——译者），里面所讲的是一种常识道德，这种常识道德我们在哪里都找得到，在哪一个民族里都找得到，可能还要好些，这是毫无出色之点的东西。孔子只是一个实际的世间智者，在他那里思辨的哲学是一点也没有的——只有一些善良的、老练的、道德的教训，从里面我们不能获得什么特殊的东西。……我们根据他的原著可以断言：为了保持孔子的名声，假使他的书从来不曾有过翻译，那倒是更好的事。（［德］黑格尔：《哲学史讲演录》第一卷，商务印书馆1959年版，第119、120页）

黑格尔认为孔子的"道德哲学"是"毫无出色之点的东西"，在孔子那里"思辨的哲学是一点也没有的"，甚至认为孔子的书从来不翻译"倒是更好的事"，把孔子排除在哲学大门之外了。他对老子哲学持肯定态度，介绍也比较多：

> 还有另外一个宗派即"道家"。这一宗派的信徒不是官员，不与国家宗教有关，他们也不是佛教徒。这一派的哲学和与哲学密切相关的方式的创始人是老子（生活在前7世纪末年），比孔子

老，因为孔子曾经以颇有政治意味的派头往见老子，向他请教。老子的书《道德经》，并不包括在正式经书之内，也没有经书的权威。但在道士中〔遵从道理的人；他们的生活方式称为"道道"（……译者按：可能是"道德"之误），意思是遵从道的命令或法则〕，它却是一部重要的著作。他们献身于道的研究，并且肯定人若明白道的本原就掌握了全部的普遍科学，普遍的良药，以及道德；——也获得了一种超自然的能力，能飞升天上和长生不死。

老子的著作也是很受中国人尊敬的……他的书也叫作经，但却没有上面所提到的那些官方的经典那样有权威。这书包含有两部分，道经和德经，但通常叫作《道德经》，这就是说，关于理性和道德的书。……《道德经》是这一宗派的主要著作。

老子的信徒们说老子本人曾化为佛，即是以人身而永远存在的上帝。老子的主要著作我们现在还有，它曾经流传到维也纳，我曾亲自在那里看到过。（［德］黑格尔：《哲学史讲演录》第一卷，商务印书馆1959年版，第124、126、127页）

黑格尔还引用哲学家雷缪萨的阐述，并加上自己的理解和发挥，用较长篇幅具体解释了老子"道""无""道，可道，非常道；名，可名，非常名""天之道"和"人之道"等哲学概念和哲学命题。

黑格尔称老子为道家的"创始人"，称《道德经》为"关于理性和道德的书"，"很受中国人尊敬"，道教信徒能够"献身于道的研究"，并且教徒"明白道的本原就掌握了全部的普遍科学"。黑格尔本人在维也纳亲自读过"老子的主要著作"即《道德经》。他对老子哲学的叙述和评价，有一种亲切感，超过了他对"孔子教训"（道德哲学）的了解和理解。

毛泽东是国际知名的马克思主义哲学大家，基辛格是学哲学教哲学有哲学博士头衔的国际知名外交家，两人在关系中美建交、关系世界格局的关键时刻，不谈具体外交事务，却大谈"哲学问题"，可说是外交史上的奇观。

就黑格尔的哲学来说，毛泽东此次谈到他的必然与自由的哲学命题，谈到他提出的"对立统一规律"，谈到黑格尔哲学史对孔子和老子哲学的评价。毛泽东说是只谈"哲学问题"，不谈外交具体事务，其实他以哲学为媒介，指出了中美关系发展的大框架：中美关系是一种对立的统一，建交是自由对必然的认识，也就是说到了双方打开封闭大门的时候。在具体的国际事务中，毛泽东与懂哲学的基辛格大谈黑格尔，大谈孔子和老子哲学，不妨把它视为外交手段，交流媒介，沟通平台。

谁能想到，两千年前的古典哲学家老子，会成为沟通两个大国领袖的思想媒介，成为毛泽东手中打出的一张出奇制胜的"哲学牌"。

读大字本《老子简注》和《老子校诂》

晚年，毛泽东患眼疾，一般书上的字太小，看不清。有关人员组织刊印"大字本"书，供毛泽东和其他中央领导人阅读。据徐中远先生制定的《毛泽东晚年读过的新印大字线装书目录》（1972 年 7 月 8 日至 1976 年 8 月 31 日），其中，有关研究《老子》的"大字本"线装书有两种：

《老子简注》，高亨注译，一册。

《老子校诂》，马叙伦校，一函五册。（徐中远：《毛泽东晚年读书纪实》，中央文献出版社 2012 年版，第 496—500 页）

高亨，前面已经作过介绍，山东大学教授，国学底子深厚，对《易经》《尚书》等先秦典籍有深入独到见解。《老子简注》为其 20 世纪 50 年代的著作。"简注"不仅简洁，而且精辟。或许因为高亨从 1967 年以后调北京搞学术研究，与毛泽东有"书缘"的关系，再加上帛书《老子》的出土面世，毛泽东欲读研究《老子》的著作，故首选大字印刷了高亨注释的《老子简注》。

也许是因为读马叙伦《老子校诂》的需要，毛泽东又要求印制两种有关马叙伦的"大字本"线装书：

《马叙伦学术论文集》，一函八册。

《我在六十岁以前》，马叙伦著，一函五册。（徐中远：《毛泽东晚年读书纪实》，中央文献出版社 2012 年版，第 496—500 页）

马叙伦（1884—1970），近代教育家，字夷初，浙江杭县（今杭州）人。早年参加同盟会，曾任《国粹学报》等报编辑，宣传反清思想。辛亥革命后，历任上海劳动大学校长、清华大学和北京大学教授、北洋军阀政府和国民党政府教育部次长等职。抗日战争期间，从事抗日反蒋活动。1946 年发起组织中国民主促进会。曾参加上海各界举行的反内战、反饥饿示威游行，被举为请愿代表，在下关车站为特务所殴伤。新中国成立后历任中央人民政府委员、政务院文教委员会副主任、教育部和高教部部长、全国人大常务委员、全国政协副主席、中国民主促进协会主席和民主同盟中央副主席等职。

《老子校诂》原书名为《老子覈诂》，初版于 1924 年排印发行。1956年 7 月，古籍出版社用现在这个书名再次出版。1974 年，在帛书《老子》出土面世的推动下，出版界要出版一批比较认可的《老子》研究著作，马叙伦《老子校诂》幸运的是其中一种。

大字本《老子简注》和《老子校诂》的刊印，表明暮年毛泽东读老子兴趣不减！

"宝贝东西"马王堆帛书《老子》

现存《老子》的版本，以帛书甲、乙本为最早。1973 年 12 月，湖南长沙马王堆三号汉墓出土了两种帛书《老子》写本。一种写本的字体介于篆、隶之间，称甲本。另一写本用隶书抄写，称乙本。是目前能见到的最完整的《老子》古老版本。1976 年 3 月，文物出版社予以刊行。

长沙马王堆汉墓出土的帛书《老子》甲、乙本，则上篇为"德篇"，下篇为"道篇"。在上下篇中分章次第，以及《道德经》的题名都是后人所加。然而，三国时期魏王弼注本、唐初傅奕本上篇言道，下篇言德。两者恰恰相反。

1974 年下半年，已处于步履艰难、双目几近失明的毛泽东，秘密离开北京赴长沙休养。来到长沙后，毛泽东住进了湖南省委招待所的蓉园一号楼。就在这座楼房里，毛泽东得知了新华社播发、《人民日报》转载的有关马王堆发掘与出土帛书的消息。

毛泽东对古书的偏爱是众所周知的。当身边为其读报的工作人员读到《老子》《战国策》《黄帝外经》等书名时，毛泽东不时露出兴奋与激动的神色。当工作人员读完最后一句"出土的帛书、简牍、帛画等珍贵文物，已由国家严格保护，并正在组织专业工作者进行整理、修复、释文和研究中"时，毛泽东吐了口烟雾，兴致勃勃地微笑着说：

> 好嘛，他们干了一件大好事，挖出了这么多宝贝东西，了不起啊。中华民族的历史了不起啊！你们有时间要多看一点历史书籍，对提高政治、文化水平都有好处。不知道这些东西什么时候才能整理出来？（孙宝义、刘春增、邹桂兰、李凯旗编著：《毛泽东读书学习》，中央文献出版社 2008 年版，第 194、195 页）

机灵的工作人员见毛泽东意犹未尽，便趁机进言道：

"听说这个墓是湖南省委书记李振军同志主持挖的，主席若有兴趣，何不让他来给您讲讲？"

毛泽东态度温和地说："好呀，看看振军同志在不在办公室，要是在，就让他过来讲一讲？"

李振军接到电话，很快从省委大院的侧门来到蓉园一号楼。毛泽东一见便说：

> 刚才我看了马王堆的发掘报道，你们可是干了一件大好事呵！
> 你坐下来给我讲一讲。

李振军在毛泽东对面沙发上坐下，详细谈了马王堆汉墓的发掘经过，以及周恩来等人的关怀。毛泽东听罢，说道：

> 我见过这个墓出土的帛画，还送了日本的田中一本，那幅画很好看，内容也丰富，不知这批帛书什么时候能整理出来，印不印书？

"这个我现在还不清楚，不过我想书肯定会印的，只是早晚的问题，这个我可以跟国家文物局的王冶秋同志联系一下。"李振军答。

"印了书，也给我一本看看。"毛泽东说。"这个我跟王冶秋同志联系，争取尽快办到。"李振军极其干脆地表示道。"好啊……"毛泽东说到这里，稍作停顿，脸上闪过一丝淡淡的悲凉："我老了，怕是看不清上面的字了。"李振军沉思片刻，以安慰的口气说道："请主席放心，我会和冶秋同志共同想办法，让您看清那些字的。如果主席有兴趣，我陪您先到马王堆发掘现场和省博物馆看看其他文物吧。"

"好，好，等我的身体再好些，你就陪我走一趟，我也好开开眼界，换换脑子。"

10月2日，王冶秋在国家文物局办公室将黄逖从家中紧急召来说道："毛主席想看帛书，但他老人家眼睛不好，小字看不清楚，我们研究了个办法，你能不能把上海出的线装书改排成大字本，以最快速度印出来？"言语表情中透着此项任务的紧迫与重要。

黄逖毫不犹豫地满口答应下来，并迅速投入紧张的工作。他把从上海带回的两册样书，一页一页地拆开，标上改排三十六磅的字号，再设计成八开竖排外加丝栏的形式，在文物出版社社长高履芳和其他编辑人员的协助下，一部八册一函用玉扣纸精印的大部头线装书，只用三天便由北京新华印刷厂印出。王冶秋接过此书，检验一遍，很是满意地通过有关渠道转交给仍住在长沙的毛泽东。毛泽东见到后十分高兴，用极弱的视力浏览着这稀世珍宝。

　　对马王堆帛书《老子》，毛泽东直接做了四件事情：（1）接见发掘人员，详细了解出土经过，密切关注这部古籍的古本的重新面世。（2）即兴对帛书《老子》做出评价，认为是价值连城的"宝贝东西"，证明了"中华民族的历史了不起！"（3）关注帛书《老子》的整理出版。在他的提议关怀下，出版了八册一函用玉扣纸精印的大部头线装书。（4）要求人们"有时间要多看一点历史书籍，对提高政治、文化水平都有好处"。即关注帛书《老子》的阅读普及。

　　毛泽东是有幸的，在他生命终点前看到了"千年等一回"的帛书本《老子》；老子是有幸的，他的著作失传古本刚刚重新面世，就受到千古伟人的如此爱重！

　　附记：1993年10月，湖北荆门市沙洋区四方乡郭店村楚墓出土了八〇四枚竹简，共约一万三千字，包含十五篇文献古籍的内容，而二千余字的《老子》，引人注目。根据竹简的长度、形状、编线槽数、编线间距等，考古学家把楚简《老子》分为甲、乙、丙三组。可惜，这已是毛泽东逝世十七八年以后的事情了。

品读卷

最好的《老子》注

——《老子》品读史之二

在两千年前，大史学家司马迁就说老子"著书辞称微妙难识"（《史记·老子韩非列传·太史公曰》），意思是说《老子》微妙玄虚，难于理解。读《老子》，犹如读《易经》，总有雾里看花之感。因为它用字古奥，用意幽深。所以，从战国时起就不断有人解老释老，到两汉已有一些专门著作问世。后世学子读《老子》，读读注解，也易于豁然开朗，融会贯通。

毛泽东品读《老子》，也常读《老子》注解一类著作。

最好的《老子》注是王弼写的

毛泽东最早接触《老子》书是在1913年冬天，他自己明确说接触《老子》注释一类书是1917年夏天以前。

据毛泽东湖南第一师范的同学萧子升在《我和毛泽东的一段曲折经历》中回忆说：

1917年暑假，他与毛泽东一道四处"游学"。当时萧子升已在长沙楚怡小学任教。他们从楚怡小学出发，过湘江，踏上去宁乡的旅途。

在宁乡境内拜访了一位隐居的刘翰林。两人吟咏联句，凑了一首诗送给刘翰林：

翻山涉水之名郡，竹杖草履谒学尊。

途见白云如晶海，沾衣晨露浸饿身。

这显然是称赞翰林隐居生活的超脱和高雅。

刘翰林并没有因为他们打扮成"乞丐"而轻视，热情地接待了他们，略带惊奇地询问："你们从哪里来？要到哪里去？"

当得知毛泽东和萧子升是从长沙省城来的学生，准备去宁乡县等地游历，刘翰林接着说："你们或许是在洋学堂念书的吧？你们还可以写诗！"并称赞道："你们的诗很好，书法也很不错。"

"我们在学堂不仅学作诗，还要研究古书呢。"萧子升解释道。

"你们还研究古书？什么古书呀？"

毛泽东回答说：

> "我们读过《十三经》。也读过《老子》和《庄子》。"

"你们既然读过《老子》和《庄子》，你们认为谁对这两部书的评注最好？"刘翰林又问。

> 毛泽东回答道："最好的《老子》注是王弼写的，最好的《庄子》注则是郭象写的。"（萧子升：《我和毛泽东的一段曲折经历》，昆仑出版社 1989 年版，第 79、80 页）

后来他们还拜访了沩山寺，方丈和他们侃侃而谈。萧子升回忆说：

> 最后谈及孔子和老子，我们觉得这是自己熟悉的问题，于是便表白了自己的意见。

可见，毛泽东早年对各种注释注解《老子》的书，是很熟悉的。否则，他比较不出来哪部书是最好的。

王弼（226—249），魏晋时期玄学家。字辅嗣，山阳高平（今河南焦作）人。据何劭《王弼传》载，王弼十多岁时，即"好老氏，通辩能言"。他曾与当时许多清谈名士辩论各种问题，以"当其所得，莫能夺也"，深得当时名士的赏识。

王弼出身于书香门第，从小受到良好的教育。他的从祖父，就是"建安七子"之一的王粲。原来，王弼的祖父王凯，与王粲是堂兄弟，两人为了躲避战乱，离开中原老家，向南到荆州去投奔刘表。刘表当时是荆州牧，有权有势。刘表见王凯貌美，就把女儿嫁给他。王凯生王业。王业即王弼的父亲。王弼从小就聪明过人，爱读书，而王家诗书万卷。王弼的祖辈都是研究古文经学的高手，所以，王弼从小受家学的影响，爱钻研，爱思考。古文经学、孔子、老子，他都研究。这样学到十四五岁，王弼对儒、道两家的学说已有独到见解，常有惊人之语。周围的人看他一副哲学家的样子，不迂腐，不呆板，都喜欢与他交谈。

王弼喜欢老子的学说，还喜欢庄子的逍遥放任，常常游历山水，养成了旷达的性格。后来，他把研究《老子》的心得写成《老子注》。大学者何晏见后，感叹道："仲尼称后生可畏，若斯人者，可与言天人之际乎！"（《三国志·魏志·钟会传》）王弼做过尚书郎，但由于拙于事功，加上资历又浅，所以不被重视。魏正始十年（249），大将军曹爽擅权被杀，王弼受案件牵连丢职。同年秋天，感染疠疾病故，年仅二十四岁。王弼虽然早天，但著述颇丰，有《老子注》《老子指略》《周易注》《周易略例》《论语释疑》等。依靠这些著作，王弼与何晏成了魏晋玄学的创始人。

魏晋时期，中国知识界就世间万事万物是怎么来的、怎么变化的等一系列理论问题，曾经展开过一场持续而激烈的辩论。这场辩论在中国哲学史上占有相当重要的地位，人们称之为"玄学"，以玄学名噪一时的人物即玄学家。曹魏正始年间（240—249）讨论玄学的代表人物是王弼，西晋中后期（290—316）代表人物是郭象。毛泽东读书批语里，对这两人都有评论，有褒有贬。

毛泽东多次讲到王弼，很欣赏这位年轻学者。

1958年5月8日，毛泽东在中共八大二次会议（在北京召开）上讲话。讲自古以来很多学者、发明家、创立新学派的人，开始都是年轻人。讲话提纲中列有：

> 甘罗、贾谊、刘向、韩信、释迦、颜子、红娘、荀灌娘、白袍小将、岳飞、王勃、李贺、李世民、罗士信、杜伏威、马克思、列宁、周瑜、孔明、孙策、王弼、安眠药发明者、青霉素发明者、达尔文、杨振宁、李政道、郝建秀、聂耳、哪吒、兰陵王。（《建国以来毛泽东文稿》第7册，中央文献出版社1992年8月版，第195页）

他在讲话中列举了青年王弼等三十一人的事例后说：举这么多例子，目的就是说明青年人是要战胜老年人，学问少的人可以打倒学问多的人，不要为大学问家所吓倒。要敢想，敢说，敢做；不要不敢想，不敢说，不敢做。

毛泽东在会议第一次讲话中，主要讲了"破除迷信"问题，他特别强调："从古以来，发明家创立新学派的，在开始时都是青年，学问比较少的，被人看不起的，被压迫的人，这些发明家在后来才变成壮年、老年，变成有学问的人。这是不是一个普遍的规律？不能完全肯定，还要调查研究。但是，可以说多数是如此。为什么？这是因为他们方向对。学问再多，方向不对，等于无用。"

毛泽东在举例讲到王弼时说：

> 青年人打倒老年人，学问少的人打倒学问多的人，这种例子多得很。……
> 三国末年有个王弼，他十七八岁就是哲学家，作《庄子》（应为《老子》——引者注）和《易经》的注释。他死的时候才二十四岁。（王子今：《毛泽东与中国史学》，中共中央党校出版社1993年版，第197—199页）

王弼只作过《老子注》，未给《庄子》作注，可能是记录者弄错了书名。中共八大二次会议时，李锐是毛泽东的秘书。毛泽东关于王弼这段话，李锐的记录是：

> 王弼注《老子》的时候，不过十七八岁，因用脑过度早死，死时才二十几岁。（李锐：《大跃进亲历记》，南方出版社1999年版，第257页）

可证，毛泽东讲的是王弼给《老子》作注。

在一部《初唐四杰集》中，毛泽东在王勃《秋日楚州郝司户宅饯崔使君序》的标题前画出大圈，并就此写出了一千多字的批注。据推断，这条批注大约书写于20世纪50年代末60年代初期。毛泽东高度评价王勃作品的价值，指出他虽"为文尚骈，但是唐初王勃等人独到的新骈、活骈，同六朝的旧骈、死骈，相差十万八千里。他是7世纪的人物，千余年来，多数文人都是拥护'初唐四杰'的，反对的只有少数"。毛泽东在批注中还写道：

　　以一个二十八岁的人，写了十六卷诗文作品，与王弼的哲学（主观唯心主义），贾谊的历史学和政治学，可以媲美。都是少年英发，贾谊死时三十几，王弼死时二十四。还有李贺死时二十七，夏完淳死时十七，都是英俊之才，惜乎死得太早了。（《毛泽东读文史古籍批语集》，中央文献出版社1993年版，第10、11页）

　　这个批语因王勃而联系到王弼。值得注意的是，毛泽东指出"王弼的哲学"的性质是"主观唯心主义"，王弼正是在作《老子注》中形成了这种哲学观。

　　毛泽东认为老子哲学的属性也是"主观唯心主义"。这在本书下面章节还要详论，此处不赘。

　　《老子注》是王弼最有代表性的著作。它在众多《老子》古注中，是"最好的"一部。

　　对《老子》研究史很熟悉的陈鼓应先生说：

　　"毫无疑问的，王弼的注是古注中第一流的作品。王弼注很能掌握老子'自然'的主旨。他扣紧了《老子》哲学上的几个基本观念，并加以阐释。王弼所采用的方法，就是魏晋玄学家所通用的'辨名析理'的方法。所谓'辨名'就是分辨一个名词的意义。一个名词有它所代表的概念，分析这些概念，就是'析理'。王弼运用这种方法，不仅精确地解释了老子哲学名词的原意，并且也精辟地发挥了老子哲学的义涵。"

　　陈鼓应先生举例说：

　　"'常使民无知无欲。'（第三章）王注：'守其真也。'

　　"凭字面的解释，很容易使人误会老子要人民无知无欲，是一种愚民政策。其实老子这里所说的'知'和'欲'都有特定的意义。他所谓的'知'乃意指伪诈的心智，他所谓的'欲'乃意指争盗的欲念。《老子》认为这种'知''欲'是产生一切巧诈纷争的根源，'无知无欲'，就是消解巧伪的心智活动与争夺的欲念心理，而保持天真烂漫、纯真朴质的生活。王弼用一个'真'字，极其简明地把握了《老子》'使民无知无欲'的意义。"（陈鼓应：《老子注释及评介》，中华书局1984年版，第370、371页）

　　《老子注》名义上是对《老子》作注释，但不少地方对老子原著有突破，是王弼通过注释发挥自己的思想。

　　在《老子注》中，王弼表现了突出的"以无为本"的本体论思想。他说：

"天下之物，皆以有为生，有之所始，以无为本。"（《老子注》第四十章）所谓"有"，即有形有象的现象世界，也就是"末"。"无"即"无形之名"，也就是"道""自然"，即"本"。"本"即根本、根据、本原、本质的意思。天下万物的生存表现为有形有象，有形有象的万物的产生是以"无"作为共同的根据。"无"与"有"的关系就是"本"与"末"的关系，"有"是"无"派生出来的。"凡物之所以生，功之所以成，皆有所由。有所由焉，则莫不由乎道也。"（《老子注》第五十章）

王弼的哲学思想核心是"以无为本"，与老子的"道生一，一生二，二生三，三生万物"的宇宙生成论不同，带有思辨玄学的色彩。他把老子的宇宙生成论发展为有无何以为本的本体论玄学。他认为"万物万形，其归一也。何由致一？由于无也"。这样，中国式的形而上之学在王弼手中已具雏形。

王弼好论儒道，竟事清谈，与何晏、夏侯玄等同是魏晋玄学的代表人物，史称正始名士。他抛弃了两汉以来烦琐的经学和谶纬迷信，采用思辨哲学的形式，以探讨宇宙本体问题作为其思想体系的核心。认为万有统一于一个共同的最高本体——"道"或"无"。他把老子"有生于无"的思想引向"以无为体""以有为用"的本体论，认为在自然界之上，有一个非物质性的实体，这个实体是宇宙万物存在的根据，由此创立并完善了"以无为本"的唯心主义本体论学说，又称"贵无论"。

在他看来，世间所有的事物是"有"（即存在），而"有"不能生"有"，"有"之上是"无"（实际上是精神）。这只是一种简单概括，其实他的学说很深奥，很富哲学思辨的色彩，对当时及后世思想界讨论哲学本体论这个学术难题，都产生了深刻的影响。虽然王弼提出的贵无论是一种主观唯心主义的理论，可是这一理论对推进中国哲学向更高的层次发展，对解放思想，都提供了思想武器和方法论方面的借鉴，意义是不同寻常的。而王弼创立自己的学说时，年龄不过二十岁左右，因此毛泽东赞赏他"少年英发"，并惋惜他"死得太早"。毛泽东还感叹地说"他十七八岁就是哲学家"。

青年毛泽东"游学"时即开始与刘翰林讨论王弼的《老子注》，说明他此时品读《老子》已进入新境界，不只是阅读，而且关注对它注释的研究。

注解《老子》的在一百家以上

品读《老子》，毛泽东也关注《老子》研究史。作为道家的开山之作，作为中华文化的元典之作,《老子》的研究史可谓源远流长。

埃德加·斯诺,世界知名记者。是一个正直的美国人,爱好和平,主持正义,十分关切中国的命运。1928年,曾任欧美几家报社驻华记者。1936年和1939年两次访问延安,拜访了毛泽东等许多中共领导人。写了大量通讯报道,成为第一个采访红区的西方记者。最著名的著作是《西行漫记》。新中国成立后,曾三次来华访问。

1965年1月9日,毛泽东同来访的美国记者斯诺进行了一次较长时间的对话。两人谈《矛盾论》,也谈到了《老子》注家。其中有一段较长的对话:

斯:西方有些"毛学"专家,互相展开争辩,观点各有不同。我不久前在日内瓦参加了一次"北京问题专家"的会,会上辩论的一个问题是,《矛盾论》是不是对马列主义做出了新的贡献?

毛:是一些什么人?出版商吗?

斯:主要是大学教授、俄文、中文专家。辩论中提出的一个问题是,《矛盾论》是不是真的在1937年写的,是不是在《辩证唯物主义》小册子之前写的。

毛:是1937年写的。当时大家都去前线打日本了。

斯:当时有时间做研究工作?

毛:那时抗日军政大学要我去讲一讲哲学。

斯:《矛盾论》是讲演的一部分?

毛:就是。他们强迫我去讲课,我没有办法。这是写的讲义的一部分。花了几个星期,收集了些材料,主要是总结中国革命的经验,每天晚上写,白天睡觉。讲课只讲了两个钟头。我讲课的时候,不准他们看书,也不准他们做笔记,我把讲义的大意讲了一下。

斯:是在写《辩证唯物主义》小册子以前几年?

毛:我不记得写过那样一本小册子。其实,《矛盾论》不如《实践论》那篇文章好。《实践论》是讲认识过程,说明人的认识是从什么地方来的,又向什么地方去。

斯:这两篇文章是同时写的吧?

毛:先后不久。

斯:是1938、1939年吗?

毛:不是1938年,1938年忙起来了,是1937年。

斯：现在我可以告诉那些教授们，主席自己是怎么讲的。教授们在进行学术性辩论时，可能还坚持他们的看法。主席看过黑格尔的文章吗？

毛：看过一些，还有费尔巴哈的。海克尔写的一本书里头有相当丰富的材料，他不承认他自己是唯物主义者，实际上是唯物主义者。

斯：什么时候读的？

毛：那很久了，是打游击战争的时候。

斯：主席一面搞革命，一面给许多教授提供了职业，现在可能很多人成为"毛学"专家。

毛：中国战国时代有一个人写了一部著作，叫《老子》，后来注解《老子》的在一百家以上。现在我的这些东西，甚至马克思、恩格斯、列宁的东西，在一千年以后看来可能是可笑的了。（《毛泽东文集》第八卷，人民出版社1999年版，第406页）

这是斯诺与毛泽东谈话中的一个议题，议题的中心是：《矛盾论》是不是对马列主义做出了新的贡献？

斯诺说，由于研究毛泽东的著作，"给许多教授提供了职业"，西方现在可能很多人成为"毛学"专家。

毛泽东没有正面继续斯诺这个话题，而是用东方的隐语和暗示的方式，十分巧妙地表达了自己的意见。他非常有寓意地对斯诺说：

中国战国时代有一个人写了一部著作，叫《老子》，后来注解《老子》的在一百家以上。

毛泽东无意中说到一个事实：注解《老子》的在一百家以上。也就是说，他熟悉《老子》研究史，他知道注释注解《老子》者众多。可能他对其中一些书读过翻过，像王弼的《老子注》那样，他早就知道那是最好的《老子》古注。

现存《老子》的版本，除汉初帛书本外，还有许多版本流传。大约统计，石刻十四种，其中以唐太宗时虞世南校写的石刻《老子》为最古。其次为唐中宗景龙二年（708）易州龙兴观道德经碑。唐写本《老子》残卷，散见于各地保存的敦煌经卷中，为数颇多。而今见木刻诸本中，以宋刊《老子道德经河上公章句》为较古，商务印书馆《四部丛刊》初编有影印本。明正统《道藏》搜集《道德经》本文及汉、魏、唐、宋、金、元、明众注本，总计有四十一种之多。

历代学者研讨和考释《老子》的著作不下千百家，但存者少、佚者多。其中主要有：

战国末年，喜黄老刑名之学的韩非，最早著《解老》《喻老》。

西汉《老子邻氏经传》《老子傅氏经说》《老子徐氏经说》以及《刘向说老子》等，均已散佚。东汉时，道教成立，河上公《老子章句》宣扬练气可以久寿长存；张道陵《老子想尔注》强调学道练形，能致长生。

魏晋时期，何晏作《老子道德经》，王弼撰《老子注》，阐发以虚为主、以无为本的玄学观念。

南北朝时，佛学和道教并盛，佛门亦耽玄理，释氏注解《老子》的很多。据《隋书·经籍志》著录：刘宋时，释惠琳、释惠严各注《老子道德经》二卷，释慧观撰《老子义疏》一卷。《旧唐书·经籍志》著录姚秦鸠摩罗什撰《老子注》二卷。梁武帝萧衍笃信佛法，誓为佛门弟子，亦著《老子讲疏》六卷。

至唐代，因皇帝与老子同姓李氏，故大力提倡道教，设置崇玄学，令生徒论习《道德经》，道俗学人，先后注《老子》的名家有孙思邈、傅奕、尹知章、成玄英、唐明皇、李荣、强思齐、杜光庭等。强思齐《道德真经玄德纂疏》二十卷，以唐明皇御注并疏为主，集河上公、严君平、李荣注，成玄英和强思齐疏，弥补了成玄英《老子疏》已亡之缺。唐玄宗李隆基开帝王注疏《老子》之先河，其《老子注》以道家思想为基础，在总结前人对《老子》的解读的基础上，博采众长，吸收了道家思想和儒家思想的精华，对《老子》的各章进行了深入的阐释。唐玄宗基于自己特殊的社会身份，在其《道德真经》注疏中将老子的政治思想全面转化为帝王思想，着重强调"理身治国"。

宋代注解《老子》亦多名著。道士陈景元撰《道德真经藏室纂微》十卷。范应元撰《老子道德经古本集注》二卷，有《续古逸丛书》影印宋刊本，明《道藏》未收，元明以来亦少引用，是书搜罗古本旧注颇多，弥足珍贵。司马光著《道德真经论》，第一章无名、有名、无欲、有欲，皆于"无"与"有"字下断句，与先儒不同。王安石喜读《老子》，晚年所著《老子注》二卷，已佚。金李霖编《道德真经取善集》。南宋彭耜撰《道德真经集注》十八卷。元代刘惟永编《道德真经集义》，曾采王安石《老子注》若干条，使其得以部分保存。南宋目录学家晁公武说："介甫平生最喜《老子》，故解释最所致意。"王安石在《老子注》中所阐述的思想，对后来的思想家唯物地解决"道器""理气"关系产生过积极影响。王安石子王雱，同党吕惠卿、陆佃、刘仲平皆有《老子注》。所引注本，或存或亡。其胪列解老者诸姓名，亦为珍贵史料。

到了元代，吴澄作《老子注》，更定为六十八章，独成一家言。他在第一章，以无名、有名、常无欲、常有欲断句，与王安石、司马光不同；在第三十五章注"道生一"一节时说："道自无中生出冲虚之一气，冲虚一气生阳生阴，分而为二，阴阳二气，合冲一气为三，故曰生三。"在注"天下万物生于有，有生于无时"又说："万物以气聚而有形，形生于气，气生于道，气形有而道则无。"这些解释大抵合于《老子》本义。

明代焦竑撰《老子翼》，采集韩非以后解《老子》者六十四家，并附以焦氏《笔乘》，共成六十五家，各取精语，于诸家注中推为博赡而有理致。并附《考异》，识其异同。

清代毕沅撰《老子道德经考异》，以唐代傅奕授定本为底本，参校河上公、王弼、顾欢、陆德明、彭耜、《永乐大典》、焦竑《考异》等，间有不合于古者，则折中众说，以定所是。但毕沅《考异》，详于宋元诸本，忽于唐本。

近人罗振玉针对毕沅这个缺陷，撰《道德经考异》，他根据景龙本、开元御注本、广明本、景福本等四个唐石刻本以及六朝和唐写本残卷十种撰成。他说，上下二经八十一章中，未见唐抄者才四章耳。唐以后诸本，不复阑入，期与毕书相辅而行。这是该书的特色。

新中国成立后到斯诺与毛泽东谈话时的十几年间，在《老子》的版本和文字考据方面，可谓成就斐然。中华书局除刊印王弼注本外，属当代学者的研究成果就有马叙伦《老子校诂》、高亨《老子正诂》、朱谦之《老子校释》。此外，容肇祖《王安石〈老子注〉辑本》、蒋锡昌《老子校诂》、张舜徽《老子疏证》等，也都是这方面的力作。

陈鼓应先生的《老子注译及评介》一书的"附录三"，介绍了历代研究《老子》的主要参考书目，共二百六十二种。他还说，古今有关《老子》的注说有千百种之多，目前所能收集到的有限。尚未读到的，有待来日增补。

对于《老子》思想的诠释，历代各家皆有不同，这是很自然的现象。每一种诠释，毫无疑问皆是作者所处时代的反映。例如，众所周知，河上公注的《道德真经》注重养生，而王弼的《老子注》注文则偏向谈玄，唐玄宗李隆基的《道德真经》注疏则强调"治国理身"。由于作者的特殊社会身份，而使其老学思想的独特性更为突出。

《老子》成书定型于战国前期，流传至今已有两千余年，可谓经久不衰。如毛泽东所言"注解《老子》的在一百家以上"，可见，其流传至宽至广，影响至深至远。

当斯诺谈西方"毛学"专家时，毛泽东用他熟悉的《老子》研究史的史实，以一种学说产生、兴盛及至衰亡的辩证过程和深邃的历史洞穿力，清醒而深刻地回答了斯诺的话题。

批注李贽《解老序》

一些思想家研究《老子》著作，一旦进入毛泽东的视野，他不仅悉心阅读，而且还常常写下很有新意的批语。

他批注过明代思想家李贽的《解老序》。

李贽（1527—1602），明代著名思想家、哲学家和文学家，泰州学派的一代宗师。初名载贽，后改贽，字宏甫、思斋，号卓吾，又有笃（1552）、卓、温陵居士等名号，福建泉州晋江（今福建泉州市）人。嘉靖三十一年（1552）举人，不应会试。先后任河南辉县教谕、南京国子监博士、北京国子监博士、北京礼部司务、南京刑部员外郎和郎中，最后出任云南姚安知府。万历九年（1581）三年任期满，李贽辞官离任，回到湖北黄安，后寄寓麻城龙芝佛院，致力于读书、讲学和著述。历十多年，完成《初潭集》《焚书》等著作。

在麻城讲学时，从者数千人，中杂妇女。他公开以"异端"自居，大胆抨击封建传统教条与假道学，抨击时政，针砭时弊。晚年往来南北两京等地。万历三十年（1602），礼部给事中张问达，秉承首辅沈一贯的旨意，上奏神宗，攻讦李贽。最终以"敢倡乱道，惑世诬民"的罪名在通州逮捕李贽，并通令焚毁他的著作。

李贽入狱后，听说朝廷要押解他回福建原籍，他感慨地说："我年七十有六，死以归为？"于是愤而以剃刀自刎。著有《焚书》《续焚书》《藏书》《李氏文集》等数十种。巨著《藏书》共六十八卷，系纪传体史论，论述战国至元亡时历史人物约八百人，对历史人物做出了不与传统见解苟合的评价，旨在反对儒学。

万历二年（1574）冬，李贽在南京刻行苏辙的《老子解》，并于12月20日写了一篇《解老序》，该序收入《焚书》卷三，又收入焦竑的《老子翼》卷七，焦竑在附记中说："李宏甫先生即刻子由（即苏辙，字子由——笔者注）《老子解》，逾年复自著《解老》二卷。"

《李氏文集》十卷有《解老序》原文：

尝读韩非《解老》，未始不为非惜也。以非之才而卒见杀于秦，安在其为善解老也，是岂无为之谓哉！夫彼以柔弱，而此以坚强，此勇于敢，而彼勇于不敢，已方圆冰炭若矣。而谓道德申韩宗祖可欤？

苏子瞻求而不得，乃强为之说曰："老子之学重于无为，而轻于治天下国家，是以仁不足爱，而礼不足敬。韩非氏得其所以轻天下之术，遂至残忍刻薄而无疑。呜呼！审若是，则不可以治天下国家者也。"老子之学果如是夫？老子者非能治之而不治，乃不治以治之者也。故善爱其身者不治身，善爱天下者不治天下。

凡古圣王所谓仁义礼乐者，皆非所以治之也。而况一切刑名法术欤？故其著书专言道德，而不言仁义，以仁虽无为而不免有为，义则为之而有以为又甚矣。是故其为道也，以虚为常，以因为纲。以善下不争为百谷之王，以好战为乐杀人，以用兵为不得已，以胜为不美，以退为进，以败为功，以福为祸，以得为失，以无知为知，无欲为欲，以无名为名，孰谓无为不足以治天下乎？世固未知无为之有益也。

然则韩氏曷为爱之？曰顺而达者帝王之政也，逆而能忍者黄老之术也。顺而达，则以不忍之心，行不忍之政，是故顺事恕施，而后四达不御，其效非可以旦夕责也；逆而能忍者，不见可欲是也，是故无政不达，而亦无心可推，无民不安，而亦无贤可尚，如是而已矣。此至易至简之道，而一切急功利者之所尚也。而一切功利者欲效之而不得，是故不忍于无欲，而忍于好杀；不忍以己，而忍以人；不忍于忍，而忍于不忍；学者不察，遂疑其原，从而曰道德之祸其后为申韩也如此。夫道德之后为申韩固矣。独不曰仁义之后其祸为篡弑？

古今学术亦多矣，一再传而遂失之，其害不可胜言者岂少哉！独老子乎？由此观之，则谓申韩原道德之意亦奚不可。

予性刚使气，患在坚强而不能自克也，喜读韩非之书，又不敢再以道德之流生祸也；而非以道德故，故深有味于道德而为之解，并序其所以语道德者以自省焉。先生名载贽，温陵人，仕至姚安太守，请老归。

毛泽东在读到其中"以善下不争为百谷之王，以好战为乐杀人，以用兵为不得已，以胜为不美……世固未知无为之有益也"这段话后，批注道：

在一定条件下。（《读〈李氏文集·解老序〉批语》，《毛泽东读文史古籍批语集》，中央文献出版社1993年版，第89页）

作者李贽在《解老序》中不同意苏轼"老子之学重于无为，而轻于治天下国家"的说法，认为法家依靠"刑名法术"，以法治国，故好战乐杀。所谓"刑名法术"的"刑名"，指战国时以申不害为代表的法家，主张循名责实，慎赏明罚，后人称为"刑名之学"，简称"刑法"。后来亦指刑律。《史记·秦始皇本纪》："秦圣临国，始定刑名。"所谓"刑名法术"的"法术"，指法与术的合称。韩非认为商鞅言"法"，申不害言"术"，各有所偏，主张两者兼用，后因以"法术"指法家之学。

道家提倡"无为而治"，用道德影响社会教化，从而达到治天下的目的。"无为而治"是道家的基本思想，也是其修行的基本方法。最早由老子提出。老子认为，世界的本原是无，只有无才符合道的原则。他认为统治者的一切作为都会破坏自然秩序，扰乱天下，祸害百姓。要求统治者无所作为，效法自然，让百姓自由发展。老子的基本哲学观是用"道"来解释宇宙万物的生成演变，提倡清静无为。道家主张清静无为，顺应自然，复返自然，称为"无为"。《老子》第三十七章曰："道，常无为而无不为。侯王若能守之，万物将自化。"意思是说，"道"永远是不妄为又无所不为的。侯王如果能坚守住它，万物就会自我化育。"无为"和"无不为"看起来是矛盾的，其实并不矛盾。"无为"并不是不做，而是不妄为、不乱做，而是要按照自然法则来做。法家主张是制之以刑，绳之以法。老子则主张以"无为而治"，其结果就是天下百姓"自化""自正"，这样才能形成一种纯朴、和睦的民风。

道家提倡无为而治，其办法是："以虚为常，以因为纲。以善下不争为百谷之王，以好战为乐杀人，以用兵为不得已，以胜为不美，以退为进，以败为功，以祸为福，以得为失，以无知为知，以无欲为欲，以无名为名，孰谓无为不足以治天下乎？"

然而，李贽归纳的老子的虚实、进退、得失、祸福、胜败、无知有知、无名有名，无欲有欲、争与不争，都是事物矛盾对立的两个方面。这个思想与毛泽东矛盾普遍性的哲学观点相通。但是，毛泽东还认为矛盾两个基本对立方面的互相转化，只有在一定的条件下才能实现，才能由一方转化到对立的另一方；没有一定的条件是不会发生这种转化的。所以他批语："在一定条件下。"当然，这是唯物辩证法的矛盾转化观，李贽囿于当时的认识程度，还不可能具有这样的先进思想观点，不可能有这个认识程度。

毛泽东的批注指明了这一点是很必要的，起到了点铁成金的作用。他将古代老子的机械辩证法提升为唯物辩证法。

老子是客观唯心主义

——《老子》品读史之三

老子哲学体系的性质如何？这是个很不容易判断、很不容易下结论的问题。老子使用的哲学概念，是两千多年前形成的已不容易为今人所理解的概念，如道、德、名、玄、常、有、无等。而判断哲学体系性质的哲学原理，又是 20 世纪初以来的"舶来品"——西方哲学思想和马克思主义哲学。由于研究者对老子哲学概念理解的不同，对西方哲学和马克思主义哲学原理的解释不同，对老子哲学体系的性质的判断也发生了严重分歧，甚至根本对立。

毛泽东品读《老子》，对老子哲学体系的性质反复思考过，一路走来，留下了清晰可数的探索足迹，构成了《老子》解读史的又一条线索。

老子唯心派

对于《老子》哲学的性质这个问题，早在 1913 年毛泽东在湖南第四师范（后合并到湖南一师）读书时，于 12 月 6 日国文课的《讲堂录》中记下这样几句话：

程子读书之法。

老子唯心派。

宋儒之学都是切实的。（《毛泽东早期文稿》，湖南出版社 1990年版，第 600 页）

《讲堂录》是毛泽东在长沙求学期间的笔记，这段话是国文老师讲课所言，毛泽东在课堂上记录下来。

　　从上下文语境看，国文老师是在讲读书法的课。青年毛泽东个人书信、日记、文章、谈话常与师友探讨读书法问题。这在《毛泽东早期文稿》和他学生时代交往者的记载中多有所见。此次国文老师在讲宋代理学家程颐、程颢的读书方法，结论是"宋儒之学都是切实"。在此期间，也许老师联系到古代的老子学派，并把其哲学体系的性质概括为"唯心派"。

　　1913 年，是民国二年。当时用西方哲学观点研究中国古典哲学，研究先秦诸子哲学，还没有出现系统的影响很大的著作，胡适写出第一部白话《中国哲学史》是十多年以后的事情。此时，湖南四师国文老师提到老子哲学能使用"唯心派""唯物派"，应该说哲学观蛮先进的。

　　"唯心派"即主张唯心主义，是与唯物主义根本对立的哲学派别。

　　唯心主义最根本的标志是错误地回答了物质和精神谁是第一性这个哲学基本问题，认为精神是第一性的，物质是第二性的，精神是世界的本原，物质是精神的产物。

　　唯心主义的思想早在原始社会就已萌芽，是原始人的蒙昧无知的产物。唯心主义哲学，是在体力劳动和脑力劳动分离和对立、社会产生阶级过程中形成的，它同宗教有着密切联系。唯心主义的认识根源，是主观同客观相分裂，认识同实践相脱离，用孤立、片面、静止、僵化的形而上学观点来看待复杂的认识过程，把认识过程的某个侧面过分地加以夸大。列宁说："直线性和片面性，死板和僵化，主观主义和主观盲目性就是唯心主义的认识论根源。"（《列宁全集》第三十八卷，第 412 页）

　　唯心主义有两种基本形式。一种叫主观唯心主义，认为个人的主观意识是世界的本原，世界只存在于"我"的意识之中，是"我"的感觉、观念的产物。如中国宋朝的陆九渊说，"宇宙便是吾心，吾心即是宇宙"；英国的贝克莱说，事物是"感觉的组合"。另一种叫客观唯心主义，认为在个人的主观意识之外独立地存在着所谓"客观"的"世界精神"，这种"世界精神"就是世界的本原。如中国宋朝朱熹说的"理"，德国黑格尔说的"绝对精神"，就是"世界精神"。他们认为一切事物都由它产生。

　　主观唯心主义和客观唯心主义说法不一，实质相同，都把精神作为世界的本原，把物质作为精神的产物，是对客观世界本来面貌的歪曲反映。在实质上，它们都是唯心主义。

1913 年，毛泽东二十岁。他开始接触《老子》一书和老子学派，就从老师那里得到"老子唯心派"的知识。这个知识烙印很深，使他一生都在琢磨这个中国古典哲学命题。

整个思想系统上的错误的批判

延安时期，是毛泽东哲学思想大发展并形成自己体系的时期。

1938 年年末至 1939 年年初，陈伯达先后写了《老子的哲学思想》《墨子的哲学思想》及《孔子的哲学思想》，陆续在延安《解放》杂志上发表。《孔子的哲学思想》写出后，陈伯达通过兼任中宣部长的张闻天送毛泽东审阅。

2 月 22 日，毛泽东在致张闻天的信中，就陈伯达《孔子的哲学思想》一文，阅后谈了自己的看法。肯定陈伯达的文章"改处都好"。同时又提出三点意见，请转陈伯达考虑。其中第三点说：

> 伯达此文及老墨哲学诸文引了章（炳麟）、梁（启超）、胡（适）、冯（友兰）诸人许多话，我不反对引他们的话，但应在适当地方有一批判的申明，说明他们在中国学术上有其功绩，但他们的思想和我们是有基本上区别的，梁基本上是观念论与形而上学，胡是庸俗唯物论与相对主义，也是形而上学，章，冯，（章，冯二家我无研究），等等。若无这一简单的申明，则有使读者根本相信他们的危险。老子等两篇已发表，可在孔子篇的末尾来一申明（此申明低二格写），说明此篇，前二篇，及尔后发表诸文，凡引他们的话，都是引他们在这些问题上说得对的，或大体上说得对的东西，对于他们整个思想系统上的错误的批判则属另一问题，须在另一时间去做。（《毛泽东书信选集》，人民出版社 1984 年版，第150、151 页）

这段话中，提到老子哲学有两处："老墨哲学诸文"与"老子等两篇"。提请注意申明的问题，实质上关系到用什么思想做指导去判断老子哲学的性质。

毛泽东这里所说的"他们整个思想系统上的错误"，自然是指梁启超、胡适诸人的观点无非是唯心论和形而上学、庸俗唯物论与相对主义等。他们的思想与马克思主义哲学"是有基本上区别的"。因此，研究老子、墨子、孔子哲学时，引他们的话"都是引他们在这些问题上说得对的，或大体上说得对的东西"，而且要申明在另一时间批判他们"整个思想系统上的错误"。

毛泽东这条意见直接要解决的问题，是在研究古典哲学时如何对待非马克思主义者的文章和观点。但是，它又间接地告诉人们：研究老子等人的古典哲学，要运用马克思主义哲学原理，否则就会被唯心论、庸俗唯物论和形而上学的观点牵着鼻子走，出现"使读者根本相信他们的危险"。陈伯达三篇文章，其中包括《老子的哲学思想》都引了这些人的"许多话"，毛泽东不反对这种引用，但是要明确他们的思想与共产党人所倡导的唯物论不同，基本上有区别。

在古典哲学研究实践中，毛泽东主张用马克思主义哲学为指导判明老子诸人哲学的性质。

《老子》是唯物论，还是客观唯心论？

对老子哲学性质的思索，在毛泽东脑海里似乎没有停止过。《老子》是唯物论，还是唯心论；是主观唯心论，还是客观唯心论，这些问题总是出现在他的大脑屏幕上。

1958年3月9日至26日。中共中央在成都召开了有中央各部门负责人和各省、市、自治区党委第一书记参加的中央政治局扩大会议，史称成都会议。会议于成都郊外金牛坝宾馆举行，到会的中央有关各部部长和东北、华北、西北、西南各省的省委第一书记。中南和华东只有个别省委书记到会。会议总结了过去几年的工作，研究了社会主义建设的有关问题。

在成都会议上，毛泽东始终处于兴奋状态。他在十八天的会议中，除了在听各省汇报时不断插话外，还一连发表了六次长篇讲话（3月9日、10日、20日、22日、25日、26日），那气势真可谓思如泉涌，气若长虹，高屋建瓴，势如破竹。

毛泽东一开头就提出现在我国进入技术革命时代，但接着又两次提出社会主义社会仍然存在两大剥削阶级和两大劳动阶级，阶级斗争并没有结束；他指出我国当前社会主义建设高潮的出现及其原因，认为鼓足干劲、力争上游、多快好省地建设社会主义总路线正在创造中，还有待证明；他分析教条主义在我党历史上所造成的危险及其产生的原因，提出要继续反对教条主义；他大讲尊重唯物论、尊重辩证法，大讲矛盾的互相转化，大讲建设社会主义的方法。

他提倡坚持原则与独创精神相结合，特别是批评京戏《法门寺》里贾桂式的"奴才习惯"，表扬《西厢记》里普救寺和尚惠明挺身突围请援兵，欣赏《红楼梦》里凤姐说的"舍得一身剐，敢把皇帝拉下马"的风格，称赞《苏报案》中邹容写的《革命军》把清朝帝制批得痛快淋漓和章太炎指名大骂光绪帝"载湉小丑，不辨菽麦"的气概，并列举古今中外著名人物，说明总是青年人胜过老年人，学问少的人胜过学问多的人，总是后来居上，号召解放思想，破除迷信，要有"六不怕"的精神。

这次会议上，除了印发中央各部门和各省的工作报告及有关决议草案外，毛泽东还亲自批示印发了《华阳国志》《都江堰》、唐宋诗人有关四川的诗词五六十首、明朝人的入蜀诗十八首、《苏报案》等以及马克思主义经典作家著作的摘录。

成都会议是一次工作会议，从某种意义上也可以说是一次文化会议、哲学会议。新中国成立以后，毛泽东的哲学思维更为活跃，看形势，谈事情，辨是非，极好从哲学角度切入。

成都会议期间，在 3 月 25 日的会议上，毛泽东在第五次讲话时，又说到哲学问题，说到老子哲学的性质：

> 我们很多同志不注意研究理论。究竟思想、观点、理论从哪里来呢？就是客观世界的反映。客观世界所固有的规律，人们反映它，不过是比较地合乎客观情况。任何规律都是事物的一个侧面，是许多个别事物的抽象；离开客观的具体事物，那还有什么规律？《老子》是唯物论，还是客观唯心论？我是怀疑的。规律存在于每一个具体的人、具体的社会，反复出现。普遍存在的规律，才是普遍性的规律。比如打仗，诱敌深入，战役上以多胜少，战略上以少胜多；战略上包围了我们，战术上我包围他们；等等，这是经过多少年战争，胜仗、败仗，才概括起来的。完整的体系，只能在后来完成，而不能在事先或者初期完成。对井冈山时期的十六个字战术，当时人们就怀疑，哪有这样的战术法则呢？这十六个字战术法则，在苏联军事史上是找不到的，但这是从群众斗争中得来的。（李锐：《大跃进亲历记》，南方出版社 1999 年版，第 279 页）

《老子》是唯物论，还是客观唯心论？毛泽东说"我是怀疑的"。意思是他还没有明确的答案,还处于"怀疑"状态。但是,他在探讨认识论问题。他追问:思想、观点、理论从哪里来呢?答案是:客观世界的反映。他认为规律是对客观具体事物的抽象;规律存在于具体的人与社会,反复出现;普遍存在抽象普遍性的规律;完整的思想体系只能在后来完成,而不能在事先或者初期完成。他举井冈山时期"敌进我退,敌驻我扰,敌退我追,敌疲我打"的"十六个字"游击战术为例,说明规律性的认识"是从群众斗争中得来的"。

毛泽东此时在探索社会主义建设的规律,谈理论和哲学,顺便提到老子哲学的属性。他的"怀疑",表示他在思考,他在求解。是唯物论,还是客观唯心论?这个自问,表明他有两个思考方向,也就是两个答案,只是没有最终的定案。

没过多久,毛泽东就明确回答了自己提出的问题:老子是客观唯心论者。

讨论老子思想的材料"印十份,交我为盼"

新中国成立后,毛泽东十分关注哲学界对《老子》的研究。

1959年,有关部门搞了一个学术界讨论老子思想的综述材料,题为"关于老子哲学是唯物主义还是唯心主义的问题",送到了毛泽东那里。毛泽东在日理万机中认真读了这份材料,读后极为重视,在材料第一页批示道:

> 印十份,交我为盼。毛泽东廿七日上午六时。(陈晋:《毛泽东之魂》,吉林人民出版社1993年版,第294页)

未署月份,待查。这件事是当时任毛泽东的机要秘书高智办的。毛泽东要十份,可能是用来推荐给其他中央领导同志阅读的。

这个材料开始即说:

> 认为老子哲学基本上是唯物主义的,有些人认为老子的自然观是唯物的,未涉及老子的认识论;有些人认为老子的自然观和认识论都基本上是唯物的。认为老子哲学基本上是唯心主义的,则都是包括老子的自然观和认识论。上述双方从《老子》书中引征的话,一部分是共同的,但所做的解释各不相同;另一部分引文是一方抓的。现将双方从《老子》书中引征的话列下,并加以

简单说明。

接着，材料摘引了争论双方经常引用的《老子》书中的十五段话，在每段话下面概述了争论双方对它的解释和评论。

其实，有关老子哲学的讨论由来已久，早在20世纪50年代初就开始了。要讲清楚这件事情，有必要了解它的来龙去脉。孙以楷、钱耕森、李仁群诸先生著的《老子外传老子百问》一书，对此有简要介绍：

五六十年代，国内中国哲学史界，围绕老子其人其书及其阶级属性和"道"学性质问题，展开了广泛热烈的讨论。

讨论是由冯友兰先生的一篇短文和任继愈先生的一篇系统长论引发的。

1951年第四卷第四期《新建设》杂志上，有个讨论题："老子是古代中国具有唯物论概念的哲学家吗？"冯友兰在回答这个问题时，肯定了老子是古代中国具有唯物论概念的哲学家。他认为，虽然在认识论上老子是唯心主义者，但在宇宙观上，老子的道的学说则是唯物主义者。

在此之后，任继愈于1954年7月28日和8月25日的《光明日报》上发表长篇论文《老子的哲学》，进一步肯定老子在孔子以前，《老子》一书虽非老聃所著，但其中的主要思想是他的基本思想。由于老子是没落贵族出身的隐士，他的思想反映了自耕农民的小私有者的要求，但其学说主要还是为统治阶级服务的。任文还从社会历史背景角度分析了老子哲学，指出老子哲学是朴素唯物论和自发辩证法的统一。

此后，许多人纷纷著文，或系统论证老子其人其书及其思想学说，或就某一方面的问题提出自己的看法，相互商讨，彼此驳难。这个讨论前后持续十年之久。据不完全统计，当时报刊上所发表的有关争鸣文章近百篇。这场讨论在"老学"研究史上十分引人注目。

参与这场讨论的有学养深厚、造诣甚高的老专家，如冯友兰、高亨等先生，他们在新中国成立前的老子研究和考证中，就是主要参与者。在这场讨论中，他们又提出了新的见解。此外，一大批初步掌握了马克思主义理论的新一代学者，给"老学"研究带来了一股清风和朝气，他们中有任继愈、汤一介等先生。与新中国成立前的老子考证和研究相比，这场新的讨论更注重把老子其人其书的考证与老子思想的研究结合起来。

1959年5月7、8两日，中国哲学会举行了中国哲学遗产的继承问题和老子哲学思想问题的讨论会。其中关于老子哲学思想讨论的中心是："老子的思想是唯物主义还是唯心主义？"另外还牵涉到老子其人其书及其阶级属性的问题。冯友兰、任继愈、冯憬远、汤一介等人认为老子思想是唯物主义的，杜国庠、侯外庐、吕振羽、关锋、林聿时等人则认为老子思想是唯心主义的。双方在会上充分阐述了各自的见解和论据。两种意见针锋相对，争论热烈，遂使讨论达到高潮，但并无结果。会后，双方就此问题继续笔战，并有所深入。

就此，《哲学研究》编辑部于 1959 年将讨论中有代表性的文章收集成册，由中华书局出版《老子哲学讨论集》一册，所收包括冯友兰、任继愈、关锋、林聿时等人的论文十六篇。该书是这场讨论的一个结晶。

综合各家观点，这场旷日持久的讨论主要围绕三方面内容展开：（一）老子其人其书的关系；（二）《老子》书代表哪个阶级的利益；（三）老子哲学是唯物主义，还是唯心主义。

显然，这一年送给毛泽东的《关于老子哲学是唯物主义还是唯心主义的问题》的综合材料，是关于第三方面讨论情况的报告。据中国哲学会召开哲学史讨论会的情况看，毛泽东写给高智的便条最有可能发生的月份就是 5 月。上旬 7、8 两日开会，下旬二十七八号送到毛泽东那里。毛泽东读后在材料第一页作了批示。当然这是推断，还需要证实。

这场讨论中，在关于老子哲学性质这个问题上，两种观点各不相让，尖锐对立：

主张老子哲学是唯物主义的学者认为，老子在"天道观"方面否认了"天"的最高主宰地位，在"天"之上加了一个"道"。"道"是关于天地存在的混沌状态，没有固定的具体的形象，它包括两层含义，一是指物质实体，一是代表着自然界乃至一切客观事物运动的法则。法则是实体所固有的，并且不离万物而独立存在。老子主张"天道自然""道法自然"，这就是要求用自然界本身的因素来解释自然界中发生的现象，从而从唯物主义方面回答了哲学基本问题。但这种唯物主义是不彻底的，在认识论方面，老子转到了唯心主义。

主张老子哲学是唯心主义的学者认为，《老子》书中始终没有明确指出"道"是物质性的东西，实际上未有天地之先的说法，正是指的观念上的存在；无名而混成的东西——即"道"，也是指观念的存在，因此老子的"道"就是抽象的观念，是超时空的绝对，是超感性而存在的，因而就是一种绝对精神。老子把这种绝对精神作为产生天地万物的根源，显然是唯心主义的。老子把规律和现象看作是先于或独立于物质而存在的，正是他唯心主义的表现。在认识论上，老子轻视感觉经验，把玄览、静观的抽象思维活动看作知识的来源，这也证明他是唯心主义的。

这场讨论是一次大规模地运用马克思主义哲学研究老子哲学的有益尝试，也是新中国成立前老子考证和研究工作的延续和发展；尽管讨论并未能取得一致的意见，但通过讨论，人们至少更深入地认识到了老子思想的复杂性和多义性，从而启发人们后来能从一个更新的角度来思考老子哲学，以避免简单化或教条主义的毛病。而且，客观地讲，老子其人其书与其思想学说中的许多问题，还会长久地争论下去。

据现有材料推断：1959 年 5 月 27 日晨六时，毛泽东在讨论老子哲学体系性质的材料上，挥笔写下七个大字"印十份，交我为盼"，体现出一种热情、急切和郑重。毛泽东关注《老子》哲学问题的讨论和研究，对这种"百家争鸣"中活的哲学感兴趣，不仅说明他自己的思想是开放的，随时接受新的研究成果，而且还在于随时了解学术界、思想界的动态，把情况通报给中央领导同志，使党的高层领导者和全党都关注哲学问题。他常提倡读点哲学，读点哲学史，与这种对哲学的关注度密切相关。

老子是客观唯心主义

毛泽东与周建人谈过老子哲学性质的问题，时间是在 1960 年 8 月 22 日。

那时，中国国民党革命委员会、中国民主同盟、中国民主促进会、中国农工民主党、中国致公党、九三学社等六个民主党派，正在召开中央全会扩大会议。

那天，毛泽东、刘少奇、周恩来等中共中央领导人接见六个民主党派出席会议的代表，并且和这些党派的主席、副主席进行了亲切的谈话。

中国民主促进会创始人之一周建人（鲁迅先生的弟弟）先生，刚好坐在毛泽东身边，他们谈起了哲学问题。当时，哲学界继续讨论老子哲学问题，争论老子哲学是唯物论还是唯心论。

毛泽东知道周建人写了关于老子哲学问题的文章，并且知道周建人是主张老子哲学是唯心论的。毛泽东说：

怎么会把老子哲学看作唯物论的呢？老子是客观唯心主义。
（周建人：《毛主席的教导永远激励知识分子不断前进》，《难忘的回忆——怀念毛泽东同志》，中国青年出版社 1985 年版，第 78 页）

毛泽东鼓励周建人继续把争鸣文章写下去。

周建人转述的毛泽东谈老子哲学性质问题，话并不多，可是毛泽东此次说的却是倾向性意见，他认为老子哲学"是客观唯心主义"。

　　在本篇第一节已经简单介绍过，客观唯心主义是唯心主义哲学的主要派别之一。客观唯心主义认为先于自然界而存在的某种精神是世界的本原的唯心主义。认为有一种神秘的不依赖于主观意识的客观精神，它是世界的本原，一切事物都由它产生。它把人的意识绝对化，看作可以脱离主体而独立的"客观"实在的东西，主张由"客观"精神派生物质世界。如南宋大儒朱熹说过："未有天地之先，毕竟也只是理，有此理，便有此天地。若无此理，便亦无天地，无人无物。"（《朱子语类》卷一）朱熹提出"理在气先"，由"理"产生物质性的"气"，再演化出事物与现象。这个"理"是在宇宙形成之前就存在的独立的精神，天地万事万物都由这个客观的"理"产生。外国的哲学家如德国哲学家黑格尔，把"绝对精神"作为世界的本原，认为"绝对精神"在世界之前就已存在，世界万物都由"绝对精神"产生。在客观唯心主义者看来，物质世界的各种事物，如日月星辰、人类社会、动物、植物、原子、电子等，都不过是"理""绝对精神"的体现，没有"理""绝对精神"，便没有世界的一切。这是对客观世界本来面貌的歪曲反映。

　　客观唯心主义在本质上和主观唯心主义并无区别，并同宗教有密切的联系。但有的客观唯心主义如黑格尔哲学特别强调观念的运动、变化和发展，在其神秘的体系中包含有丰富的辩证法思想。这个哲学流派在认识上的错误，在于把认识的某一方面绝对化、神秘化，把它看作脱离客观事物的东西，并片面夸大为宇宙万物的基础。客观唯心主义的超自然、超人类的所谓"理""绝对精神"，实际上是上帝的代名词，不过是哲学化了的上帝创造世界的宗教说教而已。

　　辩证唯物主义认为，世界的本原是物质，物质是不依赖于精神而独立存在的客观实在；先有物质，后有精神，精神无非是人们对客观事物的反映，是地球上出现了人类以后在社会实践基础上形成的现象，即物质发展到一定阶段的产物。离开了物质就没有精神，根本不存在什么独立的精神，世界也不是由什么"理""绝对精神"产生的。

　　老子哲学是哪种唯心主义？不少论者认为是客观唯心主义，毛泽东也持这种意见。对老子哲学性质的判断，关键是人们对"道"这一范畴的理解。这是因为，老子哲学体系就是以"道"作为中心概念或最高范畴建立起来的，"道"的性质决定着老子整个哲学体系的性质。

　　"道"一词在《老子》书中总共出现七十四次。据学者们的解释，其含义或指"道路"，或指"道理"，而后者又是从前者引申出来的。人们行走所遵循的路线谓之道路，人们思想和行事所遵循的路线则谓之道理。

老子对"道"有不少描述：

> 视之不见，名曰"夷"，听之不闻，名曰"希"；搏之不得，名曰"微"……（第十四章）
>
> 道之为物，惟恍惟惚。惚兮恍兮，其中有象；恍兮惚兮，其中有物。窈兮冥兮，其中有精；其精甚真，其中有信。（第二十一章）
>
> 有物混成，先天地生。寂兮寥兮，独立而不改，周行而不殆，可以为天下母。吾不知其名，强字之曰"道"。（第二十五章）

这里所描写的就是作为最高存在的"道"的体状。"道"是视不见、听不闻、搏不得的夷、希、微；"道"的形态"惚兮恍兮""窈兮冥兮"，但是其中有象、物、精、信；"道"因"先天地生"，故其"寂兮寥兮"——这是老子对"先天地"（"先天地"也就是先于客观存在）之道的感受。

对于《老子》一书中"道"的含义和性质，主张老子为唯心主义的学者解释说，老子把"道"看成是宇宙万物的最后实体，是抽象的观念。"道"具有超时空、超经验的永恒性。"道"是"无"，由"无"生"有"，即产生物质性的天地万物。并且，老子有时又把"道"叫作"一"，而"一"显然是抽象的数的概念。老子认为"道"是指宇宙的本体。就是说，"道"被认为是宇宙的最根本的即最高的存在。尤其是第二十五章，认为"道"先于天地而存在，"道"为天下万物之母，具有"独立而不改"的永恒性，是"周行而不殆"的运动实体。这一宇宙本体虽然无形无名，不能为我们的感觉所感知，但它是真实存在的，可以为我们的思维所把握，勉强可以给它命个名字就是"道"。所以老子的"道"是超然于客观存在之外的精神意识，但它不是上帝创世说，而是客观唯心论。他们认为，在认识论上，老子认为"道"不是感觉所能认识的，因而把"玄览"和"静观"的思维活动看作知识来源，这也说明老子的哲学是客观唯心主义的。

著名国学家张岱年先生认为老子哲学是"客观唯心论的一种特殊形态"。张先生说老子的"道"不是物质性的实体，因为从春秋时代天道观念转化而来的老子的"道"超然存在于万物之上，成为超越物质世界的绝对。但老子的"道"也不是超时空的绝对精神。因为，老子的"道"仍然存在于"域中"，不在时空之外。"道"是万物的根源，但不是主宰，它没有意识。张先生认为，老子的"道"是非物质性的绝对，可说是一种观念性的绝对。在这个意义上讲，老子哲学可以说是一种唯心论（观念论），是客观唯心论的一种特殊形态。但老子的"道"还是有与无的统一，就是说，"道"又具有客观实在性，老子肯定了作为普遍规律的"道"的客观实在性，但"道"又不是物质的。总之，老子提出"道"的学说，为以后的唯心论树立了一个典型；老子推倒了关于主宰之天的信仰，对于以后的唯物论也有比较深远的影响。张先生在这里所得出的关于老子哲学的唯心主义性质的结论，突出了老子道论的特殊形态的特点，是探索老子哲学性质的一个有益的思路。（转引自孙以楷、钱耕森、李仁群：《老子外传老子百问》，安徽人民出版社1992年版，第131页）

不赞成老子是唯物论者

毛泽东关注哲学界对《老子》思想的研究著作。他读过北京大学教授任继愈的《老子今译》，还读过天津杨柳桥教授的《老子译话》，并对这两部书评论老子哲学性质的观点有自己的看法。

在1968年10月31日中共中央八届十二中全会闭幕会上的讲话中，毛泽东特意提到任继愈和杨柳桥，提到他们的老子研究。毛泽东说：

> 任继愈讲老子是唯物论者，我是不那么赞成的。得到了天津有个教授叫杨柳桥，他有本《老子今译》，他说老子是唯心主义者，客观唯心论者。我就很注意这个人。后头一调查，糟糕，这个人是个什么右派嘛。（陈晋：《毛泽东之魂》，吉林人民出版社1993年版，第295页）

毛泽东讲话中有个小误差：杨柳桥的书名是《老子译话》，而任继愈的书名才是《老子今译》。

任继愈，山东平原人。1934年考入北京大学哲学系，师从汤用彤、熊十力、贺麟、钱穆诸教授，1941年毕业于西南联大北京大学研究院文学研究所。后在北京大学哲学系任教。1954年作有《老子的哲学》长篇论文，于同年7月27日、8月25日发表于《光明日报》。不久，作为"附录一"收入《老子今译》一书。任继愈认为老子是"中国的，也是全世界的第一个（最早的）自发的辩证法、朴素的唯物论的哲学家"。

1968 年 10 月中共八届十二中全会闭幕会上的讲话中，毛泽东明确提出，他不赞成老子是唯物论者的观点，而赞同杨柳桥提出的客观唯心主义者的新观点。后来毛泽东曾经肯定任继愈研究佛学的文章，此次却不同意他对老子的认定。

杨柳桥是天津某大学的教授，他的《老子译话》一书，1958 年 2 月由古籍出版社出版。毛泽东得到这本书，并"很注意"作者杨柳桥"这个人"，还安排人调查了作者的情况，知道杨柳桥在 1957 年"反右派"斗争中被划为右派。

毛泽东所以"很注意"杨柳桥，是因为注意到他提出的老子是客观唯心论者的观点，与自己的观点产生共鸣。

杨柳桥在《老子译话》"引言"中这样说到本书的产生过程："我这本'译话'的写作动机，是由于我读过了北京大学任继愈教授的《老子今译》所引起的。定稿以后，苏联汉学专家杨兴顺院士的《中国古代哲学家老子及其学说》——附有《道德经今译》——中译本也出版了。杨先生和任先生的著作，给我的启发是很多的。但是我们在对老子的解释和体会上，还有很大的出入。那么，我这本'译话'的出版，也就可能在这'百家争鸣'的热潮中起一点儿'争鸣'的作用了。"

杨柳桥的《老子译话》主要内容是《老子》的译文，即白话文。但是，在附录文章《老子的哲学是唯物主义的吗？》，作者表明了自己对老子哲学的研究成果。他的文章是与任继愈争鸣。

杨柳桥写道："老子是不是中国的第一个（最早的）自发的辩证法和朴素的唯物主义的哲学家，甚至他是不是一个唯物主义者，我认为还大成问题。尤其令人怀疑的是，老子纵然具有不少的唯物主义因素，被任先生揭发出来了；但是任先生并没有提出老子的唯心主义因素；好像老子是一个纯粹的唯物主义者。这就未免夸大了老子的优点，掩盖了老子的缺点。这是极端不妥当的。"杨柳桥在细密地考察了老子哲学的基本概念"道"的含义以后，得出结论说："总之，老子的哲学，我认为它基本上是唯心主义的，不过在唯心主义之中含有一些朴素的唯物主义的因素罢了。有人把老子哲学和黑格尔哲学相比，我认为最恰当不过的。要说老子是中国的甚至是世界的第一个朴素的唯物主义者，未免有些不符史实。"杨柳桥这里提到"黑格尔哲学"，意思是老子哲学的"道"与黑格尔哲学的"绝对精神"有一致性，都是客观唯心主义。（杨柳桥：《老子译话》，古籍出版社 1958 年版，第 69、83 页）

任、杨争鸣文章发表十余年后，毛泽东于"文革"中的 1968 年 10 月旧事重提，还清晰准确记得双方的"评老"观点，表明自己的思想倾向性也毫不含糊。

　　这种观点影响了任继愈《老子》研究的思想观点。任先生《老子新译》一书，其中有这样一段话："……对于上述主张老子是唯心主义的，姑称为甲派，主张老子是唯物主义的，姑称为乙派。笔者的四卷本哲学史属乙派。1973 年笔者撰《中国哲学史简编》，发现主张老子是唯物主义有困难，改变了观点，主张甲派。今天看来，甲、乙两派都有一定的根据，但都不够充分。双方都把老子的思想说过了头，超出了老子时代（春秋）的人们的认识水平。"（任继愈：《老子新译》，上海古籍出版社 1985 年第二版，第 32 页）

　　这里说的 1973 年撰写《中国哲学史简编》，把"老子是唯物主义"改变为"老子是唯心主义"，根本原因在于毛泽东讲了"讲老子是唯物论者，我是不那么赞成的"。是任先生在研究写作中贯彻毛泽东的"评老"精神。也就是说，从四卷本《中国哲学史》到《中国哲学史简编》，任先生"改变了观点，主张甲派"，实质上是受毛泽东在中共八届十二中全会闭幕讲话评论老子哲学的影响。

　　改革开放以后，任继愈先生对老子哲学研究中的方法论进行反思，他看到主张老子哲学是唯物主义和主张老子哲学是唯心主义的两种意见，彼此都未能说服对方，这一分歧或许有可能长期存在下去。对此，他认为两派意见都有一定的根据，但又都不充分。问题的关键在于双方都把老子的思想说过了头，超出了老子时代的人们所可能有的认识水平。主张老子哲学是唯心主义的人，错在把老子的唯心主义体系与西方近代唯心主义相类比，把老子的"道"比作黑格尔的绝对精神。但是，在老子的时代，不可能达到像黑格尔那样高度抽象的程度。而主张老子哲学是唯物主义的人把老子的"道"解释为"物质一般"。但是，这一概念在近代科学产生以前的古代，同样是不可能的。任先生认为，上述两派意见，都是把老子的哲学体系说得太系统化了。其实许多问题，老子自己还不甚清楚，所以他本人也就未讲清楚。因此，任先生主张，把老子哲学放在当时的历史条件下来考察，看它在当时的思想斗争中处在什么地位，通过其社会历史作用来评判老子哲学的地位和性质。这样，任先生认为，从当时作为思想斗争核心的天道观来看，老子的学说无疑是进步的，因为它在客观上打击了"天道有知"的宗教迷信思想。在老子哲学中，天不具有人格和意志，只是一种自然存在，是万物中的最广大的一种客观存在。而这最根本的存在，即构成万物的原始材料的东西，老子把它叫作"道"。"道"是构成万物的原始材料的初步设想，还不是"物质一般"。但对"道"，老子自己也没有讲清楚，使得后人既可以从唯物主义方面理解，也可以从唯心主义方面对其加以解释。但从当时的历史作用来看，老子的"天道自然无为"的学说是有利于唯物主义的发展的。

任先生的"论老"新见，站位高，视野宽，回到思想产生的历史自身环境中来解决问题，有利于老学的新发展。

20 世纪五六十年代毛泽东对那场旷日持久的老子哲学性质讨论的关注和评论，影响和推动了老学的繁荣发展。

"两个飞跃"老子没有讲清楚

1964 年《自然辩证法研究通讯》第三期刊载了日本物理学家坂田昌一的一篇文章：《关于量子力学理论的解释问题》。

毛泽东看到这篇文章后，于 8 月 24 日，找来北京大学副校长周培源，中共中央宣传部科学处处长、国家科委副主任于光远，就坂田文章发表谈话：

> 今天我找你们来，是研究一下坂田的文章。坂田说基本粒子不是不可分的，电子是可分的。他这样说是站在辩证唯物主义立场上的。

毛泽东接着又说：

> 人对事物的认识，总要经过多少次反复，要有一个积累的过程。要积累大量的感性材料，才会引起感性认识到理性认识的飞跃。关于从实践到感性认识，再从感性认识到理性认识的飞跃的道理。马克思和恩格斯都没有讲清楚。列宁也没有讲清楚。列宁写的《唯物主义和经验批判主义》，只讲清楚了唯物论，没有完全讲清楚认识论。最近艾思奇在高级党校讲话说到这一点，这是对的。这个道理中国的古人也没有讲清楚。老子、庄子没有讲清楚，墨子讲了认识论方面的问题，但也没有讲清楚，张载、李卓吾、王船山、谭嗣同都没有讲清楚。什么叫哲学？哲学就是认识论。"双十条"的第一个十条前面那一段话是我写的。我讲了物质变精神、精神

变物质。我还说让哲学从哲学家的课堂上和书本里解放出来。(《关于人的认识问题》,《毛泽东文集》第八卷, 人民出版社 1999 年版, 第 389、390 页)

　　毛泽东同周培源、于光远, 就坂田文章谈到了他的"认识论"。所谓认识论, 也就是知行观。过去人们只知道"唯物论"与"唯心论"。毛泽东提出了"认识论", 对哲学思想是一个重大的发展和创新。他在同周培源等谈话时还说: "什么叫哲学? 哲学就是认识论, 别的没有。"

　　在中国哲学史上, 先秦诸子, 许多思想家都提出过自己的知行学说。关于知行问题, 老、庄的思想有其相通之处, 即都主张通过直觉来把握"道"。这种直觉方法, 具体说来, 也就是在闭目塞听的情况下, 依靠"内心之光明"(高亨语, 见《老子正诂》), 来"直接体认道"(刘笑敢语, 见《庄子哲学及其演变》)。显而易见, 这种致知方法, 是定然要排斥"行"的, 即否定"行"对于"知"的决定作用, 在这个意义上, 可以说老、庄都是主张"不行而知"的。

　　但是, 老子的"不行而知"是内在地包含着对具体事物的认识的。照他的思想逻辑, "不行"是"知(道)"的前提, 而"知(道)"又是"知天下(万物)"的前提。他说:

　　　　"不出户, 知天下", "圣人不行而知, 不见而名, 不为而成。"(第四十七章)
　　　　"天下有始, 以为天下母。既得其母, 以知其子; 既知其子, 复守其母。没身不殆。"(第五十二章)

　　由此可见, 老子知行观的思路是: 知道("得其母")→知物("知其子")→行道("守其母")。显然, 知物乃是整个认识过程中一个不可或缺的重要环节; 没有知物这个环节, 就不能够实现知道与行道的统一。老子知行观的根本失误是在于: 它颠倒了知物与知道的关系, 不是把知物(对个别的认识)当作知道(对一般的认识)的前提和基础, 而是相反地把知道当作知物的前提和基础。这样, 当然就不可避免地要抹杀实践对于认识的决定作用, 导致神秘主义的直觉。

　　在漫长的封建时代, 人们对知行关系的认识发展进程也是缓慢的, 对这一问题曾经反复辩难过。南宋朱熹主张"知先行后"说; 明代王阳明主张"知行合一"说；清王船山则提倡"行先知后""知行相资"说。

毛泽东在青年时代，尤其在湖南一师求学期间，就研读过先秦诸子及一些宋明理学家，如程颐、程颢、朱熹、王阳明、王夫之等人的著作，对知行关系学说有比较系统的了解。

毛泽东接受马克思主义哲学后，积极从事中国革命的实践活动。在以后的长期斗争中，他一贯强调从实际出发，从战争中学习战争，反对认识与实践相脱离的本本主义、教条主义倾向。1937年在延安抗日军政大学讲哲学，为了揭露、批判教条主义的理论基础，他确定以认识论为讲课的重点。备课时，结合中国传统哲学中的知行关系问题，研读了《船山遗书》。1950年，《实践论》公开发表，他又特别加上一个附题："论认识和实践的关系——知和行的关系"，清楚地表达了全文的主题思想。

在《实践论》发表稿中，增写了人类的认识随着实践的发展而发展的一段话，即"马克思主义者认为人类社会的生产活动，是一步又一步地由低级向高级发展，因此，人们的认识，不论对于自然界方面，对于社会方面，也都是一步又一步地由低级向高级发展，即由浅入深，由片面到更多的方面。在很长的历史时期内，大家对于社会的历史只能限于片面的了解。这一方面，是由于剥削阶级的偏见经常歪曲社会的历史；另一方面，则由于生产规模的狭小，限制了人们的眼界。人们能够对于社会历史的发展作全面的历史的了解，把对于社会的认识变成了科学，这只是到了伴随巨大生产力——大工业而出现近代无产阶级的时候，这就是马克思主义的科学"。

《实践论》系统地阐明人类认识在实践基础上有规律的发展过程，在文章最后毛泽东作了小结：

> 通过实践而发现真理，又通过实践而证实真理和发展真理。从感性认识而能动地发展到理性认识，又从理性认识而能动地指导革命实践，改造主观世界和改造客观世界。实践、认识、再实践、再认识，这种形式，循环往复以至无穷，而实践与认识之每一循环的内容，都比较地进到了高一级的程度。这就是辩证唯物论的全部认识论，这就是辩证唯物论的知行统一观。

1964年，毛泽东关于坂田文章与周培源、于光远的谈话，对这一问题作了一番历史的回顾（见前引）。实际上，毛泽东讲了古今中外哲学家（包括马克思主义大家）对知行关系的探索史。结论是：传统哲学中的认识论问题，即知行关系问题，直到《实践论》和《人的正确思想是从哪里来的？》才讲清楚。

前引毛泽东与周培源、于光远谈话中提到"'双十条'的第一个十条前面那一段话是我写的"。毛泽东写的这"一段话"，后来题为"人的正确思想是从哪里来的？"，收入了毛泽东著作选读，就是1963年5月，毛泽东修改"双十条"时，在《人的正确思想是从哪里来的？》文章中写道：

> "无数客观外界的现象通过人的眼、耳、鼻、舌、身这五个官能反映到自己的头脑中来，开始是感性认识。这种感性认识的材料积累多了，就会产生一个飞跃，变成了理性认识，这就是思想。这是一个认识过程。这是整个认识过程的第一个阶段，即由客观物质到主观精神的阶段，由存在到思想的阶段。""人们的认识经过实践的考验，又会产生一个飞跃。这次飞跃，比起前一次飞跃来，意义更加伟大。因为只有这一次飞跃，才能证明认识的第一次飞跃，即从客观外界的反映过程中得到的思想、理论、政策、计划、办法等，究竟是正确的还是错误的，此外再无别的检验真理的办法。而无产阶级认识世界的目的，只是为了改造世界，此外再无别的目的。一个正确的认识，往往需要经过由物质到精神，由精神到物质，即由实践到认识，由认识到实践这样多次的反复，才能够完成。这就是马克思主义的认识论，就是辩证唯物论的认识论。"

从《实践论》到《人的正确思想是从哪里来的？》，毛泽东把人类的认识过程概括为"两个飞跃"，形成了以实践为基础的有自己特点的唯证唯物论的认识论。毛泽东研究哲学，特别注重认识论。五四运动以后，他很少讲宇宙观、本体论。从革命实践的需要出发，他自始至终紧紧抓住认识和实践，亦即知行关系问题。在关于坂田文章的谈话中，他甚至说："什么是哲学？哲学就是认识论，别的没有。"这句话是即兴而发，并未得到学术界的认同。但如果单说毛泽东哲学思想的中心问题是认识论，这一点是无可疑问的了。（此处阐述参见汪澍白：《传统下的毛泽东》，中国青年出版社1996年版，第102页）

"两个飞跃"的人类认识总规律，两千年前的古典哲学家老子受当时人们认识条件的限制，没有"讲清楚"，他只是朦胧地接触到人们认识问题。毛泽东品读《老子》，指出了这一点，是看得十分透彻的。

老子"探讨宇宙的起源问题"

人生天地间，自古以来就反复思索叩问：我们生存的宇宙是如何起源的？先秦诸子几乎都关注这个问题，老子尤甚。毛泽东也不例外。

1973年夏天，毛泽东接见当代世界著名的物理学家、美籍华人杨振宁博士。

交谈中，当毛泽东问杨振宁在物理学方面正在做什么时，杨振宁说："我们正在研究基本粒子的结构问题。"

毛泽东一下子就被这个话题吸住了，他就像找到了知音一般高兴，说："哦，这个问题我很感兴趣啊！我在50年代就和钱三强同志讨论过这个问题，以后又在多种场合讲了我对这个问题的看法。总之，我认为物质是无限可分的，它不可能停留在一个阶段上，博士先生，你认为如何呢？"

杨振宁说："主席，想不到你对物理学这么有兴趣，关于基本粒子是否可分的问题，目前世界上正在进行激烈的辩论，但迄今为止还没有一个明确的结论。"

毛泽东答道：

> 有争论就好嘛，真理是越辩越明。中国的古人了不起呢。春秋时代的《老子》《墨子》《淮南子·天文训》和《傲真训》等书就探讨了宇宙的起源问题……（陈晓东：《神火之光》，中共中央党校出版社1995年版，第222页；柏桦著：《毛泽东口才》，海南出版社1996年版，第234页）

一般的理解，宇宙的起源也就是万物的起源，老子对宇宙起源有自己的理解。《老子》第四十二章说：

> 道生一，一生二，二生三，三生万物。

《老子》这句话的字面意思是：大道生一，一生二，二生三，三衍生万物。

一、二、三总的说是老子认为的大道化生万物的过程，有第一步、第二步、第三步的意思。一、二、三又是具体的数目，有具体所指。《周易·系辞》

里说："太极生两仪，两仪生四象。"

"道生一"意思是，大道生出一。"一"相当于《周易》的太极。太极是宇宙阴阳未分的统一体。《周易》直接从太极开始解释宇宙的生成，老子说在太极之前又有一个"道"。道是什么？道家把这个道套入《易》的哲学体系里，就成了"无极生太极"，道就相当于道家讲的无极。

"一生二"意思是，一生出二。"二"相当于《周易》的两仪。两仪是天地开辟阴阳分立的阶段，再往后就是天地化生万物。"一生二"这句的内涵就是，太极生出两仪，两仪就是阴阳，阴阳最大的具象就是天地。阴阳是由太极裂变出来的。

"二生三"意思是，二生出三。内涵就是，阴阳直接化生物种。阴阳与物种之和为三。这个阶段是物种的产生。这个阶段相当漫长。

"三生万物"意思是，三生出万物。内涵就是，物种自身繁衍产生万物。

把《老子》这句话的内涵之义连起来，即可概括为：大道生太极，太极生两仪，两仪生物种，物种繁衍生万物。

老子的"道生一，一生二，二生三，三生万物"所阐述的问题，用通俗的话说，就是万物是从哪里来的？万物怎样变成现在这个样子的？初始条件又是怎样呢？老子的这个解答不过是一个猜测，一个富有天才的猜测而已。然而，在一切科学中最接近《老子》"道"的莫过于宇宙学中"宇宙创生于无"的理论。

《老子》这句话含有一定的道理。毛泽东把《老子》这句话看作"探讨了宇宙的起源问题"。

对于这个问题，葛荣晋主编的《道家文化与现代文明》一书做了一定的阐述。

自从爱因斯坦把相对论用于整个物理宇宙，从而产生了科学的现代宇宙学之后，对这些问题才有了真正的科学探讨并给出如下的解答：

对第一个问题做出的、有理论和观测根据的回答是：万物来自二百多亿年以前的一次原始火球的大爆炸。

对第二个问题，现代科学宇宙学也大致勾画出如何从原始炽热状态产生元素继而形成星系的主要过程。

对于第三个问题，经过近二十年的努力也已基本上确认，它就是同爱因斯坦场方程奇点解相联系的"奇异状态"。

这第三个回答被称为"彭罗斯—霍金—爱里斯奇异定律"。这个定律被认为是20世纪物理学思想的重大成就。然而，这个回答导致这样的问题：

这种奇异状态是否是"宇宙"的开始？从已达到的宇宙学知识水平看，奇点在理论上是我们所知道的那种形式的宇宙物质实际演化的开始。宇宙学家霍金和爱里斯把奇异状态解释为宇宙时间的开始，并认为这有利于古代关于"宇宙产生于无"的思想。

英国宇宙学家霍金在其"宇宙自足"理论中阐述了空间和时间如何由无产生的问题。所谓"自足"就是不借助外力。18世纪，D.休谟为了抛开上帝，曾提出"物质世界本身就包含着物质世界的秩序原则"的命题。这就是说，宇宙的初始条件是由宇宙自身决定的，没有任何东西存在于宇宙之外，没有任何东西能给出宇宙的开始。所谓"没有任何东西"，按语义即"无"，所谓宇宙的开端，意即"宇宙的创生"。上述陈述可以等价地陈述为："无"能给出宇宙的创生。霍金的宇宙自足理论就是研究宇宙如何从"无"创生的问题。他是从时空如何从"无"产生入手的，即从没有空间也没有时间的状态如何产生出空间和时间。他和他的合作者吴忠超，就最简单的情况做了计算，得出第一个完整的宇宙自足解。虽然它还不能算真正的宇宙解，但它的意义至少在于，宇宙创生问题已成为经验自然科学的课题。

至于涉及"有生于无"的宇宙学理论还很多。尽管这同物理学中的能量守恒定律相冲突，但是许多宇宙学家还是这样去思考。

老子的宇宙论设想宇宙有一个"开端"，这个开端是"道"。现代宇宙学作为精确的科学也已经走到老子曾经作为猜测达到的情境。老子关于宇宙创生的说法本是为破除神造宇宙说而提出来的，把前人视为至高无上权威的上帝置于混然的"道"之下。同样，科学的宇宙创生理论把"宇宙之外是无"作为边界条件，从而赋予"无"以物理意义，也是为在宇宙问题上扫除神学的地盘的一种最新的努力。但是，这种努力却是同坚决反对唯心论神创说的唯物论哲学不相容的。唯物论哲学的出发点是世界的物质性，时间和空间视为物质的存在形式，所以不允许宇宙在时间上有开端，更不容忍这个开始是"无"。这是现代宇宙学争论中的最根本的问题。

不管怎么说，《老子》的宇宙论有一定的积极意义，启示了现代的科学宇宙论的产生。作为两千年前的哲学家，这就足够了。

如果说在人类认识的规律方面，毛泽东指出了老子的局限；那么，在探索宇宙起源方面，毛泽东则指出了老子的贡献。

《老子》也是一部兵书

——《老子》品读史之四

中国古籍是按经、史、子、集四大部类分类的，先秦诸子一般都划入"子部"。在"子部"中再细分儒、道、法、名、兵、农、小说诸目，《老子》一书往往列入道家首部书。这是惯例，可说约定俗成，没有异议。

但是，唐代以降，列入道家一目的《老子》，却陆续有学者考定其是部"兵书"，似乎应列入"兵家"之目。

唐代王真认为，《老子》"五千之言"，八十一章，"未尝有一章不属意于兵也"。（《道德真经论兵要义述》）

明清之际的王夫之，在谈到《老子》一书历史地位的时候，也认为《老子》可为"言兵者师之"。（《宋论》）

清代道光年间的魏源，在《古微堂集》《孙子集注序》一文中说："《老子》其言兵之书乎？'天下莫柔弱于水，而攻坚强者莫之能先。'吾于斯见兵之形。……子之《老》也……其道皆冒万有，其心皆照宇宙，其术皆合天人、综常变者也。"

近人章太炎说："老聃为柱下史，多识故事，约《金版》《六韬》之旨，著五千言，以为后世阴谋者法。"（《訄书·儒道》）强调《老子》一书概括了古代兵书的要旨。

《老子》是一部什么书，这本来不成问题。先秦诸子著书论道之时，并不像现在这样有细密的分工。就内容来说，诸子书可谓无所不谈。治国、治学、做人、处世，政治、经济、文化、军事，哲学、美学、伦理学、教育学以及自然科学，包罗万象。也就是说，很难用一种"学"来概括一部书。

说《老子》是中国先秦时期一部重要哲学典籍，这是就它的主要内容讲的。其实《老子》也带有综合性，也包括谈军事，谈战争。只要留心，就会发现先秦诸子几乎都谈兵论战，不只兵家论兵。

由于《老子》中不少内容讲用兵之道，即论述军事思想和用兵策略，所以，从唐朝到民国，王真、王夫之、魏源、章太炎诸人，都把《老子》看作是一部兵书。这绝不是偶然的巧合。《老子》一书共八十一章，直接谈兵的近十章，哲理喻兵的有近二十章，其他各章也有不少贯穿了对军队、战争、国防思想的发挥。这样看来，说《老子》是一部兵书，也是很中肯的、很实际的见解。《老子》讲到哲学问题时，许多处也涉及军事，因为哲学与军事虽非属于同一学科，但有内在相通之处，军事哲学则是二者的交叉。

20 世纪 70 年代，对《老子》一书的这个判断，被重新提起。

1973 年，长沙马王堆三号汉墓出土的两种《老子》帛书，都是"德"经在前，"道"经在后。这是与汉朝以来流传的各种通行版本不同之处。《老子》论兵的精髓在"德"经，而"德"经是《老子》一书的上篇，这就深刻反映了《老子》和古代兵法的联系。

《老子》的"德"经讲兵，是偏重于讲战略，把用兵之道上升到政治斗争的战略和策略的思想高度。准确地说，《老子》不是一般军事家的军事著作，而是哲学家论兵的军事哲学著作。

毛泽东听到长沙马王堆三号汉墓出土的《老子》帛书消息，看到相关报告，曾从军事角度评价《老子》。

> 对于《老子》，毛泽东也把它当作兵书来读……到晚年，毛泽东还说《老子》是一部兵书。（范贤超、李佑新等著：《毛泽东思想发展的历史轨迹》，湖南出版社 1996 年第二版，第 379—380、385 页）

1974 年，中华书局重新出版现代学者马叙伦《老子校诂》一书。其《出版说明》中有一段话，就是依据毛泽东的指示拟出：

> 《老子》这部书是唯心主义的，但包含丰富的辩证法思想。它对春秋战国时代社会大变革的一些现象，特别是战争的规律作了概括和总结，所以它也是一部兵书。（马叙伦：《老子校诂》，中华书局 1974 年版，《出版说明》第 1 页）

1976 年 3 月，文物出版社出版了"马王堆汉墓帛书"《老子》（以下简称"帛书《老子》"）。出版社 1975 年 6 月在《出版说明》中写道：

> 《老子》是一部兵书，是一部有着广泛影响的先秦著作，一直被认为是道家的经典。……在历史上，《老子》和道家所处的地位和所起的作用，呈现出一些引人注意的现象。这部书是春秋战国社会大变动的产物。它的思想体系是客观唯心主义的，代表着当时中小奴隶主的利益和需要。

帛书《老子》在正文之后，附有从 1974 年到 1975 年发表的三篇论文，其中首篇是署名翟青作的《〈老子〉是一部兵书》。这篇文章在论证自己的观点时说：

> 《老子》这部书，是春秋战国时代道家的代表作，分"德"经、"道"经两部分。汉朝以来流传的各种版本，都把"道"经作为上篇，"德"经作为下篇，所以通常又称《老子》为《道德经》。而这次马王堆三号汉墓出土的两种《老子》帛书，却都是"德"经在前，"道"经在后，证明了《道德经》应称作《德道经》。这一考古发现的价值，不仅为恢复《老子》一书的本来面目提供了新的珍贵材料，而且对我们深入研究《老子》的思想内容给了多方面的启发。
> ……只要我们对《老子》一书中的"德"经、"道"经的具体内容和全书的思想体系作一番认真的分析，就可以发现：从"德"经的产生到"德"经往"道"经的发展，恰好从一个侧面反映了春秋战国时代社会变动和社会思潮的发展过程。
> ……《老子》论兵的精髓在"德"经，而"德"经是《老子》一书的上篇，这就深刻反映了《老子》和古代兵法的联系。春秋末期孙武的《孙子兵法》，是我国最早的一部兵书，它是春秋时代战争经验的总结，专门讲军事战略战术，对战争规律以及如何运用这些规律指挥作战有不少精辟的见解，但它比较地偏重于战术。《老子》的"德"经讲兵，但它不像《孙子兵法》那样地用相当多的篇幅去研讨战术，而是偏重于讲战略，把用兵之道上升到政治斗争的战略和策略思想，因而也就较《孙子兵法》更具有普遍意义。

这是比《孙子兵法》前进了一步。"道"经作为《老子》的下篇，把军事，政治斗争的规律通通囊括进一个虚无缥缈的"道"里面，尽管其中具有不少朴素的辩证法因素，在认识论上具有一定的价值，但从本体论上来看，实际上已陷入了客观唯心主义的泥坑。纵观从"兵法"到"德"经、又从"德"经到"道"经的过程，我们可以清楚地看到，古代军事战争实践的发展是怎样推动着古代军事思想、政治策略思想的发展，而在由个别到一般、由具体到抽象的理论概括过程中，又是怎样受着世界观的支配和怎样地打上阶级的烙印的。

《老子》这部兵书，是春秋战国社会大变动的产物。……成书于战国时代的《老子》，正是这一战火不熄的时代的产物。它不但反映了当时师旅数发，战马不足，母马入阵，"戎马生于郊"的战争实况，描绘了"师之所处，荆棘生焉，大兵之后，必有凶年"的战乱图景，而且尤其重要的是，"历记成败存亡祸福古今之道"（《汉书·艺文志》），从战争的胜败引起的国家盛衰兴亡和阶级升沉浮降中总结了规律性的认识。因此，《老子》不是一般军事家的军事著作，而是哲学家论兵的军事哲学著作。

两个《出版说明》和《〈老子〉是一部兵书》一篇文章，不约而同如此鲜明地宣传鼓吹"《老子》是一部兵书"的观点，显然是在阐述毛泽东新近的评老思想（当时称"最新指示"）只不过是暗引，不知内情者不知道其来历罢了。否则，在当时的历史背景下，如此统一宣传口径是不可理解的，说不定会招致批判。

毛泽东也认为，《老子》是一部哲学著作，其中包含丰富的朴素辩证法思想。但其中所论述的军事斗争的战略与策略以及权谋思想，确实蕴含了丰富的军事思想内容，成为兵家之师，并对中国后来的军事理论、军事实践的发展，都产生了很大的影响，特别是它对春秋战国时代战争的规律做了概括和总结，从这个意义上来说，毛泽东又认为《老子》也是一部兵书。

毛泽东之所以说《老子》也是一部兵书，我们可以从军事学角度更广泛地去探讨和理解。综合分析《老子》全书的军事思想，可以理出如下要点：

（一）老子认为战争起因于统治者的贪欲，是"天下无道"的表现：

天下有道，却走马以粪；天下无道，戎马生于郊。祸莫大于

不知足，咎莫大于欲得。故知足之足，常足矣。（第四十六章）

老子的意思是："天下有道"，社会光明，战马从战争中退出来，用于播种送粪的农业生产，这是和平景象；而"天下无道"，社会黑暗，战事多发，城外到处成为战场，战马就在城郊生驹，一片战乱景象。而战争的起源是由于王侯贵族、不知足、欲得，有了贪欲就会造成罪恶、祸患和咎害；防止战争发生的办法是王侯贵族"知足"，这是长远管用恒定不移的根本措施。

贵族贪婪、不知足必然引起战争。贪婪、不知足，"甚爱必大费，多藏必厚亡"（第四十四章），危及国家政权巩固；王侯贪婪、不知足，则发动战争，攻城略地。老子能从经济和政治的综合因素，尤其从统治者的贪得无厌去探讨考察战争起源，应该说是很有见的，切中要害。

（二）老子对战争持反对和否定的态度。老子认为：

师之所处，荆棘生焉。大军之后，必有凶年。（第三十章）

老子反对侵略战争和无道用兵。战争不休，严重破坏农业生产和民众生活。"荆棘生焉"，土地大面积荒芜；大军过后，生活必需品消耗殆尽，接着就是穷年凶岁。战争使生态环境、生存环境、生产环境，全被破坏。

老子认为战争对社会生产的破坏，最主要的是对生产者的杀伤：

胜而不美，而美之者，是乐杀人。夫乐杀人者，则不可得志于天下矣。

杀人之众，以悲哀泣之；战胜，以丧礼处之。

夫兵者，不祥之器，物或恶之，故有道者不处。

兵者不祥之器，非君子之器，不得已而用之，恬淡为上。（第三十一章）

摘引《老子》第三十一章这四条，主要说明两方面道理：胜利了却不要赞美，如果赞美胜利，就是喜欢杀人。那些喜欢杀人的人，不能在天下实现统治的愿望。杀人很多，要悲伤哭泣去追悼；打了胜仗，也要用丧礼去纪念；兵器（可引申为战争），是不吉祥的器具，不是君子所用的器具，连鬼神都厌恶它，因此有道的人远离而不用。万不得已才使用它，要以宁静安适为上。

战争必然要杀人，这违背老子"善"的原则，也与他的无为、不争、谦弱的原则相背离。战争要杀伤很多人，是凶丧一类的事情。战争杀人是对生产者的杀害，而年轻的士兵是最活跃的生产者。老子认为行道之人恬淡虚静，柔弱俭啬，没有私欲追求，自然要远离凶器，即使是进行自卫战争，抗暴安民，也是迫不得已而用之，生命财产会遭到巨大的损失。因此，即使是取得胜利也是不值得赞美的，如果赞美胜利，就说明喜欢杀人，那样是不能得志于天下的。出兵用丧礼，取胜也用丧礼，重在祭奠战争亡灵，对待敌方的牺牲者也要以丧礼相待。这表现了老子反战不争悲天悯人的战争伦理观与人道思想。

老子反对战争，可是他不反对"取天下"，只是他主张：

以无事取天下。（第五十七章）
取天下常以无事。（第四十八章）
善为士者，不武。（第六十八章）
以道佐主者，不以兵强天下。（第三十章）
虽有甲兵，无所陈（阵）之。（第八十章）

这里的"事"，指战事，"武"指武力。老子话虽简洁，却对士、佐主者、取天下者各个阶层都提出了"不以兵强天下"的要求和企盼。就是说通过清静无为，使百姓得到安定富有，从而受到百姓的拥戴。这当然是反对以武力取天下。所谓"无事""不武""不以兵"，就是不要穷兵黩武，发动侵略战争，而要清静"无为"，崇尚"自然"，使人民安居乐业，国家和平安宁。这种受人民拥戴的国君，就可以不战而"取天下"了。有了天下，要"以正治国"，无为无不为，达到"虽有甲兵，无所陈（阵）之"的治境。他的理想国见《老子》第八十章："小国寡民，使有什伯之器而不用，使民重死而不远徙。虽有舟舆，无所乘之；虽有甲兵，无所陈（阵）之。使民复结绳而用之。甘其食，美其服，安其居，乐其俗。邻国相望，鸡犬之声相闻，民至老死不相往来。"

老子认为，战争并不是获取胜利争得天下的正常手段。这虽然是幼稚的理想主义的，但是他却是以一种珍视和爱惜生命的态度提出不武反战的主张，这一人道主义精神又是应该肯定的。实质上，他向往的是没有战乱的社会，让人民安居乐业，过和平安定的生活。

老子虽然深刻地认识到战争的危害，可是他并不是盲目反对一切战争。他说：

兵者……不得已而为之，恬淡为上。（第三十一章）

老子还是认可"不得已"的战争。所谓"不得已"的战争具体是什么样子，他没有讲，学者一般推断为反侵略战争和平叛安民战争。如果"不得已"而用兵，也要以战胜敌人为原则，切不可以武力逞强争胜。"果而勿矜，果而勿伐，果而勿骄"。就是说，制止了侵略，要立即罢手，绝不可争强斗胜，炫耀武力，那就会走向反面。这足以说明，老子对于战争采取极为慎重的态度。

老子是一位具有朴素辩证思想的哲学家，他看到了事物对立面的互相转化，并由此更深刻地认识到战争的危害。老子奉劝治国君和僚佐：

兵强则灭，木强则折。（第七十六章）

天之道，就是自然规律，它经常转化到反面。从这种宇宙观出发，老子进一步认为，强兵逞武必定事与愿违，适得其反。

有一点需要注意把握：老子反战，但不惧战；当战争强加在头上的时候，还是要应战的，只是不得已而已。老子所反对的是诸侯间为一己之私利，你争我夺，侵略性的、不义的战争。而对有道者起来消灭无道者的自卫性的、正义的战争，老子是拥护的。老子不是不要武力，只是想说明，武力的作用不能夸大，真正能救国的还是大道。

（三）老子在治军将兵上，主张君主将帅要完善自我修养，谦恭地对待臣民士卒：

善用人者，为之下。是谓不争之德，是谓用人之力。（第六十八章）
江海所以能为百谷王者，以其善下之，故能为百谷王。（第六十六章）

谦恭地对待臣民士卒，就会赢得他们的信任，他们也就会出力，这就叫"善用人"，善"用人之力"。老子要求将帅要注意自身修养，认为善于做将帅的人不轻易动武,善于打仗的人不被敌人所怒,善于战胜敌人的人不与敌人硬拼,"善为士者不武,善战者不怒,善胜敌者弗与"。做到"果而勿矜,果而勿伐,果而勿骄",强大而不自以为是,强大而不去攻打别人,强大而不骄傲。这样才能保持士气,否则就会"物壮则老,是谓不道,不道早已"(第三十章)。强调对下要慈,"慈故能勇",认为善于用人的人谦恭地对待下属。

(四)老子战略指导的基本原则是"柔弱胜刚强"。老子说道:

> 人之生也柔弱,其死也坚强;草木之生也柔脆,其死也枯槁。故坚强者死之徒,柔弱者生之徒。是以兵强则灭,木强则折。强大处下,柔弱处上。(第七十六章)
>
> 天下莫柔弱于水,而攻坚强者莫之能胜,以其无以易之。弱之胜强,柔之胜刚,天下莫不知,莫能行。(第七十八章)

"柔弱胜刚强"(第三十六章)是老子提出的辩证观点和策略思想。《孙子兵法》说过"弱生于强"。而《老子》则又进了一步,它从矛盾的对立和联系中,辩证地讲柔和刚、弱和强的转化,认为"弱之胜强,柔之胜刚"是"天下莫不知"的普遍真理。

《老子》很喜欢用"水"来说明"柔弱胜刚强"的战略思想。水是天下最柔弱的东西了,也是天下最能攻坚摧强的东西,没有什么东西能敌得过水。由此可见,"至柔"驰骋天下之"至坚",柔弱的东西能够克服最坚强的东西。

战争不光是双方势力的较量,人心的向背,战争的正义与否,最终决定战争的胜败。侵略战争"是以兵强则不胜",正义战争"慈故能勇","柔胜刚,弱胜强"。

所以老子"贵柔""守雌",主张"不争而善胜"。围绕"柔弱胜刚强",老子提出了一些制敌策略。

反客为主策略。老子说:"用兵有言:吾不敢为主,而为客;不敢进寸,而退尺。"(第六十九章)"主"是主动挑起战争,"客"是被动加入战争。我决不主动挑起战争,宁可后发变被动为主动;我决不主动进攻一寸,宁可退后一尺。也就是说,把挑起战争发动侵略的不义罪名留给敌人,我在被动中争取主动,后发制敌。战争打起来了,主军处于优势地位,客军处于劣势地位。但是低姿态的客军善于审时度势,主客易位,反客为主,就能战胜主军。

欲取固予策略。老子说："将欲歙之，必固张之；将欲弱之，必固强之；将欲废之，必固举之；将欲取之，必固与之。是谓'微明'。"（第三十六章）老子意为：将要收敛它，必定扩张它；将要削弱它，必定强盛它；将要废弃它，必定举荐它；将要夺取它，必定给予它。这就叫作"微明"。老子在这里由自然物势阐发统军治政谋略，重在治国率兵。老子明白，张极必歙，强极必弱，举极必废，予极必夺，也就是说，张是歙的先导，强是弱的前兆，举是废的端倪，予是夺的根苗，这是自然事物发展的大势、运动的规律，即所谓物极必反，对立转化的微明之理。因此，主动处于柔弱地位军队，才能战胜刚坚强大的军队。

处后转先策略。老子说："我有三宝，持而保之：……三曰不敢为天下先。……不敢为天下先，故能成器长……舍后且先，死矣！"（第六十七章）意思是说：我有三种宝贝，守持而保存着。……第三种叫不敢处于天下人的前面。……不敢处于天下人的前面，因此能够成为万物之长。现在……舍弃退让而要争先，就是死路一条！老子知道先后的转化，提出了以退为进、后发制人的策略，成了他的法宝。这种以弱胜强、以退为进、以守为攻的策略，在军事上是行之有效的，是一种巧妙的军事斗争艺术。如果在战争中不知退让，盲目先发制人，结果是争先反后，为人所制，导致灭亡。

（五）老子提出了一些军事指挥原则。如慎战重敌原则："祸莫大于轻敌，轻敌几丧吾宝。"（第六十九章）这里的"轻敌"与我们今天说的轻视敌人不同，指的是轻易挑起战争。老子主张不轻易树敌，否则会引来战祸。这与"不敢为主而为客"前后意思相贯。"宝"即第六十七章的"三宝"，这里重点指的是"不敢为天下先"。意思是灾祸没有什么比轻易挑起战争更大的了，轻易挑起战争，几乎要把我奉为法宝的"不争"丧失殆尽。只有谋划周密，慎重参战，重视敌人，才能"以战则胜，以守则固"。再如知人自知原则："知人者智，自知者明。胜人者有力，自胜者强。"（第三十三章）这条原则与《孙子兵法》"知彼知己，百战不殆"原则相近，运用于军事上，可谓无往而不胜。还如出奇制胜原则："以正治国，以奇用兵"（第五十七章），老子主张在战场上不凭勇武行事，不和敌人正面硬拼，而应当机动灵活，出奇制胜。

对于老子的军事思想，也应当一分为二，既有肯定，也有否定。如《老子》中的军事辩证法观点，向来为学者所重。但其过分强调"柔""不争"，认为"兵强则不胜"，则有片面性。

《老子》中充满着以退为进、以静制动、以柔克刚、以弱胜强、欲取先予的韬略智谋，这些矛盾转化的原则、这些韬略智谋毛泽东十分重视，并将之应用于中国革命战争之中。对《老子》中的兵谋战策，毛泽东感受很深。所以，当长沙马王堆三号汉墓出土帛书《老子》时，专家发现帛书《老子》都是"德"经在前，"道"经在后。而《老子》论兵的精髓在"德"经，毛泽东迅速做出评价：《老子》也是一部兵书。

不过，改革开放以后有专家学者认为，《老子》八十一章中直接谈兵的只有三章而已。讲哲理偶以喻兵者不及十章。所以《老子》不是兵书，如从军事学角度讲，它无论如何也不能与《孙子兵法》相提并论。

这样理解从王真到毛泽东说"《老子》也是一部兵书"的见解和观点，有点太拘泥字眼了。在春秋战国时代，战争是社会生活中的重要内容。哲学家、思想家、军事理论家们对这些社会实际问题展开研究，从中观察到某些带有哲理性的问题，并上升到哲学高度加以分析研究，寻找到包括战争在内的一般事物发展变化的规律，如"物壮则老""以柔克刚"等，这无疑具有普遍的启示价值，这可以看作哲人谈兵。而军事著作中包含大量哲学原理，如《孙子兵法》，这不妨看作兵家谈军事哲学。

《老子》主要是一部哲学著作，同时也是一部兵书，这个观点和看法自有它的道理存在。

引用 **卷**

第二章

老子曰"无动为大"

毛泽东阅读《老子》一书，起始于在长沙读师范之时，毛泽东明确引用老子之言，也起始于在长沙读师范之时。

1917年4月他在《新青年》发表了《体育之研究》一文，其中就有"老子曰'无动为大'"的句子。无动为大，意思是说以不变动为至善。善，好的意思。至善，就是最好。它是老子"无为而治"的一种政治主张。

1915年春，毛泽东的好友易昌陶因病去世。当时国内军阀混战，国难当头，中国人更是被洋人辱称为"东亚病夫"。又值袁世凯政府与日本帝国主义签订卖国的"二十一条"。面对民族危机的步步加重，又有感于学友的英年早逝，毛泽东既伤国难，又痛亡友，更感生者责任之重大，同时也愈加认识到锻炼强健的体魄，绝不只是个人的问题，这关系到国家和民族的兴衰。

1917年，由于湖南第一师范学校校方不重视体育活动，加之功课繁忙和传染病发生，以致八班有七名同学不幸染病身亡。有感于同学们的体质虚弱，又对体育锻炼的重要性没有足够的认识，毛泽东以"二十八画生"（"毛泽东"的繁体字加起来是二十八画）为笔名在1917年4月1日出版的《新青年》第三卷第二号上，发表了题为"体育之研究"的著名论文。它不仅是毛泽东对体育理论的理性思考，也是他对于坚持进行体育锻炼的实践性总结。

文章开篇第一句话即说："国力苶弱，武风不振，民族之体质日趋轻细，此甚可忧之现象也。……体不坚实，则见兵而畏之，何有于命中，何有于致远？"而要想增强整个民族的体质，就必须使全国每一个人都自觉地来锻炼身体。所以"坚实在于锻炼，锻炼在于自觉。……欲图体育之有效，非动其主观，促其对于体育之自觉不可。苟自觉矣，则体育之条目可不言而自知，命中致远之效亦当不求而自至矣"。促使全中国每个人都来锻炼身体，增强整个中华民族的体质，以达挽救国家民族危亡的目的。

《体育之研究》是毛泽东用文言文的方式发表在《新青年》杂志上的一篇专题论文。他引用古今中外的丰富事例，对体育的本质、地位、目的、作用以及练习方法等做了极为全面系统的论述。毛泽东在谈到体育的作用时，指出：人是有理性的动物，其运动一定有它自身的规律和方式方法。就其运动的好处和作用而言，从小的方面说，"动以营生也"，具有强身健体的价值；从大的方面而论，"动以卫国也"，具有保家卫国的作用。毛泽东接着指出："动也者，盖养乎吾生，乐乎吾心而已。"运动的本义，则在于修身养性，不仅能强身健体，更能愉悦人的身心。

对于运动的方法，毛泽东指出：

> 人者，动物也，则动尚矣。人者，有理性的动物也，则动必有道。然何贵乎此动邪？何贵乎此有道之动邪？动以营生也，此浅言之也；动以卫国也，此大言之也，皆非本义。动也者，盖养乎吾生，乐乎吾心而已。朱子主敬，陆子主静。静，静也；敬，非动也，亦静而已。老子曰"无动为大"，释氏务求寂静。静坐之法，为朱陆之徒者咸尊之。近有因是子者，言静坐法，自诩其法之神，而鄙运动者之自损其体。是或一道，然予未敢效之也。愚拙之见，天地盖惟有动而已。（《毛泽东早期文稿》，湖南出版社1995年版，第69页）

青年毛泽东这里引用的"无动为大"一语，不见于通行本《老子》一书。先秦子书和史书记载老子言行的主要有《论语》《墨子》《战国策》《庄子》《荀子》《吕氏春秋》《韩非子》等，查阅一遍，也不见这句话。毛泽东又标明"老子曰"，似有出处。这样，推测有三种可能：可能出于《老子》早期注本，如汉晋隋唐的注本中引老子佚文；可能出自大型类书的注语释言，如《昭明文选》《太平御览》等；前人著文引用典籍，往往是摄其要缩其句的"意引"，只是用其大意。毛泽东此处引老子语是否也使用了"意引法"？笔者倾向第三种可能。这里说老子主张"无动",与《老子》一书中多处强调的"无为""不争"一脉相承。

通行本《老子》"动"字凡五见:

天地之间,其犹橐籥乎?虚而不屈,动而愈出。(天地之间不正像风箱一样吗?虽空虚却不会穷竭。越排除,它风量越多。)(第五章)

居善地,心善渊,与善仁,言善信,政善治,事善能,动善时。(他居于低洼之地,思虑深邃宁静,交结善良之人,说话遵守信用,为政精于治理,处事发挥特长,行动把握时机。)(第八章)

孰能浊以静之徐清?孰能安以动之徐生?(谁能使浑浊停止?安静下来会慢慢澄清。谁能长久保持安定?变动起来会慢慢打破安静。)(第十五章)

反者,道之动;弱者,道之用。(向相反的方向变化,是道的运动;柔弱是道的作用。)(第四十章)

出生入死。生之徒,十有三;死之徒,十有三;人之生,动之于死地,亦十有三。夫何故?以其生生之厚。(出世为生,入土为死。天下正常活着的人,占十分之三;夭折死去的人,占十分之三;人活着,却行动在死亡之地,也占十分之三。这是什么缘故呢?因为他们养生过分丰厚奢侈,而糟蹋缩短了生命。)(第五十章)

这五条老子语录,括号内是译文和出处。五句话虽然不见"无动"命题,但是其"动"都是在虚、静、弱、反的基础之上。也就是说"动"是第二位的,被动的,从属性的;"静"才是第一位的,主动的,主体性的。

那么,我们再来看《老子》一书对"静"的界定和阐释。"无动"就是"静"。《老子》一书"静"字凡六见:

孰能浊以静之徐清?孰能安以动之徐生?(谁能使浑浊停止?安静下来会慢慢澄清。谁能长久保持安定?变动起来会慢慢打破安静。)(第十五章)

致虚极,守静笃……夫物芸芸,各归其根。归根曰"静"。(尽量使心灵虚寂,切实坚守清静……事物尽管变化纷纭,最后又各自回到它的出发点,回到出发点叫作静。)(第十六章)

重为轻根，静为躁君。（重是轻的基础，静是动的主宰。）（第二十六章）

不欲以静，天下将自正。（根绝欲望，可以得到安静。天下将会自然稳定。）（第三十七章）

静胜躁，寒胜热。清静，为天下正。（急走能战胜寒冷，安静能克服暑热，无为清静可以做天下的首领。）（第四十五章）

我好静，而民自正。（我好静，人民自然端正。）（第五十七章）

牝常以静胜牡，以静为下。（雌性所以经常以安静战胜雄性，就在于它安静而处下。）（第六十一章）

"静"就是"无动"。从"归根曰静""静为躁君""以静为下""清静为天下正"这些思想中，都可以提炼概括出"无动为大"的理念。用现代语言表述，老子说清静（无动）是回归根本，清静是躁动的主宰（君），清静是谦恭包容的博大胸襟，清静是治理天下的首善要政。

老子以外的一些思想家、宗教家也主张"静"。如南宋朱熹"主敬"，并解释说："敬，非动也，亦静而已。"南宋陆九渊"主静"。佛教创始者释迦牟尼"务求寂静"。这种静坐之法，为朱、陆之徒所推崇和倡导，并自诩其静坐之法非常神奇，因而他们鄙视运动。轻视运动的人，对体育运动有偏见，把体育运动说成是有损于自己的身体。

毛泽东把老子"无动为大"的观念，引用到他的体育论文之中，是反其意而用之。对老子"无动为大"的观念，毛泽东是持否定态度的。老子以不变化为至善，提倡清静无为，复返自然，顺应自然，不要把人为的因素加进去。毛泽东则恰恰相反，他主张"动"，认为"天地盖惟有动而已"。毛泽东是从体育视角对中国的老子道学、朱子理学、陆子心学和释氏佛学等主"静"派全盘否定，而专取"唯动"派主张。

毛泽东作了进一步解释：动即体育，它是指人类有规则的运动行为。前面所言，体育的作用不仅能强身健体，也足以使人增长知识，调节情感，强化意志。这便是毛泽东所言"养乎吾生，乐乎吾心"之意。今天，重温毛泽东的《体育之研究》一文，读之仍发人深省。

以今天的眼光看，老子在动静关系上也是朴素的辩证法，他主张无动为大、静主动次、以静制动；毛泽东则主张动主静次，张弛有度，动静转化。青年毛泽东强调"唯动"，但也不是"盲动"，而是要"动则有道"，即按照事物规律开展体育运动。

第十五章

旷兮其若谷

成语有"虚怀若谷"，它来源于《老子》第十五章的"旷兮其若谷"一语：

　　古之善为道者，微妙玄通，深不可识。夫唯不可识，故强为之容：

　　豫兮，若冬涉川；犹兮，若畏四邻；俨兮，其若客；涣兮，其若凌释；敦兮，其若朴；旷兮，其若谷；混兮，其若浊。

　　孰能浊以静之徐清？孰能安以动之徐生？保此道者，不欲盈。夫唯不盈，故能蔽而新成。

　　老子说：古代善于做士的人，精微神妙，心神与大道相通，深不可识。正因为不可识，故只能勉强地对他做些形容：小心谨慎好像是冬天过河，又好像是害怕四邻，端庄得像个客人，洒脱得像冰雪在消融。敦朴像未凿的玉石，心胸空旷像高山空谷，敦厚得好像混沌不清。谁能保持浑浊，静下来徐徐让它自己澄清。谁能长久安静不动，静中生动焕发生机。持守此道的人，是不会自满自溢的，正因为不盈满，所以才能保持天性如旧而不重新造就。

　　这一章描写修道士人的形象，也是老子对于理想中得到了"道"的人的称赞。这样的人，修养精微玄妙，深藏不露，深刻得非一般人所能理解；这种人纯朴谦虚，度量很大，能容纳各种情形。

　　其中"旷兮其若谷"，是说其胸怀旷达得像山谷。又第四十一章有"上德若谷"的话，后人便据此精练成"虚怀若谷"成语，意思是谦虚的胸怀像山谷一样空旷深广。形容非常谦虚，心胸开阔，能容纳别人的意见。每个人都应有虚怀若谷的态度，遇事不固执己见。

圣人的胸怀空虚好似山间的低谷，无边无际。所以他对自己从没有过自满。因为低谷容易充满，而高岭容易失去。只有汇小溪、纳百川才能成为江海湖泊。这才是《老子》中"旷兮其若谷"的真谛！

毛泽东引用"虚怀若谷"这一成语是在 1940 年。同年 10 月 19 日，蒋介石以何应钦、白崇禧的名义致电朱德、彭德怀、叶挺，强令坚持在敌后抗战的八路军、新四军在一个月内撤至黄河以北。11 月 9 日，毛泽东代朱德等起草的《朱德等给何应钦、白崇禧的电报》，电报中希望何应钦、白崇禧"虚怀若谷"。

事情的起因，还要从抗战初期国共第二次合作讲起。

1937 年，驻华日军悍然发动了蓄谋已久的七七事变（又称卢沟桥事变），日本开始全面侵华。

日军侵占平津后，又发动了"八一三"事变，大举进攻上海。企图侵占上海，而后进攻南京，扬言三个月灭亡中国。由于国民党统治的中心地直接受到威胁，8 月 14 日国民政府发表《自卫抗战声明书》。8 月中旬，国共双方在南京举行第五次谈判，蒋介石被迫同意将在陕北的中央红军改编为国民革命军第八路军（简称八路军）。

8 月 25 日，中共中央军委发布命令，中央红军改编为八路军，任命朱德、彭德怀为正、副总指挥，开赴华北抗日前线。10 月间，又将在南方八省境内十五块游击区（广东省琼崖地区除外）坚持游击战争的中国工农红军和游击队改编为国民革命军新编第四军（简称新四军），任命叶挺为军长，项英为副军长，开赴华中抗日前线。

在共产党的催促下，9 月 22 日，国民党中央通讯社发表了《中共中央为公布国共合作宣言》。9 月 23 日，蒋介石发表谈话，实际上承认了共产党的合法地位。至此，抗日民族统一战线正式形成。

同共产党第二次合作，共同抗日，蒋介石是被逼的、不情愿的。因为日本要灭亡中国，蒋介石为了保护他的"领袖"地位，同共产党合作完全是无奈之举，是形势所迫。所以，蒋介石表现出他的两面性，既抗日，又"剿共"。致使在抗战期间，国共双方不断发生军事冲突和摩擦。

1938 年 10 月，日本侵略军占领广州、武汉以后，中国抗日战争进入战略相持阶段。在这个重要的战略转变时期，1939 年年初国民党在重庆召开的五届五中全会，确定了"溶共、防共、限共、反共"的反动方针。它标志着国民政府自抗战以来在政策上的重要转变。蒋介石集团把政策的重心由对外转向对内，国民党开始执行一条消极抗日、积极反共的路线。国民党五届五中全会以后，国民党的内外政策明显逆转，其限制、削弱以致取消共产党的企图愈益强烈，逐渐加紧了"防共、限共、溶共、反共"活动。

1940年7月16日，国民党提出的"中央提示案"，主要内容是取消陕甘宁边区，代以"陕北行政区公署"，归陕西省政府领导；缩编八路军、新四军，限制其防地；把活动在江南和整个华中的八路军、新四军都集中到黄河以北冀察两省这一狭窄地区内。

10月19日，蒋介石以何应钦、白崇禧的名义发给朱德、彭德怀、叶挺电报，对坚持敌后抗战的八路军、新四军大肆诬蔑，并根据7月16日国民党"中央提示案"的精神，强令坚持在敌后抗战的八路军、新四军在一个月内撤至黄河以北。

11月9日，毛泽东代朱德等起草了《朱德等给何应钦、白崇禧的电报》，慷慨陈词，晓以利害，并希望何、白二人能虚心听取批评，从民族大义出发，改弦更张，以利于抗日救国之事业，所以文中用了"两公虚怀若谷"的话。

> 关于防地者。中央提示案内所列办法，七八月间，经周恩来同志传达后，德等以中央意旨所在，唯有服从，而下属苦衷，亦宜上达。缘华中敌后各部，多属地方人民为反抗敌寇保卫家乡而组织者，彼等以祖宗坟墓田园庐舍父母妻子所在，欲其置当面敌军奸淫焚掠之惨于不顾，远赴华北，其事甚难。委座庐山谈话及告沦陷区同胞书中所示，彼等又正衷心遵循，毫无违异。忽令离乡别井，驱迫上道，其事甚惨。自平江惨案、确山惨案发生后，新四军后方各处，如赣南、闽西、湘赣边区、鄂东、皖西、豫南等地，其家属及留守人员，横被摧残，毫无保障。今又欲华中各部北移，彼等甚惧覆辙相寻，故无不谈虎色变。又况华北地区，水、旱、风、虫、敌五灾并重，树叶为粮，道殣相望，该地军民已甚感维持之困难，有请南移者，有请他调者，德等方勉为抑止，告以苦撑，实亦甚难容纳其他之部队。以此种种，故请恩来转陈中央，请予允许大江南北各部，仍旧原地抗战。一俟驱敌出国，抗战胜利，自当移动，以就集中之防地。兹奉电示，限期北移。德等再三考虑，认为执行命令与俯顺舆情，仍请中央兼筹并顾。对于江南正规部队，

德等正拟苦心说服，劝其顾全大局，遵令北移。仍恳中央宽以限期，以求解释深入，不致激生他故，重增德等无穷之罪。对于江北部队，则暂时拟请免调，责成彼等严饬军纪，和协友军，加紧对敌之反攻，配合正面之作战，以免操之过激，转费周章。德等对于此事，深用腐心。欲顾全地方，则恐违中央之命令；欲服从命令，则恐失当地之人心。而抗战胜利，全赖人心之归属，两公高瞻远瞩，必不河汉斯言。目前正属奸伪思逞谣言纷起之时，亟宜调协各方，统一对敌，庶免为敌所乘，自招分崩离析之祸。切忌煎迫太甚，相激相荡，演成两败俱伤之局，既非中央之本心，复违德等之始愿。我为鹬蚌，敌作渔人，事与愿违，嗟悔无及。此则德等肺腑之言，深愿为两公一吐者。两公虚怀若谷，全局在胸，必能维持调护，挽此艰难之时局，固不待德等多言也。（《毛泽东文集》第二卷，人民出版社1993年版，第311—312页）

此乃千古奇文。思虑缜密，柔中有刚，动之以情，晓之以理，义正词严，大义凛然，处处机带双敲，句句内含锋刃，足令收电者心动神驰，不得不服从真理，不得不顾全大局，不得不三思而后行。结句"两公虚怀若谷，全局在胸，必能维持调护，挽此艰难之时局，固不待德等多言也"，铿锵如鼓，掷地有声。

"虚怀若谷"者，以广阔之胸襟倾听不同之意见也。毛泽东代朱德等所作之言，皆逆耳忠言。赞誉何、白"两公虚怀若谷"，正是寓刚于柔，请他们听听这些理正辞切的报国忠言，以改变想借日寇屠刀杀人的初衷，化阴谋为阳计，化干戈为玉帛。所以，毛泽东于此处使用由《老子》书中"旷兮其若谷"演化来的"虚怀若谷"一词，非常恰当，十分有力！

第十九章

老子“绝圣弃智”

《老子》第十九章“绝圣弃智”一语，历来的注解很混乱。如有人以此为根据，说老子主张愚民政策。这是望文生义，没有联系上下文弄懂文义就下结论。其实，这是老子“道法自然”理念在治国使民上的反映。

《老子》第十九章说：

> 绝圣弃智，民利百倍；绝仁弃义，民复孝慈；绝巧弃利，盗贼无有。此三者，以为文，不足。故令有所属：见素抱朴，少私寡欲，绝学无忧。

大意是，杜绝和抛弃聪明巧智，则百姓可以得到百倍的利益；杜绝和抛弃仁义，则百姓可以恢复孝慈的天性；杜绝和抛弃巧诈私利，则盗贼就不会存在了。圣智、仁义、巧利这三种东西，作为文治法度，不足以治理天下。所以，要使百姓有所归属：表面单纯内在质朴，减少私心和欲望，杜绝世俗之学，就不会有忧患了。

本章重点论述大道治国的方法。

“圣智”“仁义”“巧利”本是儒家所推崇的美德，老子却主张彻底抛弃。老子认为，儒家的圣智、仁义、巧利是统治者扰民的“有为”，是欺骗百姓的“文饰”，是搜刮民利、六亲不和、产生盗贼的起因，是造成道德沦丧、世风败坏、社会混乱的根源，应该坚决杜绝和抛弃。由此，老子主张“绝圣弃智”“绝仁弃义”“绝巧弃利”。

从本性上说，人是真纯质朴的，是清静淡泊的，只是后来随着人类知识和智慧的产生，随着人类欲望的扩大，人类的本性被污染、被损害了，所以才形成追逐名利、尔虞我诈，甚至刀枪相加的局面。

老子发现社会在强调仁义礼智的同时，那些不仁不义、非礼非智的人和事反而有所增加，一些口口声声满嘴仁义的人却做着不仁不义的事情，说明仁义礼智有自私性与虚伪性，因而老子从人性清静的本源出发，主张绝弃"圣智""仁义"和"巧利"。只有这样做了，人们才能回归到清静不争、无知无欲的本性中去，人类质朴虚静的本来面目才会得以复苏。

《老子》第十九章"三绝三弃"这几句振聋发聩的话，很容易引起误解，认为老子对圣智、仁义、巧利深恶痛绝，要彻底铲除，是在主张愚民政策，主张苦行僧主义，等等，这就曲解了老子的意思。他只是针对当时社会的时弊，意在将人心导入正途。反复拟比，是为了寄意后世要返本还璞。

既然如此，仁义之类不足以治国，只会乱国，因此说，"以智治国，国之贼；不以智治国，国之福"（第六十五章）。老子认为正确的办法是让百姓"见素抱朴，少私寡欲，绝学无忧"，即让百姓持守质朴，减少私欲，杜绝圣智、仁义、巧利之类所谓学问，才能没有忧患。人要朴朴素素，真真实实，少私寡欲，不要贪心不足，这才是老子主张的本意。由此可见，在"文"与"质"的对立中，老子强调的是"质"，返璞归真，才是治国的出路。

"绝圣弃智"，是说抛弃人们认为的圣明，扔掉人们认为的才智。弃绝聪明才智，返归天真纯朴。这是老子的"无为而治"的思想。本章老子提出"绝学无忧"，即杜绝学问没有忧患之意。绝学无忧的"学"，亦指儒家所提倡的仁义礼智之学。《老子》第六十五章曰："古之善为士者，非以明民，将以愚之。"意思是说：古代善于行道的士人，并不是让百姓聪明巧智，而是将使百姓质朴淳厚。这里老子说得更为明白。老子是针对奸诈虚伪之风横流的社会现实，而提出"愚之"，即回归到质朴纯真的天性，目的在于"民利百倍""民复孝慈""盗贼无有"。老子这里所说的"愚"，指的是"道法自然"，符合自然规律的质朴纯真，不能简单地理解为愚民政策，那是曲解老子的意思。

但是，老子"绝圣弃智"的社会理想观念，不是进化论，它的返璞归真毕竟是向后看，这也反映了老子思想保守倒退的一面。他的社会理想在实际生活中难以实现。

毛泽东对老子"绝圣弃智"的社会理想持批评态度。

1917 年至 1918 年，青年毛泽东在湖南一师读德国哲学家、伦理学家包尔生（1846—1908）所著《伦理学体系》这本"心物二元论"的书时，写下了大量的批注。这些批注是了解毛泽东早期思想的重要资料。

毛泽东在湖南一师时，杨昌济先生曾将包尔生的《伦理学体系》作为教材。毛泽东在听课和阅读该书的过程中，做了大量批注。这些批注的内容，有的是提要，有的是表示赞成或否定的态度，而大量的则是结合书中有关论述发挥自己的见解。此书曾被毛泽东一师的同学杨韶华借去，直到新中国成立初期才归还。据周世钊回忆，当他将此书交给毛泽东时，毛曾对他讲过如下一段话："这本书的道理也不那么正确，它不是纯粹的唯物论，而是心物二元论。只因那时我们学的都是唯心论一派的学说，一旦接触一点唯物论的东西，就觉得很新颖，很有道理，越读越觉得有趣味。它使我对于批判读过的书，分析所接触的问题，得到了启发和帮助。"

《伦理学体系》第四章"害及恶"中，有一段内容是这样写的："是故吾人苟于古今历史中，删除其一切罪恶，则同时一切善行与罪恶抵抗之迹，亦为之湮没。而人类中最高最大之现象，所谓道德界伟人者，亦无由而见之矣。"包尔生认为消除了一切罪恶，所谓善行也就同时湮没了。因为没有了恶，也就没有善。那么，人类历史也就不存在什么道德高尚的人了。毛泽东读至此，发挥自己的见解批注道："然则不平等、不自由、大战争亦当与天地终古，永不能绝，世岂有纯粹之平等自由博爱者乎？有之，其惟仙境。然则唱大同之说者，岂非谬误之理想乎？"

毛泽东认为这种纯粹的平等自由博爱的大同之说，是不存在的，除非仙境。明确提出大同说是"谬误之理想"的主张。但值得注意的是，这段批语批评大同理想，主要是从人生好奇变、善恶抵抗相斗的角度立论，从而推及历史发展总是一治一乱，相循无始终的。这主要反映毛泽东看待历史时喜欢"竞争之时，事态百变，人才辈出"的个性。

所谓大同之说，是儒家所宣扬的一种社会理想。语出《礼记·礼运》："大道之行也，天下为公，选贤与能，讲信修睦。故人不独亲其亲，不独子其子。使老有所终，壮有所用，幼有所长，矜寡孤独废疾者皆有所养，男有分，女有归。货恶其弃于地也，不必藏于己；力恶其不出于身也，不必为己；是故谋闭而不兴，盗窃乱贼而不作；故外户而不闭。是谓大同。"

包尔生在文中接着描述道：邻国无侵略之谋，则何事军备？国民无不轨之行，则焉用法令？军备法令，国家之所以与外交内政之阻力相竞争者也。使一切阻力悉去，内而人民，外而国际，无不以正直、平和、慈祥、乐易之道相接，则战争、外交、裁判、警察、行政界一切进取之气象，悉为之消失，而圆满之国家，亦不可见矣。宗教者，亦不外善恶相竞之形式，使诸恶不作，人类悉为神圣，则宗教亦随之而灭焉。

这段描述是作者对人类社会的"大同之境"的构想，它与儒家所宣扬的大同之说的社会理想，如出一辙，颇为相似。青年毛泽东读到这些新颖的观点，跟中国传统思想作对比，自然联想到老庄的说教，他在批注中写道：

> 人现处于不大同时代，而想望大同，亦犹人处于困难之时，而想望平安。然长久之平安，毫无抵抗纯粹之平安，非人生之所堪，而不得不于平安之境又生出波澜来。然大同亦岂人生之所堪乎？吾知一入大同之境，亦必生出许多竞争抵抗之波澜来，而不能安处于大同之境矣。
>
> 是故老庄绝圣弃智、老死不相往来之社会，徒为理想之社会而已。
>
> 陶渊明桃花源之境遇，徒为理想之境遇而已。
>
> （《毛泽东早期文稿》，湖南出版社1990年版，第185页）

这里提到的"绝圣弃智"，是老子见世道衰败，人心每况愈下，所以要人们抛弃聪明才智，远离儒家倡导的"圣智""仁义""巧利"，保持愚昧无知，这样就不会滋生事端；老子主张回到原始状态，要人们"见素抱朴，少私寡欲"，让百姓持守质朴，减少私欲，返归天真纯朴，共享无为安静，没有争斗、没有罪恶的大同社会。

"老死不相往来"，是《老子》第八十章里的话："邻国相望，鸡犬之声相闻，民至老死不相往来。"意思是返回到上古的"小国寡民"社会，就能彻底避免人们滋生事端。这种"大同之境"实际上是倒退，"徒为"而已，行不通。

东晋诗人陶渊明写了一篇传诵至今的名篇《桃花源记》，表达了他对社会黑暗的不满，反映了人民摆脱贫困和离乱的愿望。"桃花源"是在其名作《桃花源记》中所描绘的一个与世隔绝的太平境界。在这一点上，老子和陶渊明的思想系出同源。

老子看到了社会的黑暗衰败，揭露了统治者的巧取豪夺，这是他思想进步的一面。但是，他把巧取豪夺的原因，归结为圣智仁义，以致鼓吹"绝学无忧"，回头向远古寻求解决社会问题的方案，则是空想"徒为"而已，这是他思想落伍的一面。所以，为青年毛泽东所批判，所不取。

第三十章

大军之后，必有凶年

　　"大军之后，必有凶年"，这是源于《老子》第三十章的一条军事成语，广泛流传于军旅之中。抗日战争接近胜利之时，毛泽东与国民党高级将领续范亭在延安漫谈战争中经济困难时，曾经引用过这条军语。

　　续范亭，著名抗日爱国将领，山西省崞县人。著名的民主人士，爱国诗人。早年参加孙中山领导的同盟会。辛亥革命时，任革命军山西远征队队长，后组织西北护国军，讨伐袁世凯。

　　九一八事变后，续范亭反对对日妥协，呼吁抗日。1932 年后出任国民党陆军新编第一军中将总参议。1935 年日本策动"华北事变"，中华民族危机日渐加深。同年秋，续范亭赴南京参加国民党五大。他一路奔走呼号，陈述抗日救国大计。但蒋介石顽固坚持"攘外必先安内"的方针，拒不纳谏。续范亭在南京拜谒中山陵时悲愤地写下《哭陵》一诗：

　　　　谒陵我心悲，哭陵我无泪。瞻拜总理陵，寸寸肝肠碎。
　　　　战死无将军，可耻此为最。觍颜事仇敌，瓦全安足贵？

　　同年 12 月 26 日，救国无门的续范亭将军，在南京中山陵前剖腹自杀，希冀以一死唤起国人的抗日意志。此前他写下绝命诗：

　　　　赤膊条条任去留，丈夫于世何所求？

窃恐民气摧残尽，愿把身躯易自由。

此举轰动一时，举国为之震惊。续范亭的壮举，激励了全国人民的抗日热情。遇救幸免一死的续范亭继续为抗日奔走。他赞同共产党"停止内战，团结抗日"的主张。对共产党以国家民族利益为重，和平解决西安事变深为佩服，从此坚定了拥护共产党抗日救国的政治主张。1937年国共第二次合作，续范亭与共产党人合作创建山西新军。1940年任晋西北军区副司令员。在与日军反"扫荡"的战斗中，由于日夜转战，积劳成疾，终于病倒。1941年夏，病势深重，在中共中央电报催劝下，续范亭来到延安疗养，直接受到党中央和毛泽东的亲切关怀，他与共产党人建立了深厚的友谊。

　　1944年4月30日，毛泽东邀续范亭等五六人小宴，饭后漫谈。其中谈到粮食对战争之重要，"大兵（军）之后，必有凶年"，"民以食为天"等古训，都是非常正确。毛泽东并说：韩信在登坛拜将以前，还在汉中当过粮食部长。（盛巽昌编著：《毛泽东这样学习历史，这样评点历史》，人民出版社2005年版，第62页）

其时，旷日持久的抗战，连续不断的战争，已经给中国人民带来了极大的灾难。在战争中军队补给问题，也就是粮食对于军队、对于人民所呈现出的重要性，随着战争的持续显得越来越明显，矛盾越来越突出。

在抗战时期，1937年至1940年，陕甘宁边区（中共中央到达陕北后，设立陕甘宁省）的经济来源主要是依靠外援。因为是处于国共合作时期，八路军的军饷由国民政府拨给，另一部分经济来源是海外华侨和后方进步人士的捐款赞助。这一时期虽然困难些，但尚可维持。由于"救国公粮"的顺利征缴及外援和军饷供给的正常获得，这在一定程度上确保边区相对平稳地度过了全面抗战的前三年。

从1940年下半年以后，遇到了十分严重的物质困难，财政形势十分严峻。毛泽东回顾当时困难状况时曾说："我们曾经弄到几乎没有衣穿，没有油吃，没有纸，没有菜，战士没有鞋袜，工作人员在冬天没有被盖。"（《抗日时期的经济问题和财政问题》，《毛泽东选集》第二卷，人民出版社1991年第二版，第892页）边区的经济形势迅速恶化，主要原因是日寇对晋察冀边区的"扫荡"和"清乡"直接对陕甘宁边区的经济发展造成了正面威胁；其次是国民党自抗战相持阶段到后来不断在边区制造"摩擦"事件，严重干扰边区的生产和生活稳定；三是边区脱离生产的党政军工作人员急剧增加，粮食供给极为困难；以及边区屡屡发生严重的自然灾害，很多地区粮食歉收。

更为严重的是，国民党以中共不履行双方在抗战初期关于军事驻防和军队编制的协议为由，于1940年10月停发了八路军的军饷。致使大约五十万人的军队突然断了经济来源，只能完全依靠地方的补给。不仅如此，他们还对边区进行军事"围剿"和经济封锁，致使边区经济外援完全中断。这使中共中央和边区政府顿时陷入了经济财政危机，几乎彻底崩溃。

面对这场突如其来的空前危机，边区政府不得不采用大量发行债券、边币和提前向群众预借粮食等办法来应急。然而这样做的结果，又不可避免地导致物价飞涨和通货膨胀，给边区社会经济生活造成极大的混乱。能否克服这一困难，直接关系着陕甘宁边区的存亡乃至全国抗战的胜败。

为了保证军队的给养，争取抗战胜利，1939年毛泽东就提出自己动手，开展大生产运动。但是，这股生产热潮未能坚持下去，普遍推广到农村。在当时，政府总是考虑休养民力，总怕群众负担过重，而对战时非常环境考虑较少。这种思想造成了1941年以后的粮荒和财政困难。

要彻底解决财政困难，必须有一个长远的方针政策。1942年在边区高干会议上，毛泽东提出了"发展经济，保障供给"的总方针。边区再次掀起了经济建设高潮，大力发展农业，实行军民大生产，主要解决战争年代粮食问题。因为抗战时军粮主要依赖农民，陕甘边区农民负担是很重的。1944年根据抗战形势，又提出"节约储蓄，克服浪费，积蓄力量，备战备荒"的经济政策。

毛泽东在给边区政府主要领导谢觉哉的一封信中指出："边区有政治、军事、经济、财政、锄奸、文化各项重大工作，就现时状态即不发生大的突变来说，经济建设是其他各项的中心，有了穿住吃用，什么都活跃了，都好办了。"战争岁月里，针对当时重军事轻经济的思想，毛泽东及时提出了"经济建设是其他各项的中心"，即以经济建设为中心，解决军队的供给、老百姓的"肚子"这一维系生命最基本问题。毛泽东认识到这一根本问题，作为中心任务提出来，这亦具体体现了"大兵（军）之后，必有凶年"，"民以食为天"，粮食对战争之重要的思想。

"大兵（军）之后，必有凶年"出自《老子》第三十章：

以道佐人主者，不以兵强天下。其事好还。师之所处，荆棘生焉。大军之后，必有凶年。善有果而已，不敢以取强。

老子的意思是说：用大道辅佐君王治理国家的人，不依赖武力逞强于天下，依赖武力逞强很容易得到报应。军队所到之处，荆棘丛生。大仗之后，定有灾荒。善于用兵的人只求战胜敌人就行了，不敢去获取强大。

老子所处时代，即春秋战国时代，社会动荡不安，大小战争此伏彼起，给国家带来惨重损害，给老百姓的生活造成极大的灾难。老子认为贤佐用大道治国，不能依赖扩军备战的方法，更不能靠兵强马壮去逞强，战争对社会生活的破坏性太大。老子的反战思想，符合人民的利益和愿望。

"大军之后，必有凶年"，是揭露战争对经济破坏造成严重灾害的经典格言，体现了老子反战的思想。老子亲眼看见了春秋末期战争环境下经济的凋敝和人民的苦难。老子认为战争是残酷的，胜败双方都是受害者，战争的双方都要付出惨重的代价，因为"其事好还"，好战很容易得到报应，谁也不能幸免。所以，他警告统治者，战争是人类最愚昧、最残酷的行为，"师之所处，荆棘生焉""大军之后，必有凶年"！"师"指军队；"大军"指的是打大仗；"凶年"是灾荒之年。意思是说，大军所到之处，满地荆棘丛生，一片荒芜。驻扎军队的地方，一片焦土，地不能耕种，只会长荒草。打过大仗之后，经济受到极大破坏，肯定要闹几年灾荒。老子揭示了战争造成的严重后果。老子反战主张，意义积极。

毛泽东是指导战争几十年的军事家，他运用老子"大军之后，必有凶年"的思想观点，看待和分析日本侵华战争给边区经济生活带来的破坏，开展大生产运动，解决军需、民粮等迫在眉睫的难题，推动民族解放战争胜利的及时到来。

第三十三章

知人者智，自知者明

有人咨询一位西方哲学家"人生最重要的是什么"时，回答是："认识你自己！"

认识人生，从认识自己开始；认识人们，也是从认识自己开始；认识人类，还是从认识自己开始。

老子也有过这样睿智的思想，说过这样精辟的话：

> 知人者智，自知者明。胜人者有力，自胜者强。知足者富。强行者有志。不失其所者久。死而不亡者寿。（第三十三章）

老子说的意思是：善于识别他人的叫作智慧，善于认识自己的叫作明智。战胜别人的人，叫作有力量；战胜自己弱点的人（改正自己的错误，克服自己的弱点等），叫作强大。知道满足的人，才能感到自己富有。坚强力行的人，叫作有志气。不失掉其所执守的人，就能长久相安。其人虽死，而他的道德、功业、学说等并未消亡，而被人们念念不忘，就可以称之为长寿。

《老子》这一章是人生论，主要说明人自身修养的问题。老子用肯定的语气、递进的手法，正面地说明人要"知人"与"自知""胜人"与"自胜"等一系列有关人生的道理。

对外的"知人""胜人"，识别他人，战胜他人固然可贵；对内的"自知""自胜"，了解自己，战胜自己则更为重要。因此，有自知之明、自胜之强，就成为更高的修养标准。即它强调人要有自知之明，要有克服自己弱点的毅力，这种见解是可取的，意义积极。

毛泽东修己励人常说的一句话，就是：人贵有自知之明！

实则我有自知之明

青年毛泽东最早运用老子"自知者明"的名言，是与孔子反省内求的思想结合起来，用其自查缺点不足，自我修养。

1918 年，由毛泽东、蔡和森和肖子升等一批进步青年，在湖南长沙共同发起组织新民学会。这是一个革命团体。

学会最初的宗旨是"革新学术，砥砺品行，改良人心风俗"，后以"改造中国与世界"为方针。1920 年有一些会员加入了社会主义青年团，参加了在湖南建立共产党的活动。

1921 年 1 月 28 日，毛泽东致信长沙文化书社，亦是俄罗斯研究会的朋友彭璜，详谈了他对处世的诸多见解。

彭璜（1896—1921），又名荫柏，湖南湘乡人。出生于贫苦农民家庭。1919 年 6 月与毛泽东等发起成立湖南学生联合会，被推选为会长。不久加入新民学会，同毛泽东成为志同道合的好友。1920 年夏，协助毛泽东创办成立长沙文化书社，并组织俄罗斯研究会。同年 11 月前后，参加毛泽东、何叔衡等六人发起成立湖南共产党组织的签字活动，成为长沙共产主义小组最早成员之一。

早在湖南一师毕业前夕，毛泽东即已确立了远大的志向。新民学会成立后，蔡和森、彭璜等一代意气风发的进步青年，协助毛泽东积极从事社会活动。面对动荡的时局，毛泽东深感吾辈责任之重大。他经常省察自我，在致彭璜的信中可以深深地感受到这一点。

毛泽东致彭璜的信，篇幅不长，但内涵丰富，主题鲜明。重点围绕如何增强"自我修治功夫"，内省反思，深刻检讨，笔锋犀利，触及灵魂。

信中说："一个人，才有长有短，性情习惯有恶点亦有善点，不可执一而弃其一。"毛泽东认为：一个人要善于正确认识自己，了解自己，能扬长避短，这是很重要的。在信中他对自己的长短进行了认真的剖析，对自己"论理执极端，论人喜苛评，而深刻的自省功夫几乎全废"这点很不满意。

这里，"极端""苛评"都是修养不够的表现。解决这个问题，关键是对任何事、任何人，既要看到其肯定的一面，也要看到其否定的一面。要能在成功的时候看到失败的阴影，在极端困难的时候看到希望的曙光。

毛泽东直言不讳地指出彭璜的十个缺点中自己有七个。

"一、言语欠爽快，态度欠明决，谦恭过多而真面过少。二、感情及意气用事而理智无权。三、时起猜疑，又不愿明释。四、观察批判，一以主观的而少客观的。五、略有不服善之处。六、略有虚荣心。七、略有骄气。八、少自省，明于责人而暗于责己。九、少条理而多大言。十、自视过高，看事过易。"这十条中，除第一、三、五这三条青年毛泽东自信所犯不多外，其余自己一概都有。

毛泽东还特别指出自己：

> 有一最大缺点即意弱是也。兄常谓我意志强，实则我有自知之明：知最弱莫如我之意志！我平日态度不对，向人总是圻圻，讨人嫌恶，兄或谓为意强，实则正是我弱的表现。(《毛泽东书信选集》，人民出版社1984年1月版，第18页)

如何才能做到意志坚强，青年毛泽东提出了加强修养之法。那就是"有自知之明"，要正视自己的缺点，"虚其心受天下之善"。他在信中深刻自省："天下惟至柔者至刚，久知此理，而自己没有这等本领，故明知故犯，不惜反其道而行之，思之悚栗！"自己的长处："略可自慰者，立志真实（有此志而已）。"

现实中，许多人暗于知己，都有这种"明知故犯"的缺点，体现在日常行为中，就是学归学，讲归讲，但没有下苦功夫去践行。这是典型的意志薄弱的表现。改进的方法，就是经常深刻反省、自我检讨，对自己的不良言行，随时痛加训斥。如此日积月累，终能铸成坚强的意志。

毛泽东在致彭璜的信中，以老子"自知者明"的态度，善于解剖自我，反思自我；看到短处，弥补自己，完善自我，正确了解和认识自身，这是十分可贵的。

毛泽东认为，每一个人都有长处和短处，关键是要知道自己的缺点，并下决心克服。只有不断改过，才能树立根本，实现宏大致远的目标。

太无自知之明

据现在已披露的文献，毛泽东投身革命并成为职业革命家以后，引用老子"自知者明"这句话以指导工作，较早的一次是在延安文艺座谈会期间。

1942 年 5 月，在延安整风期间，毛泽东亲自主持召开了有文艺工作者、中央各部门负责人共一百多人参加的延安文艺座谈会，中央政治局委员朱德、陈云、任弼时、王稼祥、博古等出席了会议。

延安召开文艺座谈会，是在全党自上而下地开展整顿党风、学风和文风的整风运动的大背景下召开的。这次会议，对后来党的文艺政策的制定和文艺工作的健康发展，产生了非常深远的影响。

当时延安的文艺界，在总体活跃的情况下，在群众文艺方面出现了一些切近现实、服务大众的文艺追求，但在专业的文艺领域之内，也出现了一些不满现状、远离群众的文艺倾向。而来自国统区、大城市、部队中和陕西本地的文艺工作者，因为带着不同的经历与立场，不同的观念和观点，因而在许多问题上，存在着诸多不同的看法和争议。一些意见通过报纸反映出来，一些意见也直接反映给毛泽东。

从大城市来到根据地的作家，一般存在不熟悉工农兵生活，不懂他们的语言，以及作家所运用的文学形式与工农兵群众在艺术趣味和欣赏习惯上有隔阂等问题。对于如何克服这些弱点，当时延安文艺界亦存在一些思想分歧。

延安的文艺界存在的一些问题，需要通过一定的方式予以切实解决。为此，毛泽东征询文艺界党内人士意见时，部分文艺工作者建议开个座谈会，让大家充分发表意见，好好交换思想，然后请毛泽东集中讲一下，以统一认识，集中思想。这样中央办公厅以毛泽东、凯丰名义，向延安的文艺工作者正式发出了参加座谈会的请柬，决定召开了这次文艺座谈会。

5 月 23 日，毛泽东做了座谈会"结论"，指出为了革命文艺的正确发展，中心问题"是一个为群众的问题和一个如何为群众的问题"。

他首先讲的第一个问题：我们的文艺是为什么人的？

他说："在我们各个抗日根据地从事文学艺术工作的同志中，这个问题似乎是已经解决了，不需要再讲的了。其实不然。很多同志对这个问题并没有得到明确的解决。因此，在他们的情绪中，在他们的作品中，在他们的行动中，在他们对于文艺方针问题的意见中，就不免或多或少地发生和群众的需要不相符合，和实际斗争的需要不相符合的情形。"

他特别强调"为什么人的问题，是一个根本的问题，原则的问题"。《讲话》明确提出了文艺为人民大众、首先为工农兵服务的方针。而要为人民大众服务，"就必须站在无产阶级的立场上，而不能站在小资产阶级的立场上"。

毛泽东指出：在今天，有许多同志，因为他们自己是从小资产阶级出身，自己是知识分子，于是就只在知识分子的队伍中找朋友，把自己的注意力放在研究和描写知识分子上面。这种研究和描写如果是站在无产阶级立场上的，那是应该的。但他们并不是，或者不完全是。他们是站在小资产阶级立场，他们是把自己的作品当作小资产阶级的自我表现来创作的，我们在相当多的文学艺术作品中看见这种东西。他们在许多时候，对于小资产阶级出身的知识分子寄予满腔的同情，连他们的缺点也给予同情甚至鼓吹。对于工农兵群众，则缺乏接近，缺乏了解，缺乏研究，缺乏知心朋友，不善于描写他们，倘若描写，也是衣服是劳动人民，面孔却是小资产阶级知识分子。

毛泽东还指出："一切革命的文学家艺术家只有联系群众，表现群众，把自己当作群众的忠实的代言人，他们的工作才有意义。只有代表群众才能教育群众，只有做群众的学生才能做群众的先生。如果把自己看作群众的主人，看作高踞于'下等人'头上的贵族，那么，不管他们有多大的才能，也是群众所不需要的，他们的工作是没有前途的。"

毛泽东接着说："我们的这种态度是不是功利主义的？"他认为世界上没有什么超功利主义，在阶级社会里，不是这一阶级的功利主义，就是那一阶级的功利主义。我们是无产阶级的革命的功利主义者，而不是只看到局部和目前的狭隘的功利主义者。

毛泽东举例说：

> 某些作品，只为少数人所偏爱，而为多数人所不需要，甚至对多数人有害，硬要拿来上市，拿来向群众宣传，以求其个人的或狭隘集团的利益，还要责备群众的功利主义，这就不但侮辱群众，也太无自知之明了。任何一种东西，必须能使人民群众得到真实的利益，才是好的东西。（《毛泽东选集》第三卷，人民出版社1991年版，第864页）

《老子》第三十三章"知人者智，自知者明"这句话，在长期流传中已演化为成语，尤其是"自知者明"（自知之明）引用频率较多。

毛泽东暗引化用"自知之明"的典故，批评那些不考虑广大人民群众的利益和需要，只求个人或狭隘集团利益的功利主义者，特别指出他们对自己的作品"太无自知之明了"。

《讲话》中毛泽东还阐述了文艺源于生活又高于生活的道理，号召"中国的革命的文学家艺术家，有出息的文学家艺术家，必须到群众中去，必须长期地无条件地全心全意地到工农兵群众中去，到火热的斗争中去，到唯一的最广大最丰富的源泉中去"。

延安文艺座谈会的召开，及座谈会制定的文艺的工农兵方向的贯彻，推动了根据地文艺事业的发展，也影响到国统区的文艺创作。创作题材也发生很大变化，作家们能自觉地把描写工农兵的生活作为自己的使命，工农兵在文学作品中取得了真正主人公的地位。从而推进了新文学的民族化进展，使新文学更为接近广大群众。

创作和演出中一些有"小资情调"的文学家和艺术家，逐渐调整自己的立场和视觉，对自己的作品从孤芳自赏没有自知之明中走出来，使解放区的文艺创作与演出呈现出崭新的气象。

小说创作出现了一大批深刻生动有血有肉的反映可歌可泣斗争生活的新作品。真正表现了解放区人民的生活和感情，作家真正变成了人民群众审美意识的代言人。如丁玲的《太阳照在桑干河上》和周立波的《暴风骤雨》，是在《讲话》精神影响下成功地描写了解放区土地改革风暴而闻名于世界的长篇，曾荣获斯大林文学奖金。欧阳山的《高干大》、柳青的《种谷记》，马烽、西戎的《吕梁英雄传》和草明的《原动力》等优秀长篇，也都因为内容的新颖与充实和技巧的娴熟与创新，博得了国内外读者的好评。

诗歌创作的典型代表是李季的长篇叙事诗《王贵与李香香》，它是《讲话》以后诗歌变革的突出成果，博得众多名家和广大人民的热烈称赞。郭沫若认为："中国的目前是人民翻身的时候，同时也就是文艺翻身的时候，这儿的这首诗，便是响亮的信号。"阮章竞的《漳河水》、田间的《赶车传》等名篇，也是驰名中外的力作。

报告文学创作出色的作品亦不少。毛泽东曾称赞丁玲的《田保霖》、欧阳山的《活在新社会里》表现了"新的写作作风"。还有刘白羽、黄钢、华山、周立波等的优秀报告文学的篇章，也是影响巨大的杰构力作。

新戏剧引起轰动效应。毛泽东及时肯定了延安京剧改革的创举，说新编京剧《逼上梁山》为"旧剧开了新生面"，"是旧剧革命划时期的开端"，希望"多编多演，蔚成风气，推向全国去"。新歌剧《白毛女》演出后，周恩来称赞说："看重庆的演出，即使是比较好的，使人感动的程度也无法与看《白毛女》相比，因为这个戏是劳动人民自己的文艺，真正写出了被压迫阶级的命运和斗争。"茅盾对此剧也曾高度评价说："《白毛女》是歌颂了农民大翻身的中国第一部歌剧。"郭沫若则称赞它"把'五四'以来的那种知识分子的孤芳自赏的作风完全洗刷干净了"。彭德怀、王震曾盛赞新编秦腔剧《血泪仇》和《穷人恨》，说它们是"发动群众组织起来的有力的武器"。

解放区的音乐也摆脱了"大、洋、古"的影响，走向了刚健清新的革命化、民族化、大众化的道路。《黄河大合唱》《八路军大合唱》《生产大合唱》《南泥湾》《东方红》等名曲，为人民所喜闻爱唱。

毛泽东借用《老子》"自知者明"的话，批评一些"把自己的作品当作小资产阶级的自我表现来创作"的人"太无自知之明"，洗刷了文艺界中不健康不高尚不明智的情绪和做派，文艺创作和演出出现了前所未有的清新爽朗。

你很有自知之明嘛

"自知之明"是一种人格修养，毛泽东在日常生活中常把它传授给周围的人。

李银桥初到毛泽东那里当卫士时，有些不情愿。因为入伍后一直当通信员、勤务员、警卫员，干得太久了，他觉得不如到部队发展快。

李银桥，河北省安平县人，武当派的俗家弟子，擅长太极拳和太极剑。从1947年8月到1962年4月，曾先后任毛泽东的卫士、卫士组长、卫士长等职，时间长达十五年。伴随毛泽东南征北战，朝夕相处，形影不离，堪称伟人身边的贴身侍卫。

1938年，刚满十一岁的李银桥便离开父母参了军，一直在部队给首长当通信员、勤务员，负责照顾首长的生活。

1947年2月，奉命调入中央办公厅，给周恩来副主席当卫士。同年8月转战陕北期间，中央纵队领导叶子龙和汪东兴以组织名义找李银桥谈话，认为他过去一直干这方面工作，有经验，经组织慎重考虑，决定调李银桥到毛泽东身边当卫士。

叶子龙和汪东兴问他有什么意见，李银桥却说："不行啊，我怕干不好，况且我干这个工作太久了。"这让两位领导始料未及，有些惊诧和不悦。

李银桥说后也觉得不妥，又说："当然，组织的决定，我无条件服从。"就这样，二十一岁的李银桥便来到毛泽东身边。

一天雨后，毛泽东在院内散步，走得很慢，突然停下来，问跟随在身后的李银桥：

"你叫什么名字啊？"

"报告，我叫李银桥。"

"嗯，哪几个字啊？"毛泽东不紧不慢地问道。

"木子李，金银的银，过河的桥。"

"银——桥。为什么不叫金桥？"

"金子太贵重了，我叫不起。"

"噢，你很有自知之明嘛！"毛泽东的语气转为热烈，转过身来详细询问李的籍贯、家庭成员、入伍后的经历，以及不愿当卫士的想法。（李银桥、韩桂馨：《毛泽东和他的卫士长》，解放军出版社2002年版，第7页；陈祥明等编：《毛泽东的幽默》，中国电影出版社1994年版，第20页）

毛泽东沉默了片刻，对李银桥说："你能讲真话，这很好。我喜欢你讲真话，那么，你能不能告诉我，为什么不愿意在我这里工作？"

"我干太久了。从1938年参军，我一直当勤务员、通信员。我想到部队去。"

"噢，三八式，当卫士，进步是慢了些。就这一个原因吗？还有没有别的原因？比如说，在恩来那里当卫士就愿意，来我这里就……"

"没有，绝没有那个意思！"李银桥叫起来，"我一直想到部队去。我在周副主席那里也说过这个意思。我在他那里干过一段，他了解我的情况，形势缓和后提出走的要求也容易。如果到主席这里来，怎么好刚来就提出走？"

"你怎么知道我会不放你走？"

"主席——恋旧。"

"什么？恋旧！你听谁说我恋旧？"

"反正我知道。"李银桥回答。

谈到这毛泽东笑了，"小鬼，什么时候把我研究了一番？嗯，可是我喜欢你呢，想要你来呢。怎么办？总得有一个人妥协吧。"

"那就只好我妥协了。"

"不能太委屈你，我们双方都作一些妥协。"毛泽东认真地望着李银桥说，"大道理不讲不行。你到我这里来，我们只是分工不同，都是为人民服务。可是，光讲大道理也不行。三八式，当我的卫士，地位够高，职务太低。我给你安个长，做我卫士组的组长。"毛泽东略一沉吟，做了个手势，说，"半年，你帮我半年忙，算是借用，你看行不行？"

转眼，半年临近。一天，毛泽东传唤来李银桥，要跟他谈谈。他望着李银桥，迟疑一下，小声试探："你，还想走吗？"

毛泽东一直记得他与李银桥"借用半年"的约定！李银桥听了心里一热，垂下了头，沉默片刻，小声说："想走。"毛泽东神情显出怅然若失。李银桥接着说："如果主席需要……"

"不，咱们有言在先。"毛泽东做出一个断然的手势，说，"你是老实人，工作兢兢业业，对我照顾得很好。我喜欢你，但我不食言。你可以走了。"

毛泽东是感情丰富的人，李银桥也不是没有感情的人。虽然毛泽东已经同意让他走，但李银桥没有走，他与毛泽东又重新约定半年。毛泽东笑了，说："好，就半年。你再帮我半年忙，看我彻底打败胡宗南。"

后来毛泽东对李银桥有了感情，李银桥也舍不得离开毛泽东。毛泽东还为李银桥的婚事牵线，多次从经济上支援他们。

1962年李银桥离开毛泽东，调天津工作，临行前，他站在毛泽东的床前。毛泽东一只手拉着他，另一只手在他的背上轻抚，谁也不说话。李银桥哭了，毛泽东也跟着落泪，说了许多难舍难离的话：

"你在我身边工作，一直兢兢业业，使我工作很顺利，省了不少心，可是……你老跟着我怎么行啊？我死了怎么办？

"我也舍不得你走啊。我和我的亲人，和我的孩子们一年也见不上几次面。你在我身边工作，我们每天在一起，朝夕相处，你比我的孩子还亲啊……

"我得为你的前途着想，我不能误你的前途。"

这是发生在领袖与卫士之间的一个小故事。但是这个小故事却跨越了漫长的十五年，它所渗透的生活哲理经受住了时间的考验。

是叫"银桥"还是叫"金桥"，并没有多大差别。但是细心睿智而又话语幽默的毛泽东，立即从中发现新来的卫士"有自知之明"，并引证老子的名言给年轻人以肯定赞扬。

两人面对的难题是毛泽东希望李银桥长期在身边当卫士，而已经干了十年勤务工作的李银桥却急着到部队去快发展。但是，李银桥并不固执，不只是打自己的小算盘，也充分考虑工作需要，服从组织决定，适当化解自己的情绪，可谓"自知者明"；毛泽东并不只顾自己需要，而是信守诺言，届期兑现，同时情理并用，耐心说服，感动李银桥逐渐改变了初衷，踏实侍卫十五年，可谓"知人者智"。

人在生活中能有自知之明，容易心静眼明，气顺神爽。

人贵有自知之明

希望别人有"自知之明",自己更要有"自知之明"。尤其身处高位的政治生活中,自知之明可以使头脑清醒,看透假象后面的本质,正确地看待自己,正确地认识客观事物。

地位越高,"自知"越不易,然而价值也越大。

毛泽东的自知之明,是他在被"神化"时的头脑清醒。

1966年6月,在中央政治局扩大会议通过《五·一六通知》后不久,毛泽东又一次回到故园湖南韶山。这是毛泽东继1959年后的第二次回乡。毛泽东这次回韶山没有公开接见群众,消息也一直没有对外公布。因此一切都是"保密"的。

这一次,他在韶山的滴水洞住了十多天。所谓滴水洞,其实并没有天然的洞,只是山谷中有数条小溪向下流来,汇聚成一沟流水。由于有一个较大的落差,形成了一个洞。人们就把这个洞叫作滴水洞。

毛泽东就住在滴水洞别墅一号楼。这是一个环境优雅、清静的所在。这个两华里深的山谷充满了神秘的色彩。毛泽东身居这清幽之地,颇有些悠然自得。

然而,他心中并不平静,他时刻在思考着国家大事。他心情不好,国家经济的不景气,国内"阶级斗争"的激烈,国际上霸权主义和"修正主义"的咄咄逼人,以及身体的衰弱……使他的心境每况愈下。他需要休息,需要有一个安静的处所,需要去思考。

后来,他在写给江青的信中透露,他"在西方的一个山洞里住了十几天",指的就是韶山滴水洞,6月28日去了"白云黄鹤"的地方,即武汉。

1966年7月8日,毛泽东给江青写了一封长信,信中说:

> 我的朋友的讲话,中央催着要发,我准备同意发下去,他是专讲政变问题的。这个问题,像他这样讲法过去还没有过。他的一些提法,我总感觉不安。我历来不相信,我那几本小书,有那样大的神通。现在经他一吹,全党全国都吹起来了,真是"王婆卖瓜,自卖自夸"。我是被他们逼上梁山的。看来不同意他们不行了。在重大问题上,违心地同意别人,在我一生还是第一次。叫作不以人的意志为转移吧。

毛泽东在信中继续写道：

> 人贵有自知之明。今年4月杭州会议，我表示了对于朋友们那样提法的不同意见。可是有什么用呢？他到北京5月会议上还是那样讲。报刊上更加讲得很凶，简直吹得神乎其神。这样我就只好上梁山了。我猜他们的本意，为了打鬼，借助钟馗。我就在20世纪60年代成了共产党的钟馗了。（《建国以来毛泽东文稿》第十二册，中央文献出版社1998年版，第71—72页）

毛泽东这里所说的"朋友"，是指林彪。

林彪，军事家，中华人民共和国十大元帅之一。湖北黄冈人。黄埔军校第四期毕业生。

大革命失败后，选择了革命道路，参加了南昌起义。后随起义队伍上了井冈山，成为中央苏区的开创者之一。参加了红军长征。抗日战争时期任八路军第一一五师师长。解放战争时期任东北野战军司令员等职，指挥了辽沈战役、平津战役等重大战役。

新中国成立初期，林彪由于身体等方面的原因，没有担任什么重要职务。虽然他在十位元帅中是最年轻的，但由于健康状况欠佳，一直深居简出，很少抛头露面和参加社会活动。

从1958年起，林彪开始逐渐活跃。同年5月参加中共八大二次会议和八届五中全会，被增选为中央政治局常委和中共中央副主席。1959年庐山会议，彭德怀受到错误批判，林彪接替彭德怀担任国防部长。随后，中共中央组成新的军委，被任命为军委常委、副主席，主持军委日常工作。提出并推行一整套"左"的东西，打击、迫害、排挤一些与他意见不同的同志。

同时，林彪大搞对毛泽东的个人崇拜，把毛泽东思想简单化、庸俗化。1964年，抓住全军大练兵和"大比武"中的某些缺点大做文章，说搞军事第一、技术第一，是推行"资产阶级军事路线"，"冲击了政治，冲击了学习毛主席著作"。随后，他又说军队工作要"突出政治"，"军事训练、生产等需要占一定的时间，但不应冲击政治。相反，政治可以冲击其他"。林彪的这些主张，遭到总参谋长罗瑞卿等人的抵制。1965年冬，以"篡军反党"等罪名诬告罗瑞卿，并提出所谓突出政治的"五项原则"，将全军群众性的"大比武"运动压了下去，同时解除了罗瑞卿的职务。

1966 年 5 月 18 日，在中央政治局扩大会议上，林彪第一个发言，首先指控"彭、罗、陆、杨"说："他们几个人的问题的揭发、解决，是全党的大事，是保证革命继续发展的大事，是巩固无产阶级专政的大事……"

"彭、罗、陆、杨"，即 1966 年 5 月中共中央政治局扩大会议立案的彭真、罗瑞卿、陆定一、杨尚昆所谓"阴谋反党集团"的事件，是林彪集团在"文化大革命"期间制造的陷害、打倒党和国家及军队领导人的第一个事件。

接着，林彪大谈"政变"。他说："我们夺取了政权十六年。我们无产阶级的政权会不会被颠覆，被篡夺？不注意就会丧失。苏联被赫鲁晓夫颠覆了……现在毛主席注意这个问题，把我们一向不注意的问题提出来，多次找负责同志谈防止反革命政变的问题。"

林彪"五一八讲话""专讲政变问题"。毛泽东评论："这个问题，像他这样讲法过去还没有过。"显然，对林彪这样提出问题很怀疑。

林彪还谈到了毛泽东及其思想的伟大作用，以及如何传播这一思想。但是，他不是论述正确的思想路线和政治路线，而是大肆吹捧毛泽东特殊的天才。他说："毛主席天才地、创造性地、全面地继承、捍卫和发展了马克思主义，把马克思列宁主义提高到一个崭新的阶段。""毛主席在全国，在全世界有最高的威望，是最卓越、最伟大的人物。毛主席的言论、文章和革命实践都表现出他的伟大的无产阶级的天才。有些人不承认天才，这不是马克思主义。"

林彪还准备把《毛主席语录》作为军队意识形态的教材印发下去。这就是毛泽东所讲的"我那几本小书"。林彪在讲话中最后说："毛主席的话句句是真理，一句超过我们一万句。"这些言过其实的吹捧，使毛泽东"感觉不安"。他已经隐约感觉到林彪的居心叵测，在 4 月杭州会议上他试图正面阻止这种"神乎其神"的吹捧，但是没有奏效，在 5 月北京的中央政治局扩大会议上，林彪的"造神"运动来势更凶猛。

此时，毛泽东已看出林彪在利用他的崇高威望进行怀有个人目的的活动。毛泽东写信给江青，只是隐晦地把这些想法表述出来。在致江青的信中引用《老子》的话说"人贵有自知之明"。这里，毛泽东说他自己的话，没有像林彪吹的那样"一句超过我们一万句"。他并没有因为被"神化"而飘飘然，他清楚地知道：吹得越高，跌得越重。他揭穿林彪的目的是"为了打鬼，借助钟馗"。这都是因为有自知之明而把事情看得十分透彻，看林彪也是入木三分，清澈见底。这与党内有识之士的见解是呼应的，当时抵制林彪的也大有人在，如前面提到的"彭、罗、陆、杨"等。罗瑞卿是解放军总参谋长，他公开抵制林彪所宣扬的个人崇拜和"突出政治"，陆定一是反对林彪"活学活用"的提法的。

当然，毛泽东当时还认为林彪是"左派"的领袖，其思想和行为受到了某些"右派"和"保守派"的抵制，林彪是为了打鬼借助钟馗，毛泽东就不自愿地也是无奈地成了20世纪60年代共产党的"钟馗"了。

毛泽东意在戳穿林彪的图谋，但因时机尚不成熟，他致江青信中的这些想法一直没有公开。直到六年以后，即林彪一伙阴谋败露，仓皇出逃，折戟沉沙，摔死在蒙古温都尔汗之后，他的这些想法随着致江青信件的公布，才得以公开披露。

1966年6月，毛泽东南巡在韶山滴水洞暂住前后，创作了《七律·有所思》：

121

> 正是神都有事时，又来南国踏芳枝。
> 青松怒向苍天发，败叶纷随碧水驰。
> 一阵风雷惊世界，满街红绿走旌旗。
> 凭阑静听潇潇雨，故国人民有所思。
> （《毛泽东诗词集》，中央文献出版社1996年版，第217页）

这首七律与毛泽东致江青的信可以合看。此诗尾联"凭阑静听潇潇雨，故国人民有所思"，是说诗人本身，静静地扶着住处的栏杆，听着潇潇而下的夏雨，其实是他在有所思考：他在思考"打鬼"和"钟馗"，他在思考"左派"和"右派"，他在思考"知人"与"自知"……紧接着进行的十年"文革"，历史已经证明是一场"内乱"，他的"朋友"也因出逃外投而亡魂荒野。在错乱纷杂的大动乱前，他对高热吹捧保持了一份难得的冷静和清醒，这是"自知者明"的启迪，这是老子哲理指点迷津。

古人说：善战者不败，善败者不亡。毛泽东在"副统帅"林彪叛乱出逃的重大挫折极大打击面前，当年的"自知之明"使他处变不惊，稳住阵脚，转危为安，他仍然是复杂政治生活中的胜出者。

"又及"的自知之明

从韶山滴水洞到"白云黄鹤"的武汉，毛泽东"有所思"，致信江青告白自己的"自知之明"；八年后，当年的收信人江青此时已位高权重，毛泽东又致信江青，告诫她要有"自知之明"。

1974 年 1 月以后，"四人帮"在他们所操纵的"批林批孔"运动中，既不是认真批判林彪反革命集团的罪行，也不是以科学的态度批判儒家的封建思想，而是处心积虑地批"周公"，含沙射影，把斗争的锋芒指向周恩来和包括邓小平在内的一批领导干部身上，为他们篡权做舆论准备。

毛泽东一方面对王、张、江、姚等人继续信任，另一方面又似乎也意识到江青一伙在党内外"积怨甚多"，在利用"批林批孔"以营私，他对江青的批评多了起来，有些还很严厉。

7 月 17 日，毛泽东主持政治局会议。会上，毛泽东对江青提出了严厉的批评，当众声明江青"她并不代表我，她代表她自己"。并告诫江青、张春桥、姚文元、王洪文，不要搞"四人帮"。毛泽东明确地提出了"四人帮"的问题，对他们进行了深刻揭露和批评，使他们不能不有所顾忌。

10 月 4 日，毛泽东提议邓小平任国务院第一副总理。显然，这是为周恩来之后的国务院的总理人选做安排。10 月 11 日，中共中央发出通知：近期内召开第四届全国人民代表大会。通知还传达了毛泽东的指示："无产阶级文化大革命已经八年。现在，以安定为好。全党全军要团结。"

形势的发展显然对江青他们一伙十分不利。特别是江青，她不满足自己仅有政治局委员这个职务，她想插手国务院。她认为"四届人大"是一次重要的机会，是她取得更大权力的一步台阶。因此，"四届人大"的人事安排她要过问，她要抢到组阁的权力。

此时，毛泽东又到湖南长沙休息养病。

于是，江青不顾毛泽东的批评，加紧活动，指使王洪文到长沙找毛泽东告状，即做诬陷周恩来和邓小平的汇报。王洪文到长沙没有达到他们的预期目的，江青又亲自上阵，从北京给毛泽东写信，提出组阁名单。

江青在给毛泽东的信中，提出了她的"四届人大"人事安排方案：让谢静宜当人大常委会副委员长，迟群当教育部长，乔冠华当副总理，毛远新、迟群、谢静宜、金祖敏列席政治局，作为"接班人"来培养。

八天以后，即 11 月 12 日，毛泽东在江青的信上作了如下批示，也算是对江青的回信：

江青：

不要多露面；不要批文件；不要由你组阁（当后台老板）。你积怨甚多，要团结多数。至嘱。

人贵有自知之明。又及。

毛泽东

十一月十二日

（《建国以来毛泽东文稿》第十三册，中央文献出版社 1998 年
版，第 394 页）

"又及"二字特别重要。因为毛泽东深知江青一伙"积怨甚多"，没有人脉，没有谁支持，纵然获取高位也是"登高必跌重"。所以，毛泽东对江青提出"三不一团结"的限制和要求。尤其是不能由江青"组阁"的限制，打破了江青的权力梦。写完三条，毛泽东仍不放心，又暗引化用《老子》第三十三章的名言告诫江青"人贵有自知之明"！毛泽东是在明确警告江青，不要把自己估计过高，人的可贵之处在于能正确地认识自己，正确地了解自己。毛泽东认为江青缺少的就是这一点，自以为是，自不量力，没有"自知之明"。

但江青不听劝阻，用尽心机，以退为进，继续要权。11 月 19 日，她从北京又给毛泽东写信，名为"检讨"，实为伸手要官。

她在信的开头不得不写道："我愧对主席的期望，因为我缺自知之明，自我欣赏，头脑昏昏，对客观现实不能唯物地正确对待，对自己也就不能恰当地一分为二地分析。"

接着，就伸手要权。她写道："自九大以后，我基本上是闲人，没有分配我什么工作，目前更甚。"

在此期间，江青又托人带口信给毛泽东，提出"由王洪文任副委员长，排在朱（德）、董（必武）之后"。毛泽东一语道破天机："江青有野心，她是想叫王洪文做委员长，她自己做党的主席。"

江青给毛泽东写信，诉说她自己在九大以后基本是个闲人的"苦境"，希望毛泽东给她工作，给她实权。毛泽东读了江青的信后，看透了她的心思，针锋相对，给她写了一封回信：

江青：

可读李固给黄琼书。就思想文章而论，都是一篇好文章。你的职务，就是研究国内外动态，这已经是大任务了。此事我对你说了多次，不要说没有工作。此嘱。

毛泽东

七四年十一月二十日

李固、黄琼，东汉人。李固素来仰慕黄琼，曾勉励其出仕。顺帝永建二年，黄琼被招入朝，途中称病不肯前往，经朝廷敦促，才继续向京城出发。在黄琼到达洛阳近郊的时候，李固写了一封信给他，即毛泽东说的"李固给黄琼书"。

这封信从两个方面启发开导黄琼，一方面批判了当时名士的孤傲，另一方面针对当时名士专靠声名而其实不副，以致容易被人攻击的缺点，对黄琼进行了规劝告诫。"阳春之曲，和者必寡，盛名之下，其实难副"，这句话即出自此篇。

毛泽东对李固此文颇为欣赏。他要江青读"李固给黄琼书"，其用心可想而知。江青说自己九大以后基本是个闲人，希望毛泽东给她工作，即给她可以发号施令的实权。毛泽东的回信，更加直截了当："你的职务，就是研究国内外动态，这已经是大任务了。此事我对你说了多次，不要说没有工作。"实际上明确否定了江青的这些无理要求。

毛泽东在 1966 年 7 月 8 日致江青的信中，也曾经提到李固给黄琼的信，他说：

> 我曾举了后汉人李固写给黄琼信中的几句话：峣峣者易折，皦皦者易污。阳春之曲，和者必寡，盛名之下，其实难副。这后两句，正是指我。我曾在政治局常委会上读过这几句。（《建国以来毛泽东文稿》第十二册，中央文献出版社 1998 年版，第 72 页）

那次，毛泽东提李固给黄琼书，重点是表明自己"盛名之下，其实难副"，是说自己要有"自知之明"；此次，毛泽东重提李固给黄琼书，是要求江青有"自知之明"，不要以"没有工作"的名义要位置，要权力。

江青听不进毛泽东的劝告，她还是把权力位置放在了自知之明的前面。两年后，终于酿成一杯难以下咽的政治苦酒，历史把这称之为"粉碎'四人帮'"。此时，江青想有自知之明也悔之晚矣！

毛泽东运用《老子》第三十三章的名言"自知者明"，有三次"正用"，有两次"反用"。所谓"正用"，就是青年时对自己不盲目，有自知之明，坦率承认有七项缺点；表彰卫士李银桥有自知之明，妥善地处理好了个人的进退去留，前后默默做好勤务警卫工作二十五年（后十五年在毛泽东身边）；晚年毛泽东在热捧面前，并未一意陶醉，保留下一份难得的清醒，终使他在重大政治挫折面前稳住了阵脚，可谓"善败者不亡"，保持了一世英名。所谓"反用"，就是借此批评江青不能实事求是看待自己，不能设身处地对待自己，自视太高，伸手要权，这个批评切中要害；又借此批评有些文艺工作者脱离群众，脱离读者，只求个人或狭隘集团的功利，对自己的作品无自知之明，这个批评有利于文艺服务于民族自救的伟大抗日战争。

自知者明，不自知者暗；自胜者强，不自胜者弱。这是实践反复证明的真理。从古到今，屡试不爽，概莫能外！

第三十六章

将欲取之，必固与之

《老子》第三十六章是讲朴素辩证法较为集中、较为透彻、较为精辟的篇章。

将欲歙之，必固张之；将欲弱之，必固强之；将欲废之，必固举之；将欲取之，必固与之。是谓"微明"。柔弱胜刚强。

老子的意思是：想要缩小它，必先扩大它。想要削弱它，必先增强它。想要废除它，必先兴旺他；想要夺取它，必先给予它。这是一种很微妙的智慧。所以柔可以克刚，弱可以胜强。

《老子》这一章说明克敌制胜的谋略。这是一段特别能体现老子辩证法思想的著名言论。

这四组句式，在于说明事物总是处于不断对立转化的状态之中，当事物发展到某一个极限的时候，必然会向相反的方向运转，这就是"物极必反""势强必弱"的道理。

老子根据"歙与张、弱与强、废与兴、取和与"的矛盾关系，提出以柔克刚、以弱胜强的矛盾转化原则。老子的这一朴素的辩证观点，给后人以深刻的启迪。

这四组老子格言，在流行中人们说得较多的又是后一句，其用字也演化成"将欲取之，必先与之"。

一些政治家、军事家和思想家常用"将欲取之，必先固之"来说明一种处事的策略。是说要想夺取它，必须先给予它，被给予者会因贪心而被消灭。

对于《老子》"将欲取之，必先与之"所包含的朴素的辩证法思想，对于老子所强调的以柔克刚、以弱胜强的矛盾转化原则，毛泽东很重视、很欣赏，在他的著作和讲话中多次引证和运用。他在军事斗争和政治生活中运用这个谋略原则，取得令人瞩目的战果和效果。

这是"将欲取之，必先与之"的原则

红军长征到达陕北后，为了总结第二次国内革命战争的经验和教训，毛泽东于 1936 年 12 月，撰写了《中国革命战争的战略问题》这部著作。

在《中国革命战争的战略问题》中，毛泽东充分阐述了老子"将取必予"的这种辩证法思想。

毛泽东强调：在反"围剿"战争中，要改变敌我强弱力量的对比，使之发生于我有利的变化，要实行必要的战略退却，暂时放弃一些土地和城池。

接着，他引用了《老子》关于"将欲取之，必固与之"的策略来加以说明。他说：

> 关于丧失土地的问题，常有这样的情形，就是只有丧失才能不丧失，这是"将欲取之，必先与之"的原则。如果我们丧失的是土地，而取得的是战胜敌人，加恢复土地，再加扩大土地，这是赚钱生意。市场交易，买者如果不丧失金钱，就不能取得货物；卖者如果不丧失货物，也不能取得金钱。革命运动所造成的丧失是破坏，而所取得的是进步的建设。睡眠和休息丧失了时间，却取得了明天工作的精力。如果有什么人，不知此理，拒绝睡觉，他明天就没有精神了，这是蚀本生意。我们在敌人第五次"围剿"时期的蚀本正因为这一点。不愿意丧失一部分土地，结果丧失了全部土地。（《毛泽东选集》第一卷，人民出版社 1991 年版，第 211 页）

在文章中，毛泽东分析了中国革命战争的特点，认为不了解中国革命战争的特点，就不能指导中国革命战争，就不能指导中国革命战争走上胜利的途径。

对于中国革命战争的特点，毛泽东做了如下概括：他认为中国是一个政治经济发展不平衡的半殖民地的大国，而且还经历了 1924 年至 1927 年的第一次国内革命战争。这个特点决定了中国革命战争有发展和胜利的可能性。其次，是中国共产党的领导和土地革命。这是中国革命战争在极端困难的条件下能够坚持并逐步发展的政治条件。第三个特点是敌人的强大和红军的弱小。说敌人的强大是指国民党已经夺取政权并控制着中国的经济命脉，得到世界上几个主要帝国主义国家的援助，在军队数量和武器装备等方面较比红军有十分雄厚的力量。

前两个特点，表明了中国革命战争的正义性，有党的领导和广大农民的援助，有胜利的基础。而后一个特点则规定了战争的持久性和严重性。

在分析中国革命战争特点的基础上，毛泽东指出，目前中国内战的主要形式是敌人的"围剿"和红军的反"围剿"，这是一个长期的反复的过程。中国国内战争和任何古今中外的战争一样，基本的战斗形式只有攻防两种。中国内战的特点，是"围剿"和反"围剿"的长期的反复，也就是攻防两种战斗形式的长期的反复。因此应当承认，革命和革命战争是进攻的，但是也有防御和后退。

在这部著作中，毛泽东用了很大的篇幅来说明战略防御的问题，其中又重点对战略退却做了分析说明，批驳了主张"御敌于国门之外"的"左"倾机会主义者的言论。毛泽东用深入浅出的道理来论证战略退却的重要性和必要性。他指出："对于我们，当敌举行大规模'围剿'时，一般的原则是诱敌深入，是退却到根据地作战，因为这是使我们最有把握地打破敌人进攻的办法。"

中国革命战争的历史证明：毛泽东制定的这种人民战争的战略战术，正是我们克敌制胜的法宝。因为，只有放弃一些土地，把敌人放进来，人民才能用各种各样的行动参战，才能最大限度地发挥人民战争的威力；只有把敌人放进来，让敌人占领一些地方和城市，才能逼着敌人分散兵力，逼着敌人背上包袱，逼着敌人犯错误。这样，我们就可以集中优势兵力，各个歼灭敌人。只有一口一口地吃掉敌人以后，才能最后的保住或夺取城市和地方，完全战胜敌人。

针对那些将战略退却看作"丧失土地，危害人民（所谓'打烂坛坛罐罐'），对外也产生不良影响"的所谓"理由"，毛泽东雄辩地指出：关于丧失土地的问题，常有这样的情形，就是只有丧失才能不丧失，这是"将欲取之，必先固之"的原则。他说："如果我们丧失的是土地，而取得的是战胜敌人，加恢复土地，再加扩大土地，这是赚钱生意。"

毛泽东运用生活中一些通俗的事例来反复说明这个道理：

如做生意，"蚀本"和"赚钱"的丧失与取得；

如市场交易，"卖者"和"买者"，"金钱"与"货物"的丧失与取得；

如日常生活，"睡眠和休息"之于"工作的精力"的丧失与取得；

如革命运动，"破坏"与"建设"的丧失与取得；

如反"围剿"作战，"丧失土地"和"恢复土地"的丧失与取得……

毛泽东依据老子"将取先与"的格言，概括了一些新的哲理名句：

"只有丧失才能不丧失。"

"不愿意丧失一部分土地，结果丧失了全部土地。"

毛泽东还说：

"不在一部分人民家中一时地打烂些坛坛罐罐，就要使全体人民长期地打烂坛坛罐罐。"

"惧怕一时的不良的政治影响，就要以长期的不良影响做代价。"

老子的"将欲取之，必固与之"包含着朴素的辩证法思想，毛泽东在文章中充分阐述了这种辩证法思想，用以阐明军事上反"围剿"时期暂时退却，是为了准备战略反攻的战略思想。丧失是为了取得，退却是为了前进，批判了"左"倾冒险主义只知夺取、只知进攻的错误主张，论证了战略退却的重要性与必要性。

毛泽东尖锐地指出：这种看起来好像革命的"左"倾意见，来源于小资产阶级知识分子的革命急躁病，同时也来源于农民小生产者的局部保守性。他们看问题仅从一局部出发，没有能力通观全局，不愿把今天的利益和明天的利益相联结，把部分利益和全体利益相联结，捉住一局部一时间的东西死也不放。他指出，克服这种急躁病和保守性，不能依靠小生产者的近视，应该学习布尔什维克的聪明。

毛泽东精辟而深入的分析，赋予了《老子》"将欲取之，必固与之"这一辩证思想以新的时代内容，同时展现了毛泽东军事谋略思想的一个重要方面。

"欲取先与"是古人都懂的哲理

解放战争之初，蒋介石挑起全面内战后，中共中央所在地延安，自然成了他们进攻的重点。

1947 年 3 月，蒋介石指挥他的嫡系、国民党西北绥靖公署司令长官胡宗南，投入三十四个旅共二十三万兵力从南、西、北三面进攻陕北。

西北野战军在陕北只有二万五千人，面对十倍于己的来犯之敌，如何迎战？当时不少军民主张坚决守卫陕甘宁边区，把胡宗南的军队消灭在延安大门之外。

毛泽东考虑到敌我双方的力量对比悬殊，决定我军暂时主动撤离延安，诱敌深入，然后在运动中寻机歼灭敌人。

然而，有些同志想不通，觉得好不容易建立了十年的革命根据地，怎么能一下子就让给敌人？毛泽东针对这一情况，引用《老子》"将欲取之，必先与之"的哲理，对这些同志进行了生动形象的说服工作。毛泽东说道：

"存人失地，人地皆存，存地失人，人地皆失。"这是一个辩证法，其中包含了深刻的哲理。那意思是保存革命力量是最重要的，有了人就有了一切，没有人就什么也没有了。我们不能计较一城一地之得失，要敢于"将欲取之，必先与之"，这是古人都懂得的哲学道理。（柏桦著：《毛泽东口才》，海南出版社 1996 年版，第 148 页）

为了进一步说明"将欲取之，必先与之"这个道理，毛泽东讲了这样一个十分生动的故事。

毛泽东说：比如有一个人，武艺较高，他背了一个很重的包袱，包袱里面尽是金银财宝，碰见拦路打劫的强盗，要抢财宝。这个背包袱的人怎么办？如果他舍不得暂时扔下包袱，他的手脚就很不灵便，跟强盗对打起来，就会输，甚至会被强盗打死，金银财宝也丢了。如果他把包袱一扔，轻装上阵，那就动作灵活，能使出全身的武艺，跟强盗对打，不但能把强盗打退，还可能把强盗打死，最后也就保住了金银财宝。

毛泽东接着说，当前国民党集中了二十三万人马，配有现代化的武器装备，而我军呢？装备极差，弹药奇缺，仅有二万五千人。如果死守一城一池那就是自背包袱。毛泽东幽默地说，蒋介石是个小气鬼，一贯以占地盘为胜利，而且占领一个小小的村庄也舍不得放弃。我们暂时放弃延安，就是把包袱让敌人背上，使自己打起仗来更主动灵活，而敌人的包袱背得越多越走不动，到那时，我们就能大量地消灭敌人。

毛泽东又接着说：从全国战局敌我军事力量对比来看，暂时放弃延安无损于解放战争的整个大局。现在敌人拼命要我们的延安，可以，我们奉送几眼窑洞，只要我们大量消灭敌人的有生力量，就会收复失地，夺取新的地方。今天我们放弃延安，是暂时的，这意味着将来我们要解放西安，解放南京，解放全中国，大家肯定会同意，拿延安换取全中国，这叫合算。

大家经毛泽东这么一说，一下就豁然开朗了。正所谓"欲取先与"，暂时的放弃，是为了重新获取更多更大的目标。

撤出延安前，毛泽东又说：将来人们会看到，蒋介石占领延安，绝不是他们的胜利，而是搬起石头砸自己的脚。他就要倒霉了。少则一年，多则两年，我们还要回到延安来的。

1947年3月18日晚，在国民党军进攻延安已清晰可闻的枪炮声中，毛泽东、周恩来依依不舍地告别了居住了十年的延安，开始了转战陕北的伟大历程。临行前，毛泽东对前来送行的西北野战兵团的领导干部们说：

"我军打仗，不在一城一池的得失，而在于消灭敌人的有生力量。""我们要以一个延安换取全中国。"

毛泽东转战陕北，形势是十分紧张的。南、西、北三面之强敌，越逼越近，只有东边算是"网开一面"，那是通黄河的路。毛泽东斩钉截铁地说："我们不能去那条路，我们要在这里和敌人周旋，牵敌人，磨敌人，来回和敌人兜圈子，直到最后消灭它！"

毛泽东还向全党发出留在陕北的通知，号召"用坚决战斗精神保卫和发展陕甘宁边区和西北解放区"。

一切正如毛泽东所料，胡宗南占领的延安只是一座空城，而且立即就背上了一个行动不便的大包袱。而我军却扔掉了包袱，行动灵活，牵着敌人的鼻子在陕北大转圈子。

西北野战军撤离延安后，在毛泽东的亲自指挥下，按照中央军委和毛泽东确定的"蘑菇战术"，依靠陕北优越的群众条件和有利地形，与比自己多达十倍的胡宗南、马步芳、马鸿逵的几十万军队在陕北高原周旋，不断地调动敌人，使其始终无法准确获知中共中央和西北野战军的位置，而不得不往返奔波，疲于奔命，造成补给等方面的严重困难，士气低落。

西北野战军则选择有利时机和地形，寻机歼敌，并于3月25日、4月14日及4月底5月初，连续进行了青化砭、羊马河、蟠龙镇三次歼灭战，取得了西北战场三战三捷的战绩。共歼灭胡宗南部一万四千余人，有效地策应了解放军其他战场的进攻，奠定了粉碎国民党军对陕北重点进攻的基础。

面对十倍于己的来犯之敌，在敌强我弱、力量对比悬殊之时，采取暂时的让步，不是硬着头皮死拼。敢于"将欲取之，必先固之"，不计较一城一池之得失，甚至把延安也"与"了敌军。退却必定要丧失一部分地盘，打破一些坛坛罐罐，但换取的是反攻，因此这是值得的。

毛泽东再次运用老子"欲取先与"的谋略，人地皆存，最终消灭了敌人，壮大了自己。

"欲取先与"帮助合作社

《老子》"将欲取之，必先与之"的谋略思想，可以用于战场争夺，也可以用于经济建设。

1956 年 3 月 4 日，毛泽东在国务院有关部门汇报手工业工作情况时，做了加快手工业的社会主义改造的指示。

手工业社会主义改造，通过合作化道路，把个体手工业转变为社会主义劳动群众集体所有制经济。个体手工业是以私有制和个体劳动为基础从事商品生产的一种个体经济，在中国国民经济中占有一定的地位。1952 年手工业产值占全国工业总产值的百分之二十一，农村需要的生产资料和生活资料很大部分来自手工业。

从 1953 年起，中国共产党在过渡时期总路线的指导下，决定逐步对手工业进行社会主义改造。改造采取合作化的形式和逐步过渡的步骤，从手工业生产合作小组、手工业供销合作社，再发展为手工业生产合作社。1956 年年底参加手工业合作组织的人数已占全国手工业从业人数的百分之九十一点七，基本上完成了对个体手工业的社会主义改造。

1956 年 3 月 4 日，毛泽东在《加快手工业的社会主义改造》一文中说：

> 国家调拨物资给合作社，要合理作价，不能按国家调拨价格作价。合作社和国家企业不一样，社会主义集体所有制和社会主义全民所有制有区别。合作社开始时期经济基础不大，需要国家帮助。国家将替换下来的旧机器和公私合营并厂后多余的机器、厂房，低价拨给合作社，很好。"将欲取之，必先固之"。待合作社的基础大了，国家就要多收税，原料还要加价。那时，合作社在形式上是集体所有，在实际上成了全民所有。(《毛泽东文集》第七卷，人民出版社 1999 年版，第 12 页)

毛泽东在 1953 年 6 月 15 日召开的中央政治局会议上，正式提出了党的过渡时期的总路线：“从中华人民共和国成立，到社会主义改造基本完成，这是一个过渡时期，党在这个过渡时期的总路线和总任务，是要在一个相当长的时期内基本上实现国家工业化和对农业、手工业、资本主义工商业的社会主义改造。”

至此，社会主义"三大改造"广泛开展。到1955年年底，当农业改造和工商业改造相继出现高潮并在迅速发展的时候，毛泽东又把关注点转到手工业方面，提出加速进行手工业的社会主义改造。

为什么要对手工业实行社会主义改造？这是因为，实行资本主义的结果是手工业者多数人破产，少数人发财；实行社会主义改造，即用组织合作社的方式，就可以使多数人避免破产，共同过好日子。这种改造就是要把古老的生产方式，改变为近代的生产方式。手工业合作化了，可以适应农民对生产资料和生活资料的需要，配合国家工业建设；可以提高产品质量，增加产品数量，提高生产技术，降低产品成本；可以较快地为国家培养技术工人，使手工业生产也逐步纳入国家计划。

手工业在我国有着悠久的历史。但是，绝大多数作坊一直保持着手工劳作、分散经营的状态。他们或世代相传，或家庭独营，或自成一体，无论是组织方式还是生产数量都不能和现代工业化同日而语。为此，引导个体手工业向着现代化和集体化方向发展，这是中共七届二中全会确定的方针。经过几年的努力，到1955年年底，参加手工业生产合作社的人数有了显著上升，但与农业合作化高潮的急速到来相比，还是显得滞后了。1956年3月，毛泽东在听取国务院有关部门汇报手工业工作情况时说：“个体手工业社会主义改造的速度，我觉得慢了一点儿。今年1月省市委书记会议的时候，我就说过有点儿慢。”

在手工业改造过程中，也出现了一些诸如盲目集中、一律合作、部分传统技术面临失传危险等问题。毛泽东听到这些反映后，指出：

“提醒你们，手工业中许多好东西，不要搞掉了。王麻子、张小泉的刀剪一万年也不要搞掉。我们民族好的东西，搞掉了的，一定都要来一个恢复，而且要搞得更好一些。”

尽管手工业的社会主义改造存在一定的难度，但在毛泽东主持下，经过中央讨论，认为还是应当按照我们自己改造手工业的三种形式，即由手工业生产小组到供销生产合作社，再到手工业生产合作社，逐步发展。

1956年3月4日，毛泽东在听完国务院有关部门手工业工作情况汇报后，为解决手工业改造中出现的问题做了讲话。谈了诸多问题，特别提到：

国家调拨物资给合作社要合理作价，要把手工业的供产销纳入国家计划。

在谈到"国家调拨物资给合作社要合理作价"问题时，他引用《老子》"将欲取之，必先与之"这句充满哲理的名言，以说服各级领导。

当时，部分工作人员在思想上存在轻视手工业合作社的情况。他们在调拨物资作价时，往往给国家企业以优惠，而手工业合作社却享受不到这种优惠。毛泽东对这种不公平现象很不满意，他明确要求："国家调拨物资给合作社，要合理作价，不能按国家调拨价格作价。合作社和国家企业不一样。"

毛泽东进一步解释说："合作社开始时期经济基础不大，需要国家帮助。国家将替换下来的旧机器和公私合营并厂后多余的机器、厂房，低价拨给合作社，很好。待合作社的基础大了，国家就要多收税，原料还要加价。那时，合作社在形式上是集体所有，在实际上成了全民所有。"

这种做法被毛泽东称为"将欲取之，必先与之"。在手工业社会主义改造中，将替换下来的旧机器和公私合营并厂后多余的机器厂房"低价拨给合作社"，这是"必先固之"；手工业合作社基础扩大，生产发展，"国家就要多收税，原料还要加价"，这是"将欲取之"。

毛泽东在谈话中提出的这个建议，成为各级领导干部在日后开展手工业改造这项工作的指导思想和具体参考标准。使"三大改造"中原本处于相对弱势的手工业，经过改造逐步成为地方国营企业，有不少发展成为拥有先进技术设备的大企业，在社会主义建设中发挥了重要的作用。

老子比较老实

老子的"将欲取之，必先与之"，是充满辩证精神的军事谋略、经济策略和政治韬略。它是可以研习，可以传授，可以拿到课堂来讲解，可以摆上桌面来讨论的"阳谋"。

可也有人据此认为老子是权术家和阴谋家，他所谓的"将欲取之，必先与之"，是专为对手设立陷阱。是给对手以错觉，以便出其不意地击败对手。

不可否认，老子"将欲取之，必先与之"的智谋和策略，是说要善于麻痹诱惑对手。

《老子》的思想充满着生命的智慧，但是这种智慧一旦被统治者使用又是极富有政治权术的，因而被称之为"君王南面之术"。

当然，这种权术和智谋，在某种意义上讲也可以说是阴谋。

毛泽东对这一点看得比较透彻。1964 年 8 月 30 日，他在一次谈话中又引用了《老子》这句名言，或者对人评价，或者从另外的角度加以发挥，他说：

> 我看老子比较老实，他说"将欲取之，必固与之"，要打倒你，先把你抬起来，搞阴谋，写在了书上。（陈晋：《毛泽东之魂》，吉林人民出版社 1993 年版，第 294 页；陈晋主编：《毛泽东读书笔记解析》，广东人民出版社 1996 年版，第 619 页）

毛泽东这一坦白和径直的分析，很值得人们深思和回味。

20 世纪 60 年代初，由于党内高层对国际国内形势的看法以及如何应对产生了意见分歧，导致毛泽东在党的八届十中全会上大讲阶级斗争，把我国社会一定范围内存在的阶级斗争扩大化和绝对化，提出要在实际工作中进行社会主义教育。

1963 年 2 月，在中央工作会议上，毛泽东督促各地注意抓阶级斗争和社会主义教育问题。9 月，中央根据"社教"运动的试点情况，制定了《关于农村社会主义教育运动中一些具体政策的规定（草案）》。一方面强调"以阶级斗争为纲"，另一方面又提出了"社教"运动中必须执行的正确的方针、政策。

此后，中央和地方各级机关分别派出大批工作队，在试点的基础上，在部分县、社展开了大规模的"社教"运动。1964 年五六月间的中央工作会议在讨论"社教"运动问题时，对全国基层的政治形势的严峻性做了夸大估计，提出要放手发动群众彻底革命，追查"四不清"干部在上面的根子。强调这次运动的性质是解决"社会主义和资本主义的矛盾"，提出这次运动的重点是整"党内那些走资本主义道路的当权派"等更加错误的观点。

在此期间，国际上苏共领导人挑起中苏两党论战，并把两党论战扩大为两国之间的争端，对中国施加政治、军事、经济压力。中苏在意识形态上出现分歧以及苏联对"三面红旗"的批评，在对苏共理论的意识形态界定上，使毛泽东认为苏联已经变修，因而提出了"反对修正主义"的口号。

再加上美国的"和平演变"战略以及周边形势的紧张，就促使毛泽东加紧在国内进行反修防修，并以此在党内开展"反修防修"的斗争。在一些重大的理论问题上，将本来是马克思主义、社会主义的东西当作"修正主义"、资本主义来批判，把坚持马克思主义原则的领导干部指责为"反革命修正主义分子"。60年代前期中国共产党开展的各类政治和思想斗争均是围绕着"反修防修"这个命题展开的，它的最终结果是导致了后来的"文化大革命"，使阶级斗争扩大化。

毛泽东说这番话的背景，正值"整党内那些走资本主义道路的当权派""反修防修""警惕赫鲁晓夫式的人物"的那个时期。毛泽东所关注的是政治斗争。他说的"要打倒你，先把你抬起来，搞阴谋"，显然是疑心有人把他"抬起来"，是为了"搞阴谋"，最终是为着"打倒"他。他从老子的话里，悟出这样的道理，也不奇怪。但是，这还只是一种泛指，一种估计，不能具体坐实。因为当时，把他"抬起来"最高的是林彪，可林彪此时颇受信任，毛泽东此时还想不到林要"打倒"他，他说林"为了打鬼借助钟馗"是两年以后的事情；而刘少奇此时正因社会主义社会主要矛盾、"四清"运动整顿的主要对象、农村要不要搞"三自一包"等问题与毛泽东意见分歧，他并没有把毛泽东"抬起来"。

但是，毛泽东在1964年评论"老子比较老实"，把"搞阴谋，写在了书上"，也不像毫无目的的闲聊。从《老子》品读来说，他至少觉得《老子》中有阴谋之术，多了一层理解。此时，他毕竟看到了国际国内政治斗争的复杂性。苏联赫鲁晓夫对斯大林，就搞过"抬起来"又打下去的阴谋。在斯大林生前，极力热捧；在斯大林逝世后，做秘密报告大力讨伐。50年代，党内也曾反对过"个人崇拜"。60年代初，"个人崇拜"却逐渐形成热潮。政治经验丰富的毛泽东对这些乱象做过辩证性的、两分法的观察与分析，他对《老子》"将欲取之，必固与之"的原则的重新解释，落脚到"搞阴谋"，只能说他对赫鲁晓夫一类做法有着否定的倾向性意见，也表明他预测和防范党内也出现类似状况。

毛泽东对《老子》里"将欲取之，必固与之"这句话印象很深，称这是一个"原则"。毫无疑问，这是辩证法的原则。老子朴素辩证法的这条原则，阐述的道理很深刻，在生活中也很适用。

毛泽东对《老子》这个辩证思想运用得可谓十分娴熟。他运用于军事领域，成为克敌制胜的法宝；运用于经济领域，促进了手工业的社会主义改造；运用于政治领域，使他对国际国内政治斗争的复杂性有了深刻的认知。

至于老子"将取先与"这个原则是阳谋还是阴谋，这并不取决这条原则的本身，而取决于运用者的运用动机和使用对象。毛泽东将其运用于中央苏区的反"围剿"战争、陕北解放战争和新中国初期的经济建设，显然是阳谋；将其运用于政治领域，也要具体分析，比如用这条原则观察赫鲁晓夫的两面派手段，就不能说是用错了。

第五十八章

祸兮，福之所倚；福兮，祸之所伏

《老子》第五十八章，充满辩证精神，尤其关于福祸倚伏的思想，更为精彩：

> 其政闷闷，其民淳淳；其政察察，其民缺缺。祸兮，福之所倚；福兮，祸之所伏。孰知其极？其无正也。正复为奇，善复为妖。人之迷，其日固久。是以圣人方而不割，廉而不刿，直而不肆，光而不耀。

大意是：国家在政治上宽容，人民就淳朴忠厚；国家在政治上严苛，人民就会精明狡诈。灾祸啊伴随着幸福，幸福啊埋伏着灾祸。谁能知道它们究竟是祸还是福呢？它们并没有确定的标准。正可转化为邪，善可转化为恶。人们对此迷惑，已经由来已久。因此，圣人言行方正而不生硬，有棱角而不伤害别人的尊严，行为正直而不放肆，光明而不炫耀。

"倚"是依赖、倚靠；"伏"是埋伏、潜伏。"祸福倚伏"说明福祸之间相互依存的关系。用现在的话说就是，好事能变成坏事，坏事能变成好事。好与坏互为因果。

老子认为，在人类生活中，福常常潜伏着祸的根子，祸常常包含着福的因素，祸与福相依相生。这种祸福相因的认识，体现了朴素的辩证法的思想，它说明一切事物都包含有正与负、好与坏两个方面，都是在对立中转化，在对立中生存。

虽然老子的辩证法思想也有缺陷，例如，他认为祸福变换无端，不可捉摸，因此落入了相对主义。但是它仍可提示我们，要用辩证的方法去观察问题、分析问题和解决问题。

"祸兮，福之所倚；福兮，祸之所伏"是一句充满智慧的著名的哲学命题。老子认为相反的事物可以相互转化，他认识并揭示了对立双方转化的现象和规律。

但是，矛盾的转化并不是自然发生的，必须在一定的外部条件下才能进行并得以实现，正是在这个问题上，老子没有深入论述，反映了他的思想局限性。

福祸倚伏，互相转变

红军长征到达陕北后，从 1936 年 11 月至 1937 年 4 月，毛泽东认真阅读了苏联著名哲学家西洛可夫、爱森堡等六人合著的《辩证法唯物论教程》一书。

《辩证法唯物论教程》这部教科书，作者都是批判德波林的积极分子，时称"少壮派哲学家"。1931 年出版于苏联。这是苏联哲学界批判德波林学派之后写作较早、影响较大的一本书。1932 年 3 月，日本学者将它译成日文在日本出版。1932 年 9 月，我国著名马克思主义哲学家李达和他的学生雷仲坚通过日文本转译成中文，由上海笔耕堂出版，为竖排本。李达在"译者例言"中称，这本书是苏联"最近哲学大论战的总清算，是辩证法唯物论的现阶段，是辩证法唯物论的系统说明"。这是译成中文的第一部苏联哲学教科书，在中国颇有影响，受到中国理论界、学术界的高度重视。

美国记者斯诺在他的《西行漫记》中说过：

"毛泽东是个认真研究哲学的人。我有一阵子每天晚上都去见他，向他采访共产党的党史，有一次一个客人带了几本哲学新书来给他，于是毛泽东就要求我改期再谈。他花了三四夜的工夫专心读了这几本书，在这期间，他似乎是什么都不管了。"

事实确实如此，在哲学这块知识领域中，毛泽东花大力气系统研究了大量的哲学著作。他读哲学书的范围不仅限于马克思主义的哲学，而且也读过一些像斯宾诺莎、康德、歌德、黑格尔、卢梭等人的著作，以及中国古代哲学家的著作和当代国外哲学家的著作。其中《辩证法唯物论教程》

是毛泽东在延安时期精读过的一本哲学教科书。

毛泽东读的是 1935 年 6 月的第三版和 1936 年 12 月的第四版《辩证法唯物论教程》。1936 年 8 月 14 日，他在致新民学会会员易礼容的信中说："我读了李之译著，甚表同情，有便乞为致意，能建立友谊通信联系更好。"信中所指译著，即李达、雷仲坚合译的《辩证法唯物论教程》。

毛泽东对此书异常重视，约有半年时间，他多次阅读此书。这从他所做的大量的批注中可以看出。

毛泽东对此书的重视不是偶然的。当时，中国革命正处于十分紧要的历史关头。在第二次国内革命战争时期，党内先后出现了三次"左"倾错误。特别是王明为代表的"左"倾教条主义在党内的统治达四年之久。教条主义者长期拒绝中国革命的经验，不是把马克思主义当作行动的指南，而是当作僵死不变的、到处套用的教条；他们不顾中国革命的实际情况，照搬照套外国经验和共产国际的指示，给中国革命带来的教训是沉痛的。

红军到达陕北后，教条主义错误并没有来得及彻底清算，还在严重影响着一些同志。当时，中国革命处于由国内战争向抗日战争的转变。在这种十分复杂、变化动荡的新形势下，从理论上纠正和消除教条主义等错误思想方法的影响，提高全党的马克思主义理论水平，以担负起新的历史重任，就显得十分必要了。所以，毛泽东在得到西洛可夫和爱森堡等人撰写的这部阐发辩证法唯物论的重要书籍之后，不能不在繁忙的工作中，抽出时间，潜心研读。

《辩证法唯物论教程》一书近六百页，二十七万字，毛泽东在潜心研读时对这本书的部分章节批注了四遍。第一、二遍是用黑铅笔批注的，第三遍是用红蓝铅笔批注的，第四遍是用毛笔批注的。第一次铅笔批画，每页都有，最后一次用毛笔批画文字较多。在《辩证法唯物论教程》（第三版）中毛泽东的批语有万余字，其中最长的一条批语，有一千二百字左右。

据有"儒将"之称的郭化若回忆：西安事变后，他在毛泽东办公室内，曾看到桌上放着一本《辩证法唯物论教程》，翻开一看，开头和其他空白处都有墨笔小字和旁批……毛泽东的批注，可分为文字批语和读书符号两大类。除批注文字外，在书的原文中，还画了直线、曲线、曲线加直线、二直线、圈点、双圈、三圈等符号，对此书从头到尾都做了批注、圈点和勾画。几乎成了毛泽东批注文字最多的一本书。

万余字的批语，凝聚了毛泽东许多的哲学思考。

毛泽东在精心研读基础上写下的批语，既有对原文内容的复述、归纳概括和发挥，也有他联系中国革命实践写下的学习心得和研究成果。这些旁批后来发展成为毛泽东的光辉著作《实践论》和《矛盾论》的主要观点和内容。

《辩证法唯物论教程》共六章，第三章是《辩证法的根本法则——由质到量的转变及其反面的法则》，其第六节《对立的相互渗透》中写道：对立的一方面如没有他一方面就不能存在。毛泽东读至此批注："对立的方面互为条件，一方存在他方才能存在。"原文写道："对立的相互渗透，一个对立向他一对立的转变，存在于一切过程之中。为要暴露及指责这种相互渗透的性质，必须具体地分析过程。"写到这儿，作者列举了苏联社会发展中几个例证，然后说："在民族文化和国际关系的交互关系的问题中，也有与此同样的相互渗透。我们使民族文化发展，但是那种发达，同时是使民族文化死灭、是准备融合民族文化为一个共同的国际社会主义文化的条件。"对立的统一及互相渗透，"使得多数派能够在民族问题的领域中，建立坚固不拔的要塞，反映着生动的真理"。

毛泽东读至此，批语中引用了老子"祸兮福之所倚，福兮祸之所伏"这一著名的哲学命题，对《辩证法唯物论教程》中的观点加以发挥，写下了一条长批：

> 游击战争与正规战争，保存游击性与克服游击性；分配土地的土地私有与准备转变为社会主义；共产党的民族性与国际性；民主主义革命与社会主义革命；爱国主义与国际主义；战争与和平，和平与战争；同资产阶级联盟与克服资产阶级的动摇叛变；共产党同国民党妥协，正是加强共产党的独立性；军队的休息训练，同时即是加强战斗力；退却与防御，同时即是准备进攻；良药苦口，同时却利于病；忠言逆耳，同时却利于行；羊肉好吃，无奈烫的（得）慌；玫瑰花儿可爱，刺多扎手；佳人却可倾国；祸兮福所倚，福兮祸所伏；都是互相渗透、互相转变的对立。一切对立都是这样的。（《毛泽东哲学批注集》，中央文献出版社1988年版，第77—78页）

批语中毛泽东一连举了十五个例子来说明"对立的相互渗透"。其中前九个例子是现实中的，后六个例子是历史中的，最后一个例子则出自《老子》第五十八章。这些例子说明：对立面"都是互相渗透、互相转变的对立。

一切对立都是这样的"。

从毛泽东的批语可以看出，他的一些理论观点，既源于苏联哲学教科书，又高于和深于教科书。这个高于和深于的基础，就包括吸收中国古代哲学丰富的辩证思维成果。在批语中毛泽东引用《老子》"祸兮福之所倚，福兮祸之所伏"这一著名哲学命题，说明对立的事物可以相互转化。对立的双方既相互渗透，又相互转化，在对立中转化，在对立中生存。这坚定和巩固了毛泽东运用对立统一规律看待事物的哲学观。

老子说过：祸福相生

《老子》"祸福倚伏"的辩证观点，不仅帮助毛泽东确立事物对立统一互相转化的哲学思想，而且启迪毛泽东正确处理社会主义社会人民内部矛盾的问题，尤其是正确看待和妥善处理少数人"闹乱子"的社会矛盾。

1956年之后，我国进入了一个新的历史时期，此时的国际国内形势都发生了重大的变化。在国际上，苏共二十大召开和"波匈事件"的发生，给国际共产主义运动事业带来了巨大的波折。

苏共二十大暴露了斯大林的肃反扩大化、对内搞个人崇拜、对外搞大国沙文主义等错误，也暴露出苏联社会主义社会中存在的一系列矛盾和缺陷，这在一定程度上起了解放思想的作用，有助于后来各社会主义国家的改革和借鉴。

波兰和匈牙利还发生了部分群众反对政府的事件。帝国主义和各国反动势力也乘机掀起了反社会主义的浪潮，利用斯大林的问题否定和攻击社会主义制度，并且以各种方式插手社会主义国家的群众性骚乱。

在国内，经济建设中出现了生产资料和生活资料供应紧张的情况，一些社会矛盾随之凸显出来，甚至进一步激化。由于社会主义制度刚刚建立，需要有一个巩固和完善的过程；党从长期的战争环境转入和平时期，对于领导社会主义建设还缺乏经验，也需要一个熟悉和探索的过程。

因此，在一些新的社会矛盾和问题出现以后，不少党员干部缺乏必要的思想准备，不能正确认识和处理。一些干部存在严重的官僚主义和主观主义，更不善于正确处理人民内部出现的一些问题，加上国际环境的消极影响，迫使一些地方出现了学生罢课请愿、工人罢工、农民退社等事件。这些"乱子"的产生，主要原因是领导上的官僚主义和对于群众缺乏教育。

面对国际国内的复杂情况，如何正确认识和处理社会主义社会的各种矛盾，正确地从理论上加以总结和概括，以便及时总结经验，继续推进社会主义建设事业的发展，就成为当务之急。

1957 年 2 月，毛泽东在最高国务会议第十一次（扩大）会议上，对社会主义社会的矛盾问题发表了长篇讲话，做了系统的论述，即后来定名为《关于正确处理人民内部矛盾的问题》的报告。

报告阐述了十二个问题，贯穿全文的基本思想是：把正确区分和处理人民内部矛盾，作为社会主义国家政治生活的主要内容。毛泽东全面地分析了各种类型的人民内部矛盾，系统地论述了正确处理各种矛盾的方针政策。在论述第十个问题"坏事能否变成好事"时，毛泽东引用《老子》第五十八章"祸兮福之所倚，福兮祸之所伏"这句格言，用来说明对立双方不断转化的道理。

在讲话中，毛泽东说：

> 我们必须学会全面地看问题，不但要看到事物的正面，也要看到它的反面。在一定的条件下，坏的东西可以引出好的结果，好的东西也可以引出坏的结果。老子在两千多年以前就说过："祸兮福所倚，福兮祸所伏。"日本打到中国，日本人叫胜利。中国大片土地被侵占，中国人叫失败。但是在中国的失败里面包含着胜利，在日本的胜利里面包含着失败。历史难道不是这样证明了吗？（《毛泽东文集》第七卷，人民出版社 1999 年版，第 238 页）

这个报告，后来毛泽东根据当时记录加以整理，作了若干重要的补充和修改，1957 年 6 月 19 日在《人民日报》上发表。

毛泽东在报告中引用《老子》"祸兮，福之所倚，福兮，祸之所伏"的辩证思想和抗日战争的历史事实，来强调事物的矛盾转化的观点。尽管他不赞成群众闹事这样的坏事，但同时他又认为，"这种事件发生以后，又可以促使我们接受教训，克服官僚主义，教育干部和群众，从这点上来看，坏事也可以转变成为好事。乱子有二重性。我们可以用这个观点去看待一切乱子"。

接下来，他借用匈牙利事件和 1956 年下半年发生的反共反人民的世界性的风潮，用以证明这种观点。毛泽东认为，尽管匈牙利事件不是好事，但由于匈牙利的同志们在事件的发展过程中间处理得正确，结果匈牙利事件由坏事转变成了一件好事。匈牙利现在比过去巩固了，社会主义阵营各国也都得到了教训。毛泽东指出，匈牙利事件的发生，是因为有内外反革命因素在起作用的缘故。社会主义国家内部的反动派同帝国主义者相勾结，利用人民内部的矛盾，挑拨离间，兴风作浪，企图实现他们的阴谋，对此必须引起注意。就我国而言，为了从根本上消灭闹事的原因，必须坚决地克服官僚主义，很好地加强思想政治教育，恰当地处理各种矛盾。总之，两类不同性质的矛盾是可以互相转化的，关键是要处理得当。

对 1956 年下半年发生的反共反人民风潮，毛泽东同样指出这件坏事背后的好事："它教育了和锻炼了各国共产党和工人阶级……那些动摇分子不愿意继续干下去了，退走了，大多数坚定的党员更好团结奋斗，为什么不好呢？"

毛泽东还列举抗日战争的历史事实，他说：日本人打到中国，日本人叫胜利。中国大片土地被侵占，中国人叫失败。但是在中国的失败里面包含着胜利，在日本的胜利里面包含着失败。

为此，毛泽东要求人们必须学会全面地看问题。所谓全面地看问题，就是对一件事情不光要看到它有利的一面，还要看到它不利的一面，以增强危机感，保持头脑清醒。同样，既要看到不利的一面，也要看到有利的一面，以增强自信心，鼓舞斗志。全面地看问题，不但要看到事物的正面，也要看到它的反面。因为在一定的条件下，坏的东西可以引出好的结果，好的东西也可以引出坏的结果。这是受中国古代先哲老子"祸福倚伏"思想启发，在处理现实社会矛盾时得出的新认识。

毛泽东把事物矛盾转化的观点发挥得淋漓尽致，运用得妙不可言。至今，人们在出了事故、惹出麻烦、弄出乱子时，还常常说：好事可以变成坏事，坏事也可以变成好事。可见，真理性的认识是有着永恒的魅力的！

第六十七章

不敢为天下先

《老子》第六十七章说：

> 我有三宝,持而保之：一曰慈,二曰俭,三曰不敢为天下先。慈,故能勇;俭,故能广;不敢为天下先,故能成器长。今舍慈且勇,舍俭且广,舍后且先,死矣!

这段话大意是说：我有三样法宝,小心地掌握并保存着。一是慈爱,二是节俭,三是不敢在天下争先。慈爱,所以才能勇往直前;节俭,所以才能用处广大;不敢在天下争先,所以才能成为万物之长。现在如果舍弃慈爱而勇往直前,舍弃节俭而广为使用,舍弃退让而去争先,那就必死无疑了。

老子说明人应具备的三大德行：慈爱、节俭、不敢为天下先。慈爱则不凶残,节俭则不放纵,谦让则不争夺,这正是老子有感而发,一再强调的圣人具有的品德修养。

这里,强调三者在军事、政治生活中的积极作用,显然是针对当时残酷无情的暴政和烧杀抢掠的战争而言。

"不敢为天下先"就是老子经常提到的"不争先"。不争先是一种美德,老子自有说明,它的基本精神是不出头,不抢先,以退为进,后发制人。所以老子认为能退守才算勇敢,能收缩才算展开,不出头抢先才能走在最前面。

这里有辩证法思想。不能把"不争先"理解为退缩不前,不求进取。

不争先用现代的话说略等于谦让，谦让的基础是先人而后己的修养，也不是表面的虚套。

"不敢为天下先"，毛泽东将其作为一种战略和斗争策略，广泛地应用于革命战争和社会生活，发挥了重要作用。

老子哲学叫作"不为天下先"

从公开披露的文献材料上看，毛泽东运用老子"不敢为天下先"的策略，起始于抗日战争中的第二次国共合作。

九一八事变后，中日民族矛盾逐步上升为主要矛盾。为挽救民族危亡，国民党和共产党这两大政党先后调整各自政策。1935年，中国共产党发表了《八一宣言》，特别是瓦窑堡会议关于建立抗日民族统一战线的决议贯彻之后，国共谈判从秘密到公开，从互相格斗到西北大联合，国民党五届二中全会对日寇的态度也起了积极变化。

西安事变的发生与和平解决，更加成了时局转换的枢纽，国内和平初步形成。为了促进中国共产党同蒋介石国民党合作，使抗日局面早日实现，中共中央于1937年2月致电国民党五届三中全会，提出"停止一切内战，集中国力，一致对外；保障言论、集会、结社之自由，释放一切政治犯；召集各党各派各界各军的代表会议，集中全国人才，共同救国；迅速完成对日抗战之一切准备工作；改善人民的生活"等五项要求。同时提出"在全国范围内停止武力推翻国民党政府的方针；工农政府改名为中华民国特区政府，红军改名为国民革命军；在特区内实施普选的民主制度；停止没收地主土地的政策"等四项保证。

宋庆龄、何香凝、冯玉祥等响应中国共产党关于国共合作联合抗日的建议，他们提出了恢复孙中山联俄、联共、扶助农工三大政策的紧急议案。国民党五届三中全会，实际上通过了接受国共合作的决议。全面抗战爆发后，中国共产党为达成国共第二次合作又做了巨大努力。1937年7月15日，中共中央将《中国共产党为公布国共合作宣言》送交国民党中央。宣言中提出了发动全民族抗战、实现民主政治、改善人民生活等抗日的基本主张；重申四项保证为国共合作的政治基础。但是，蒋介石迟迟不予公布。经过双方代表多次谈判，蒋介石才被迫接受国共团结抗日、红军改编为八路军等项建议。9月22日，国民党中央通讯社正式发表了中国共产党关于国共合作的宣言。9月23日，蒋介石发表了实际承认中国共产党合法地位的谈话，标志着第二次国共合作的形成。

然而，蒋介石和国民党内的反共顽固派在日寇诱降的政策作用下，消极抗战，却不时策动各种破坏抗日民族统一战线、反对共产党和进步势力的反动行为。包括故意制造各种纠纷的一般摩擦，对共产党领导的抗日军队的军事进攻等，尤其是接连发动了三次反共高潮。

这就迫使共产党必须与之斗争，坚持抗战、团结和进步的方针，从政治上、军事上对国民党的反共摩擦进行有理、有利、有节的斗争和回击，使内战局限在狭小范围，及时地制止了分裂与摩擦，坚持了国共两党的合作，保证了抗战的胜利。

1940 年到 1941 年，在打退国民党第一次和第二次反共高潮中，毛泽东先后发表了《目前抗日统一战线中的策略问题》《论政策》和《关于打退第二次反共高潮的总结》等文章，总结了与国民党又联合又斗争的经验，制定了一整套正确处理统一战线内部关系的根本策略原则。如毛泽东 1940 年 12 月在《论政策》中指出，在第一次大革命后期，是一切联合，否认斗争；而在土地革命后期，则是一切斗争，否认联合。抗日民族统一战线的政策是综合联合和斗争两方面的政策。具体地说：（一）在统一战线中必须坚持既统一又独立的政策；（二）在军事战略方面是独立自主的游击战争，基本是游击战，但不放松有利条件下的运动战；（三）在与顽固派斗争时，是利用矛盾，争取多数，反对少数，各个击破，是有理、有利、有节；（四）在敌占区和国民党统治区，组织形式和斗争形式采取隐蔽精干、长期埋伏、积蓄力量、以待时机的政策；（五）对于国内各阶级相互关系的基本政策，是发展进步势力，争取中间势力，孤立反共顽固势力。

1942 年 5 月，毛泽东又指出，在统一战线里面，只有团结而无斗争，或者只有斗争而无团结，都是错误的政策。又联合又斗争，是唯物辩证法的对立统一规律在处理统一战线内部矛盾中的具体运用。斗争是团结的手段，团结是斗争的目的；以斗争求团结则团结存，以退让求团结则团结亡。又联合又斗争的策略原则，对于处理统一战线内部关系具有普遍指导意义，掌握又联合又斗争的策略原则，就能避免在统一战线问题上犯"左"倾、右倾两个方面的错误。

随着抗日战争的节节胜利，党的处理统一战线内部矛盾的各项政策和策略也完善成熟起来。1945 年 4 月 23 日，在延安杨家岭的中央大礼堂召开了中国共产党第七次全国代表大会。七大开幕的第二天，即 4 月 24 日，毛泽东在向大会提交了《论联合政府》的书面政治报告的同时，首先向大会做了口头报告。

在口头报告中，谈到抗战以来处理国共关系和抗日民族统一战线内部矛盾时，他说：

> "我和国民党的联络参谋也这样讲过，我说我们的方针：第一条，就是老子的哲学，叫作'不为天下先'。就是说，我们不打第一枪。第二条，就是《左传》上讲的'退避三舍'。你来，我们就向后转开步走，走一舍是三十里，三舍是九十里，不过这也不一定，要看地方大小。我们讲退避三舍，就是你来了，我们让一下的意思。第三条，是《礼记》上讲的'礼尚往来'。来而不往非礼也，往而不来亦非礼也，就是说'人不犯我，我不犯人；人若犯我，我必犯人'。还在1939年我们就提出了这个口号，现在还是这个方针。"（《毛泽东文集》第三卷，人民出版社1996年版，第326页）

毛泽东在口头报告中把《老子》"不敢为天下先"的思想，称之为"老子的哲学"。这是毛泽东对老子朴素辩证法的又一次新的评论和借鉴。

在现实生活中，大凡为国为民的事情，皆人人争着向前，不甘落后，因为人们都懂得"不敢居后"的道理。老子遵循他的朴素辩证法思想，从反面提出了另外一条处世哲学——"不敢为天下先"。这是一种"进道若退"（第四十一章）的生活原则。从表面上看，有德之人谦退居下，"不敢为天下先"，这是"若退"；从本质上看，"退"是为了"进"，"退"是"进"的一种手段。所以，"圣人后其身而身先，外其身而身存"（第七章）。"后其身"是说圣人在一事当前，总是把自己放在后边，把他人放在前边，这样反而得到了民众的尊敬，愿意推举他做领袖，于是跃居于所有人的前边。"外其身"是指把自己放在考虑之外，替他人着想，不考虑自己。正因为如此，反而得到了民众的热爱，民众就会共同来保全他。故古代帝王常以"孤""寡"自称，这是谦退居下的表现。

"不敢为天下先"这种谦恭居下的态度，以及它所体现的斗争原则和策略，老子用来处理邦国与邦国之间的关系。因为老子所处时代是春秋末战国初，周天子已失去控制天下的能力，诸侯割据，各诸侯国都面临图强发展的问题。老子说："大国以下小国，则取小国；小国以下大国，则取大国。故或下以取，或下而取。大国不过欲兼畜人，小国不过欲入事人。夫两者各得其所欲，大者宜为下。"（第六十一章）这是说，邦国与邦国相处，大国如能以谦下的态度对待小国，就可以取得小国的归附，增强自己的势力范围；小国如能以谦下态度对待大国，就能取得大国的信任，得到大国的庇护，以求生存。大国与小国都可以得到自己想要的东西，双方都能够满足自己的愿望。但小国谦下容易，而大国则往往恃大而骄。所以老子着重强调"大国者下流"，大国应主动采取谦下的态度，这是很有道理的。

"不敢为天下先"的原则运用于战争，老子主张，"吾不敢为主而为客，不敢进寸而退尺。"（第六十九章）大意是说，我不敢主动采取攻势，而宁愿采取守势；我不敢主动前进一寸，而宁愿后退一尺。在老子看来，主动出击去攻击别人，这本身在道德仁义上就输给了对方，这对自己是极其不利的。主动进犯别人，即便是微不足道的一寸，都会被对方视为凌辱，随时有遭受反击的可能，所以应极力避免主动进犯别人；如果我们能够主动后退一尺，我们表现出的是谦让和宽容的态度，虽然仅仅的一尺，却很容易感化对方，对方也会以退让相待。所以，老子"不敢为天下先"，主张以退为进的方针、策略，在军事方面则集中体现为以守为主、以守取胜的防御思想。

毛泽东把与国民党反共摩擦进行斗争的第一条战略原则用老子"不敢为天下先"的格言表述出来，意思是双方矛盾时绝不先打第一枪，也就是在以斗争求团结时，达到有理、有利、有节的目的。毛泽东在《目前抗日统一战线中的策略问题》中提出："有理"即自卫的原则，人不犯我，我不犯人，人若犯我，我必犯人。这就是斗争的防御性。"有利"即胜利的原则。不斗则已，斗则必胜，绝不可举行无计划无准备无把握的斗争，应择其最反动者先打击之，这就是斗争的局部性。"有节"即休战的原则，在一个时期内，把顽固派的进攻打退之后，在他们没有举行新的进攻之前，应该适可而止，使这一斗争告一段落。在接着的一个时期中，双方实行休战，同顽固派讲团结，绝不可无止境地斗下去，这就是每一斗争的暂时性。三项原则是毛泽东的机动灵活的战略策略思想在抗日战争国共合作的新的历史条件下的具体运用和进一步发展。

"不敢为天下先"，就是"不争先"，"进道若退"，以退为进，以守为攻，以缩为展，谦让居下。看似弱，实则强；视之退，实则进。甘居下，才能处上；不抢先，才能走在最前面。其具有朴素的辩证法思想，毛泽东评论为这就是老子的哲学。

老子主义是后发制人

在中共七大的结论报告中，毛泽东又一次提到老子的"不敢为天下先"，称其为"老子主义"。

对于老子"不敢为天下先"的以退为进的斗争策略，毛泽东是十分欣赏和赞同的。他在中共七大口头报告中提到这句话之后，又在 5 月 31 日七大的报告结论中，再次引用《老子》这句古语具体阐述道：

> 我曾经同国民党的联络参谋讲过，我们的原则是三条：第一条不打第一枪，《老子》上讲"不为天下先"，我们不先发制人，而是后发制人。第二条"退避三舍"，一舍三十里，三舍九十里，这是《左传》上讲晋文公在晋楚城濮之战中的事，我们也要采取这样的政策。第三条"礼尚往来"，这是《礼记》上讲的，礼是讲究往来的，"来而不往非礼也，往而不来亦非礼也"，你来到我这里，我不到你那里去，就没有礼节，所以我们也要到你们那里去。我叫国民党的联络参谋把这三条告诉胡宗南，希望他们也采取"不为天下先"、"退避三舍"、"礼尚往来"的政策，这样就打不起来。他们不喜欢马克思主义，我们说：这是老子主义，是晋文公主义，是孔夫子主义。(《毛泽东文集》第三卷，人民出版社 1996 年版，第 389 页)

中国共产党第七次全国代表大会，是在世界反法西斯战争和中国抗日战争即将取得胜利的前夜，在中国面临着两种前途、两种命运斗争的关键时刻，为了团结全党全国人民，争取光明的前途，彻底打败日本侵略者，建立独立、自由、民主、统一与富强的新中国，在延安召开的。

在中共七大上，在讲到党的"政策方面的几个问题"时，毛泽东具体谈了"关于国民党"这一问题。他指出：

"对国民党我们尖锐地批评它，但也很客观，并没有超过他们的实际。""我们一方面是尖锐地批评，另一方面还要留有余地。这样就可以谈判、合作，希望他们改变政策。""我们给国民党留有余地，就不会犯错误；如果不留余地，实际的结论只有一条，就是'打倒'，那我们就会犯政治上的错误。"

毛泽东接着谈到关于自卫与反击的问题。他说：

我们要站在自卫的立场反击国民党的进攻，一个是自卫，一个是反击。一切国民党的大小进攻，必须给予反击，给予回答。不论是文的也好，武的也好，特别是武的，只要它进攻，就要把它消灭干净。我们曾经提出，要坚决、彻底、干净、全部消灭之。我和国民党的联络参谋也这样讲过，我说我们的方针：第一条，就是老子的哲学，叫作"不为天下先"。就是说，我们不打第一枪。这是我党的一贯方针。

毛泽东认为对于国民党的进攻，我们是站在自卫立场上反击的。超过这个自卫的立场，我们就要犯错误。但有些同志劲儿来了，就忘记了这一点，这是不好的。基本是自卫的立场，有了这样的立场，就不会犯错误。自卫就是有理，局部就是有利，暂时就是有节，这就是有理、有利、有节。违反了这个方针，就会犯错误。

5 月 31 日，毛泽东在党的七大的结论报告中，在谈到国民党军队进攻解放区时我们所应采取的立场、方针时，再次引用《老子》"不为天下先"这一古语，强调我党对敌斗争所坚持的原则和策略。因为进入 1945 年，中国已经坚持了十四年抗战。在中国人民即将取得抗日战争胜利的前夜，蒋介石要下峨眉山摘桃子，要抢占抗战胜利的成果，要时刻准备发动全面内战。毛泽东在报告中指出：我们要用各种方法制止内战。现在的揭露就是一种方法，我们要经常揭露，在大会文件上、在报纸上、在口头上揭露。此外，还要用别的办法来制止内战。内战越推迟越好，越对我们有利。抗战十四年以来，我们的政策就是使蒋介石既不能投降又不能"剿共"。我们的政策还要这样继续下去，使他不敢轻易地发动内战，但是我们要准备他发动内战。

毛泽东认为如果蒋介石果真发动内战，我们用各种方法也无法避免的话，那我们就采取有理、有利、有节的斗争方针。

毛泽东接着说：对于国民党，我们就是采取有理、有利、有节的自卫原则。不打第一枪这个原则我们要谨记，从一个时期来看好像不一定有利，但从长远来看则是很有利的。当然到了该打的时候，就要坚决、彻底、干净、全部消灭之。这就是毛泽东始终强调的"人不犯我，我不犯人；人若犯我，我必犯人"的斗争原则。

应当说在抗日战争中，毛泽东和党中央就制定了有理、有利、有节与国民党又团结又斗争的战略方针。有理，就出自《老子》中的"不敢为天下先"，也就是后发制人，不先发制人，使我们在道义上占据有利地位，人心所向，而敌人则人心所背。这种战略策略对我们取得抗日战争的胜利起到了很好的作用。

中共七大上毛泽东第二次引用老子"不敢为天下先"的名言，其意义已经不是回顾建立抗日民族统一战线的经历和经验，而是预测抗战胜利后国民党挑起内战的可能性，以及我党我军的应对策略和原则。"不敢为天下先"，不开第一枪的谋略，显然有利于争取舆论支持，争取民心向我，争取战略主动态势。

老子有句话是说"不为天下先"

党的七大闭幕后，抗战全面胜利到来的前夜，有一位英国记者访问了延安。他约毛泽东进行访谈，毛泽东与他对话，有一大段谈话是国共关系问题，抗战胜利后国民党挑起全面内战的可能性问题。

那位英国记者问："倘若战后国共双方没有取得谅解，而国民党军队要攫取中共领导的军队所解放而且在新民主主义行政之下的区域的时候，共产党怎么办呢？"

毛泽东说：

> 我要用去年我告诉蒋介石的驻延安联络官的话来回答你。那时胡宗南的国民党军队准备进攻这个边区。重庆一向指责我们用非中国的和马克思的名词讲话，我说我同样能够用国民党喜欢用的中国经典上的成语来表达我想告诉他的意思。第一，我要提醒他，老子有一句话是说"不为天下先"，这个意思就是说我们决不发第一枪。第二，我从中国古史上再引一句著名的谚语，"必不得已，则请退避三舍"……（舒云：《红都纪事》，河南人民出版社1996年版，第2页）

抗日战争胜利后，果然应验了那位英国记者所言，国共双方并没有取得谅解。蒋介石在美帝国主义的支持下，一面派出军队抢占胜利果实，大量抢占地盘，收编伪军，扩充实力；一面调兵遣将，积极准备内战。

同时，又迫于各方压力，不得不玩弄起"和谈"阴谋，以欺骗全国人民和世界舆论。于是三次电邀毛泽东赴重庆举行谈判。为了揭露美帝国主义和蒋介石的真面目，为了实现全国人民希望的和平建国，毛泽东置个人安危于不顾，从民族利益出发，亲赴重庆同国民党进行和谈。经过长达四十多天的反复斗争，国共双方终于签订了《双十协定》。然而，这次纸上得来的"和平"，很快就被蒋介石发动的全面内战打破了。

1946年6月，蒋介石在军事部署基本就绪后，背信弃义撕毁了与共产党签订的《双十协定》和停战协议，悍然挑起全面内战，指挥八十万军队大举进攻共产党掌控的解放区，妄图在三至六个月内消灭共产党和人民武装。国民党军也算是旗开得胜，一鼓作气地占领了一百〇五座城市。但不久国民党在全国各个战场上频频失败，付出了七十多万兵力的昂贵代价后，显出兵力不足。

于是，蒋介石采取召开所谓的"国大"、驱逐中国共产党代表以及重点进攻的疯狂步骤。也就是说，不得不改变气势汹汹的"全面进攻"，进而改为"重点进攻"。重点进攻的对象一个是山东，另一个就是中共中央所在地延安。这时候，一直包围延安的胡宗南部队，经过八年的养精蓄锐后，这次终于有了用武之地。一向处于抗战后方，原本和平的延安顿时处在紧急战备状态。蒋介石把西安绥靖公署主任胡宗南召到南京，面授重点进攻延安的机宜。接着蒋介石又飞到西安，策划进犯延安。上百架美制战斗机、轰炸机、运输机，已在西安和西安附近的户县以及太原和郑州的机场集中，由国民党空军副总司令王叔铭亲自坐镇西安指挥。

1947年3月初，蒋介石在西北地区调集了三十四个旅共二十三万兵力从南、西、北三面进攻陕甘宁解放区。而我军在陕北只有二万五千人，面对十倍于己的来犯之敌，怎么办？蒋介石是想以闪电般的速度占领延安。能消灭中共中央机关更好，消灭不了，就把他们赶过黄河。然后腾出胡宗南的这支生力军投入华北和东北战场。

为了拖住敌人，打乱蒋介石的如意算盘，毛泽东和中央军委果断决策暂时放弃延安，主动撤离延安，诱敌深入，然后在运动中歼灭敌人。撤离延安，但不放弃陕北，也就是说不过黄河，要在陕北这块土地上拖住胡宗南，直到最后消灭他；绝不能让胡宗南部队增援其他战场。

在放弃延安前，毛泽东起草的对党内的指示中就指出：蒋介石破坏停战协定，在东北占我四平、长春等地之后，现在向我华东、华北大举进攻，将来亦有可能再向东北进攻。我们只有在自卫战争中彻底粉碎蒋介石的进攻之后，中国人民才能恢复和平。毛泽东认为面对强大的国民党军进攻，暂时放弃若干城市，不但是不可避免的，而且是必要的。暂时放弃若干地方若干城市，是为了取得最后胜利，否则就不能取得最后胜利。此点，应使全党和全解放区人民都能明白，都有精神准备。

这是毛泽东所坚持的策略和斗争原则。不打第一枪，是毛泽东灵活运用《老子》中的"不敢为天下先"，即不先发制人，而是后发制人。这里的意思也就是先弃后取、先退后进、先让后争，采取有理、有利、有节的斗争策略。实践证明这个战略决策是非常富有远见的。

共产党"不为天下先"，国民党发动内战，打了第一枪，就在全国全世界人民面前输了理。解放军经过艰苦作战消耗敌人有生力量，又主动退出延安，胡宗南所占领的延安只是一座空城，而且立即就背上了一个行动不便的大包袱。

1947年4月9日，毛泽东为中共中央起草了放弃延安的文件。这时，已经放弃延安有二十天了。毛泽东再次强调说：我党中央和人民解放军总部必须继续留在陕甘宁边区。此区地形险要，群众条件好，回旋余地大，安全方面完全有保障。

毛泽东转战陕北是从1947年3月到1948年3月，历时一年零五天。毛泽东在那一年零五天的时光里，风风雨雨，跋涉了陕北十二个县的三十七个偏僻村庄，终于从步步踏着险情中走上了坦途。撤出延安的时候，毛泽东有一个预言。他说：少则一年，多则二年，我们还是要回来的，回到属于人民的延安。1948年3月初，西北野战军的宜川瓦子街大捷从根本上改变了西北战场上的形势，延安的敌人弃城逃跑了。仅仅过去一年零一个多月的时间，毛泽东的预言就完全实现了，延安又回到了人民的手里。

毛泽东就是不上敌人的当，始终不过黄河。也正因为毛泽东和中央机关在陕北拖住了胡宗南这个蒋介石的最大的预备队，解放军在全国各个战场才能捷报频传。

无论是放弃延安，还是转战陕北，毛泽东采取的都是先弃后取、先退后进，有理、有利、有节的斗争策略。这点充分体现了《老子》"不敢为天下先"的谋略思想。

还要看到，毛泽东用《老子》《左传》和《礼记》中的古语来表达与国民党相处的策略，本身也是非常策略的，他在中共七大上和与英国记者的谈话中说：

他们不喜欢马克思主义，我们说：这是老子主义，是晋文公主义，是孔夫子主义。

重庆一向指责我们用非中国的和马克思的名词讲话，我说我同样能够用国民党喜欢用的中国经典上的成语来表达我想告诉他的意思。

对革命队伍的人用"马克思的名词"讲话，对国民党人"用中国经典上的成语"来讲话，这也是非常高明的团结和斗争艺术！

"中国经典上的成语"当然包括《老子》中的名言警句。

学习《老子》的"不敢为天下先"

任继愈，现代著名哲学家、宗教学家、历史学家。1942 年至 1964 年，任继愈任教于北京大学哲学系，先后讲授中国哲学史、宋明理学、中国哲学问题、朱子哲学、华严宗研究、佛教等，致力于哲学普及的工作。

他对于中国的历史、哲学、宗教等领域均有研究，涉及范围颇广，曾主编过《中国哲学史》《宗教词典》等著作。

20 世纪五六十年代，由于他的年龄相对较小，能用一些新观点来解释问题，因而曾博得过毛泽东的称赞。

任继愈曾不止一次地见到过毛泽东，但使他印象最深的是 1959 年 10 月的一次交谈。那次谈话是在深夜，谈话的内容很丰富，主要谈的是有关哲学、哲学史、宗教研究等方面的问题。据任继愈回忆，毛泽东在谈话中曾说：

> 要善于学习古人的东西。他屈着第一个手指说，我们学习《老子》的"不敢为天下先"，我们的原则是不放第一枪，"后发制人"，今天对敌斗争还是遵守这一条。好像被动，其实是主动。他又屈第二个指头说，要学《左传》的"退避三舍"。一舍三十里，三舍九十里，我们打仗有时一退几百里哩。他又屈着第三个指头说：我们学习《礼记》的"礼尚往来，来而不往非礼也"，我们对敌斗争，从不寻衅无故挑起争端。有人对我们寻衅、滋事，也不立刻报复，让敌人充分表演，给他记下一笔总账，在适当时候和他总清算。我们和蒋介石的斗争就是坚持这个原则，有理、有利、有节。（孙琴安、李师贞：《毛泽东与名人》，江苏人民出版社 1993 年版，第 832 页）

在中国古代诸子百家中，任继愈最初相信儒家。新中国成立后，他接受了马克思主义。在用马克思主义总结中国古代哲学的工作中，他是做得最好的一位。20 世纪 50 年代，他把对佛教哲学思想的研究作为研究中国哲学的组成部分。他连续发表了几篇研究佛教哲学的文章，受到毛泽东的重视。这些论文后来以《汉唐佛教思想论集》出版，成为新中国用马克思主义研究宗教问题的奠基之作。

1959 年 10 月 13 日，毛泽东忽然把任继愈找去。见面第一句话就是：你的书我都看过。接着说：我们过去都是搞无神论，搞革命的，没有顾得上宗教这个问题，宗教问题很重要，要开展研究。毛泽东询问任继愈：北大有没有人研究宗教？任继愈回答说，除他搞佛教研究外，还没有人从事这一方面的研究。毛泽东又问：道教有没有人研究，福音书有没有人研究？任回答说：基督教也没有人专门研究。毛又问：你们哲学系有多少人？任回答说：师生加起来有五百人。于是，毛泽东感慨地说，五百人一个系怎么能没有人研究宗教呢？！

这次接见，毛泽东与任继愈谈了有关哲学、宗教研究等方面的问题，当毛泽东听说任继愈在北京大学用马克思主义的方法搞佛教研究后，便称他是"凤毛麟角"。对于中国的宗教研究，梁启超、蔡元培诸人都曾留心过。如稍后的马一浮、梁漱溟、熊十力等，都可以说是其中的佼佼者。此辈以下而又能在此领域内获大成就者，恐怕为数就不太多了。而任继愈，则成绩显著令人注目。任继愈对于中国的历史、哲学、宗教等领域均有研究，涉及范围颇广。由于他的年龄毕竟比梁漱溟、熊十力、马一浮等要小，故能灵活吸收新思想，用一些新观点来解释问题，因而受到毛泽东的称赞。

就在这次谈话中，毛泽东谈到要善于学习古人的东西。他屈着手指举了《老子》的"不敢为天下先"、《左传》的"退避三舍"及《礼记》的"礼尚往来"这些例子。毛泽东讲哲学主张活的哲学，对"古人的东西"主张古为今用。他是从实际需要的角度来谈哲学问题，谈学习和研究。他把《老子》"不敢为天下先"的思想赋予新的内容，使其成为长期坚持的斗争原则和策略。这同时也使古典哲学有了新的生命和活力。毛泽东在抗日战争和解放战争中多次把老子的"不敢为天下先"作为政治军事斗争的谋略，他与任继愈的谈话，不妨看作是对这一"老子哲学"的总结。

第六十九章

抗兵相加，哀者胜矣

军事谚语中有"骄兵必败，哀兵必胜"的话，这后一句，就是从《老子》第六十九章的思想演化来的。《老子》此章说：

> 用兵有言："吾不敢为主，而为客；不敢进寸，而退尺。"是谓行无行，攘无臂，扔无敌，执无兵。祸莫大于轻敌，轻敌几丧吾宝。故抗兵相若，哀者胜矣。

这章大意是说：兵家常说，我不敢主动采取攻势，而宁愿采取守势；我不敢主动前进一寸，而宁愿后退一尺。这就是说，布阵要像没有布阵一样，伸出胳膊要像没有伸出胳膊一样，拿着武器要像没有拿武器一样，进攻敌人要像没有进攻一样。灾祸之大莫过于轻视敌人，轻视敌人，低估了敌人的力量，几乎丧失了我的法宝。所以在两军对阵兵力相当的情况下，受侵略而怀有悲愤心情的一方，一定会获得胜利。

本章主要阐述用兵打仗的道理。在老子看来，主动出击去进攻别人，其本身在道德仁义上就输给了别人，这对自己是极其不利的。主动进犯别人微不足道的一寸，都会被对方视为凌辱，就会有遭受反击的可能，所以应极力避免主动进犯别人；如果我们能够主动后退一尺，我们表现出来的是谦让和宽容的美德，虽然仅为微不足道的一尺，却会感化对方，对方也会以退让相待。

所以，老子主张以退为进的战略策略。在军事方面，则表现为以守为主、以守取胜的思想。这条作战原则是不全面的，但老子提出的不可轻敌和"抗兵相加，哀者胜矣"的见解，确有它合理的地方。意思说势均力敌的两军对垒，具有哀痛之心的一方就会获胜。这是因为，受攻击、受侵略的一方，人们怀着悲愤的心情，与敌人做拼死的战斗，则必胜无疑；就是说哀痛的一方进行的是正义战争。人都是有正义感的，为正义而战，心怀愤怒，其战斗的积极性就会提高，其还击的力度就会增大，正义战争最终会取得胜利。宋代苏辙说："两敌相加，而吾出于不得已，则有哀心。哀心见而天人助之，虽欲不胜，不可得也。"张松如说："老子之意不在'兵'，而是讲的更具普遍性的'道'。"其言深符老旨。应当说这与老子强调的道德的力量无敌于天下是一致的。

两军对阵实力相当时，悲愤的一方取胜，这就是成语"哀兵必胜"的出处。哀兵必胜的反义词就是"骄兵必败"。军谚："自古骄兵多致败，从来轻敌少成功。"骄兵大意，目中无敌，草率战备，猝然攻击，往往被对方打得措手不及，溃不成军。哀兵悲愤，志在复仇，认真备战，摩拳擦掌，务置敌死地而后快。一旦攻敌，奋勇争先，以一当十，别说和敌方兵力相当，就是兵力少于对方，也必能所向披靡，斩将夺旗，大获全胜。

"骄兵必败，哀兵必胜"的原则，也是普遍规律。不光适用于军事，也适用于一切竞争领域，可以作为人的座右铭。

毛泽东在政治斗争和军事斗争中，都曾经运用过老子"哀者胜矣"的原则。

运用"哀兵必胜"的道理

党的早期领导人李立三，曾经与毛泽东一起从事工人运动。

1921 年年底，李立三赴法勤工俭学回国，被派往湖南协助毛泽东从事工人运动。毛泽东当时任中共湖南支部书记。毛泽东派李立三到安源开辟工人运动。李立三依据毛泽东的主张与部署，具体组织和领导了安源路矿工人大罢工，并且取得了很大的胜利。

这是中国共产党成立后工人运动中一次成功的创举，引起了中共中央的极大关注。安源路矿工人大罢工的胜利，是毛泽东成功地运用了《老子》"哀兵必胜"斗争策略的结果，为我党领导工运积累了成功的经验。

党的一大以后，毛泽东被派回湖南，负责创建湖南地方党组织，并集中力量领导湖南的工人运动。

中共湖南支部于1921年10月在长沙成立，毛泽东任书记。同年底，李立三赴法勤工俭学回国，被派往湖南从事工人运动。毛泽东在湖南建党以后，根据中共一大决议精神，把组织工人运动作为中心工作。李立三的到来，无疑给湖南党组织增添了一份重要的力量。这时，毛泽东已经想到，开展安源工运的重担将要落在这位比他年轻的李立三身上。他向李立三介绍了安源路矿的情况，希望他到那里开展工作。

这年冬，毛泽东同李立三再次徒步来到安源，住了一个星期，认真考察了工人运动。这是毛泽东第三次到安源了。早在1920年11月间，毛泽东就第一次到安源进行了考察。按照共产党中央的指示，要点燃中国无产阶级革命的烈火，首先必须从工人运动开始。毛泽东近期数次深入安源，就是要组织和发动安源工人的大罢工。

毛泽东在考察中了解到，安源路矿工人深受矿主的残酷剥削和压迫，每天劳动强度大、时间长，而且工资低。矿井没有任何安全设备，经常发生冒顶、倒塌和瓦斯爆炸等严重事故，致使矿工们不断伤亡。矿长和把头还时常无故打骂虐待工人，甚至滥用私刑，这种悲苦的境遇迫使工人多次进行过反对洋人和监工的自发斗争。

12月上旬，毛泽东回到长沙后，派遣李立三到安源继续深入开展工人运动，并叮嘱道：安源工人众多，受到种种残酷剥削，生活特别痛苦，是工人运动可能很快开展的地方。但是应当看到，反动统治势力的强大和社会环境的黑暗，要开展革命工作并不是很容易的。首先以办平民教育的名义，利用合法的身份，深入矿上，接近群众。鉴于斗争形势的需要，在毛泽东和李立三的策划下，安源很快建立了第一所工人补习学校，并成立了"安源路矿工人俱乐部"。

1922年5月中旬，毛泽东再一次来到安源，召开了中共安源路矿支部会，听取前一阶段的工作汇报。会上，当他听到安源工人在"五一"这天，呼着口号，冒着大雨，举行了声势浩大的游行时，不停地点头称赞说："好嘛，很好！工人们真的发动起来了！"毛泽东还严肃地告诫党员要注意防止暴露党的组织，要把秘密工作与公开工作结合起来。注意斗争策略。我们党暂时还不能公开，对敌斗争要胆大心细，要有勇有谋。

9月初，毛泽东从长江来到安源，其时李立三已去长沙。毛泽东与蒋先云、朱少连等安源党组织和俱乐部的负责人分析了斗争形势，提出并研究了路矿工人大罢工的实施方案。毛泽东特别强调"哀兵必胜"的斗争策略，要做到"哀而动人"，以求大力争取社会舆论的广泛支持，孤立分化路矿当局。

从形势发展来看,安源罢工的条件已经成熟。在罢工前夕,9月8日,毛泽东从长沙写信给李立三,要他迅速赶回安源,领导罢工斗争。信中毛泽东对"哀而动人"的策略再次作了解释。他告诉李立三:

> 安源罢工形势箭在弦上,你须立刻回安源领导俱乐部工作。要非常注意罢工战术问题。必须运用"哀兵必胜"的道理,提出"哀而动人"的罢工口号。特别关心的事情是加强领导。这样一次有一万多人参加的大罢工,在当时湘区还是第一次,没有强有力的领导是不行的。
>
> 请你们作最后的对待,不要为官威所屈服!我们奋斗的精神,自有奋斗之代价。我们因压迫而死,毋宁奋斗而死,死有代价,死有价值!我们对于你们表示无限同情,决设法为你们声援。(《致李立三(1922年9月8日)》,《中共七十年》,转引自《毛泽东大观》,中国人民大学出版社1993年版,第739页;邸延生:《历史的真迹——毛泽东风雨沉浮五十年》,新华出版社2002年版,第160—161页)

毛泽东特别关心的事情是加强领导。这样一次有一万多人参加的大罢工,在当时湘区还是第一次,没有强有力的领导是不行的。为了加强领导,毛泽东又委派刘少奇去安源。当时刘少奇从苏联回国不久,正参与领导粤汉铁路罢工斗争,毛泽东把他从火线上抽调出来,协助李立三领导和具体组织路矿工人的大罢工。

9月12日,安源党组织召开紧急会议。会上决定成立罢工总指挥部,李立三任总指挥,刘少奇任俱乐部全权代表,常住俱乐部应付一切。

会议按照毛泽东指示的精神,拟定了"哀而动人"的罢工宣言:

"各界的父老兄弟姊妹们啊,请你们看:我们的工作何等的苦啊,我们的工钱何等的少啊,我们时时受人家的打骂,是何等的丧失人格啊!我们所受的压迫已经到了极点!所以我们要求改良待遇、增加工资、组织团体……

"我们要命,我们要饭吃,现在我们饿着了,我们的命要不成了,我们于死中求活,迫不得已以罢工为最后的手段……

"……我们不做工,不过是死,我们照从前一样做工,做人家的牛马,比死还要痛苦些……"

在安源各处的墙壁上贴了许多标语，内中"我们从前是牛马，现在要做人！"这一条，成了当时家喻户晓的口号，不仅可以激发广大工人的强烈感情，又极得社会舆论和各界的同情与支持。

工人俱乐部宣布了罢工纪律，组织了工人纠察队。在罢工的日子里，工人没有赌博的，没有进鸦片烟馆的，没有打架的——过去在此地几乎每天都打死人，流氓横行霸道，现在秩序却特别地好。因此社会上一般人都很称赞，对工人都另眼相看了。

9月14日凌晨，经过充分准备，震动全国的安源路矿工人大罢工爆发了——随着汽笛长鸣，一万七千多名工人潮水般地涌出矿井、工棚，他们手举斧头和手镐，大声不断地呼唤："罢工！罢工！""从前是牛马，现在要做人！"

这一天，全矿到处张贴了"哀而动人"的罢工宣言。

工人们团结一致，阵容坚强，声势浩大。路矿两局玩弄了种种手法来破坏罢工，他们软硬兼施，威胁利诱，先请驻在萍乡的赣西镇守使派大兵来镇压，没有效果。后来阴谋陷害李立三和刘少奇，由于工人们多方的保护，也没有做到。罢工在毛泽东的策划下，在李立三、刘少奇的直接指挥下，工人们开展了五天紧张激烈而又合理合法的斗争。经过谈判，路矿当局最终被迫接受了工人们提出的要求，承认俱乐部有工人代表的权利。

安源路矿工人大罢工取得了重大胜利！在这次罢工斗争中，李立三等按照毛泽东的指示，依靠工人群众牢固团结，注意斗争策略，运用《老子》"哀兵必胜"的道理，争取社会舆论同情，使这次罢工秩序良好，组织严密。罢工五日，没有受到什么损失而取得圆满成功。

这是毛泽东领导工人运动的第一个胜利。这个胜利也证明毛泽东运用老子"哀者胜矣"思想的正确性和产生的效果。

应当采取"哀者"态度

抗日战争胜利前夕，苏联根据《雅尔塔协定》出兵中国东北。苏联对日宣战，两军激战的结果，日本关东军伤亡惨重，无力挽回败局。日本无条件投降后，关东军放弃抵抗，从此苏军控制了东北。

抗战胜利后，美国插手中国政局，继续支持国民党打内战。蒋介石一方面与中共抢夺东北，积极准备内战；一方面又为了扰乱视听，继续与中共代表谈判，以拖延时间，为全面内战做准备。

1945 年 11 月 7、8 两日，毛泽东以中共中央的名义给在重庆的中共代表团发去电报。毛泽东在电报中说：

美国政策深堪注意，友人（指苏联——笔者注）意见值得考虑。但在美蒋坚决进攻方针下，我们无法退让，只有自卫一法。东北方面，山海关三日已打响，第十五师在美军支持下由秦皇岛进攻，事先要求我军退出山海关及离开铁路线，当地我军没有接受，彼即攻击，被我击溃。沈阳得失，决于作战结果，如我能在本月内歼灭其首先进攻的两三个师，取得集结兵力、整训后备之时间（需要两个月），并在尔后能根本歼灭其进攻力量，则东北可能归于我有，那时让国民党插一只脚，很好讲话。目前可以不公开自治军及全盘自治的宣传与要求，但战争是不可避免的。如果作战不利，蒋（指蒋介石——笔者注）得沈阳、长春，则我方只能获得边境二等地方。即使如此，也要用战争才能解决，洮南、龙江、佳木斯等地也不是谈判可以获得的。中央军退出华北一点，谈判时可以提得恰当些，宣传与谈判可以有些不同，但华北问题的解决同样取决于作战。目前的谈判，彼方全为缓兵之计，并无诚意解决问题，彼方一切布置均为消灭我党。我方宣传弱点甚多！你提出的意见是很对的，应当采取"哀者"态度，应当照顾中间派，不要剑拔弩张，而要仁至义尽；但是总的情况，我处内线，彼处外线，我是防御，彼是进攻，再过一时期各方均会看得清楚。目前谈判方针在不束缚手足使将来不好说话的条件之下，可以保留伸缩余地。请你全盘考虑，写出一个详细条文，并加分析告我，以便研究成熟，再向彼方提出。（《毛泽东文集》第四卷，人民出版社 1996 年版，第 69—70 页）

这是在延安毛泽东以中共中央的名义，致仍然唇枪舌剑战斗在重庆的周恩来、王若飞等中共代表团的电报。毛泽东在电报中肯定周恩来提出的"应当采取'哀者'态度"的意见是对头的。

1945 年 8 月，日本宣布无条件投降。抗战胜利了，举国上下一片沸腾。面对中国向何处去的问题，蒋介石为了向世人表明他对国共和谈的诚意，三次电邀毛泽东赴重庆"共商国是"。为了揭露蒋介石假和谈、真内战的阴谋，毛泽东从民族大局出发，置个人安危于不顾，亲赴重庆同国民党进行和谈。

毛泽东指出，只有去和谈，才能表明中共和平建国的诚意，才能取信于天下。经过四十三天的反复谈判，国共两党终于达成协议。张治中、周恩来分别代表国共双方在《国民政府与中共代表会谈纪要》上签字。由于签署日期为 10 月 10 日，又称《双十协定》。

对于重庆谈判《纪要》本身，国共两党自然不会十分重视，但国内民众的期望值却大不相同。包括中间党派，也对《纪要》另眼相看，因为透过《纪要》所提出的方案，他们不仅从此有了合法的身份，而且可以和国共两党一道，通过参加政治协商会议的办法，与共产党，乃至于国民党的代表，平等地讨论国家的政治决策工作了。

由于《纪要》并没有从根本上解决国共两党的意见分歧，所以决定召开政治协商会议。

由于社会舆论和中间势力对《纪要》的高度期望和重视，国民党也很快就意识到这里面大有文章可做。过去，中共代表力主召开政治会议，是想借此暴露国民党的一党独裁性质。而《纪要》发表之后，中共领导人发现，新的政治会议只具有协商的性质，对国民党并无约束力。特别是《纪要》公布后，民众要求和平的呼声更加高涨，如果国民党人利用民众的这种心理，倡导国家的稳定与和平，必须建立在军令、政令统一和取消武装割据的基础上，很可能会通过种种限制中共要求的决议，而使自己陷于被动局面。因此，尽管国民党方面几次提出召开政协会议的问题，中共代表只能以国民党必须先停止进兵，避免内战为由，拒绝马上召开政治会议。这种情况使中共代表深感被动，也不利于宣传。而要求国民党军队立即停止向解放区进兵，恢复各铁路交通，国民党对此也不能接受，因而中共就会因为力主停止内战而重新处于主动地位。

周恩来提出：因抗战初胜，《双十协定》签订未久，人民渴望和平，一般人多幻想政治协商会议能解决问题，故要使人民相信必须经过战争才能真正保障和平，非经相当时间体验不可。对此，毛泽东复电称："你提出的意见是很对的，应当采取'哀者'态度，应当照顾中间派，不要剑拔弩张。"

自古以来，穷兵黩武，必然会遭到彻底的失败。两军相争，首先采取"哀者"的态度，采取宽容忍让，以争得人民的支持和拥护，伸张正义，做到仁至义尽，这是一种智者的态度，它体现《老子》"哀者胜矣"的思想，是一种以退为进、以守为攻的斗争策略。尤其在国人和中间势力对和平建国呼声愈高、渴望愈切的形势下，采取"哀者"的态度，不激化矛盾，不引火烧身，无疑是对的。

毛泽东在给重庆中共代表团的电函中，即表现出"哀者"的态度：（一）拿下东北，"目前可以不公开自治军及全盘自治的宣传与要求"。（二）"中央军退出华北一点，谈判时可以提得恰当些，宣传与谈判可以有不同。"（三）"总的情况，我处内线，彼处外线，我是防御，彼是进攻，再过一时期各方均会看得清楚。"（四）为使将来好说话，谈判"可以保留伸缩余地"。

根据毛泽东的指示精神，重庆中共代表于11月8日正式要求国民党"负责向其所属部队立即命令实行下列四事：（一）全面停战；（二）从解放区撤退；（三）从八条铁路线撤退；（四）取消各地'剿共'命令，保证以后不再进攻"。与此同时，中共中央和周恩来等则在延安和重庆，用新近缴获的蒋介石国民党的各种"剿共"指令和文件，来证明内战的爆发实为国民党所为。

针对中共方面的提议，国民党方面提出了先下令停战，各在原地不得进攻，然后再商谈一切；或定期召开政治协商会议，首先讨论停战问题等。周恩来则回应说：第一种名为停战，实则政府可以利用停战间隙运兵运械准备大打，这是假停战，甚至还可以借机向国际表示内战已停，取得外援，陷中共于不利地位，故中共不能接受。第二种办法是谈不出结果的。周恩来尖锐指出：双十签字还不是说避免内战，但不久蒋介石就下令歼灭"奸匪"吗？周恩来坚决表示：除非停止内战，否则一切无从谈起。

众所周知，1945年的和平谈判，一直延续到1946年年底。尽管1945年的《双十协定》迅速被内战的炮火吞噬之后，用和平的方式来解决中国未来的发展道路问题，已经不可能了。但是，在第二次世界大战结束以后，不仅饱尝战争之苦的中国人民希望和平，历尽劫难的世界人民也希望和平。于是，整个1946年，无论是谈判桌上，还是争夺东北的矛盾冲突和摩擦中，国、共、美、苏三国四方以及中国各种政治势力围绕着和与战的问题，展开了一场激烈的斗争。

在这场斗争中，尤其是在谈判桌上，中共采取"哀者"的态度，赢得了国内国际各种政治势力中绝大多数人的同情和支持，赢得了民心军心，也赢得了宣传上的主动地位，为揭露国民党的内战阴谋并最终夺取解放战争的胜利，铺平了道路，打下了基础。

第七十四章

老子说过：民不畏死

　　春秋末期，社会动荡不安，统治者荒淫无道，视百姓性命如草芥。朝不保夕的人民认为死是一种很好的解脱，因此对死并不十分恐惧。老子反对战争和杀戮，对生活在水深火热中的人民怀有深切同情，发出了"民不畏死，奈何以死惧之"的抗议。老子主张"慈"，警告统治者应该善待人民。

　　《老子》第七十四章曰：

　　民不畏死，奈何以死惧之？若使民常畏死，而为奇者，吾得执而杀之，孰敢？

　　常有司杀者杀。夫代司杀者杀，是谓代大匠斫。夫代大匠斫者，希有不伤其手矣。

　　老子的意思是说：老百姓不怕死，为什么还要用死刑来吓唬他们呢？倘若老百姓真的怕死，对于那些作恶的人，我们就可以把他抓来杀掉，看谁还敢犯上作乱？本来国家有专管行刑的机构，如果代替行刑机构去杀人，就如同代替木匠去砍伐；代替木匠去砍伐，很少有不砍伤自己手的。

　　老子比较接近人民，比较了解劳动人民的性格和特点。他在文中警告当时的统治者，老百姓是不怕死的，因而用屠杀的手段威吓人民，是没有用的，是解决不了问题的，反而会招来强烈的反抗。即使有需要惩罚的人，也要由主管行刑的机关去执行，用不着统治者亲自动手去滥杀无辜。如果统治者硬要这样做，就会招致自取灭亡。

后用"民不畏死，奈何以死惧之"形容不惧困难甚至是死亡的威胁而敢于斗争的精神。

毛泽东引证了《老子》"民不畏死，奈何以死惧之"这句名言，是在1949年8月18日，在《别了，司徒雷登》这篇文章中。

毛泽东在文中说：

> 多少一点困难怕什么。封锁吧，封锁十年八年，中国的一切问题都解决了。中国人死都不怕，还怕困难吗？老子说过："民不畏死，奈何以死惧之。"美帝国主义及其走狗蒋介石反动派，对于我们，不但"以死惧之"，而且实行叫我们死。闻一多等人之外，还在过去的三年内，用美国的卡宾枪、机关枪、迫击炮、火箭炮、榴弹炮、坦克和飞机炸弹，杀死了数百万中国人。现在这种情况已近尾声了，他们打了败仗了，不是他们杀过来而是我们杀过去了，他们快要完蛋了。留给我们多少一点困难，封锁、失业、灾荒、通货膨胀、物价上升之类，确实是困难，但是比起过去三年来已经松了一口气了。过去三年的一关也闯过了，难道不能克服现在这点困难吗？没有美国就不能活命吗？（《毛泽东选集》第四卷，人民出版社1991年版，第1496页）

《别了，司徒雷登》是毛泽东亲自撰写，以新华社社论的形式公开发表的一篇对美国《白皮书》的评论文章。

在中国人民即将取得全国解放战争伟大胜利的前夕，1949年8月5日，美国政府抛出了《美国与中国的关系》的报告书（即白皮书）。主要介绍了从1844年美国强迫中国签订《望厦条约》以来至1949年中国人民革命战争在全国范围内基本取得胜利后的中美关系演变。其中，又特别详细地叙述了从抗日战争胜利后至1949年期间，美国扶蒋反共最后招致失败的经过。

这部报告书是艾奇逊国务卿在征得了杜鲁门总统的同意后，组织国务院工作人员编纂的。与《白皮书》同时发表的还有美国国务卿艾奇逊致杜鲁门总统的一封信。从这封信中，可以轻而易举地了解到美国国务院发表《白皮书》的用心所在。

在信中，美国政府对国民党的腐败无能予以毫不留情地批判，也对中国共产党极尽诬蔑之词。其目的在于：将国民党失败的原因归咎于蒋介石及国民党的腐败无能，以及听不进美国的意见，以表明国民党政府的倒台主要责任不在美国政府方面，为美国对华政策的失败推卸责任，以此平息国会中反对党派和美国公众就对华政策失败而发出的指责，以便为自己辩护；同时，极力推卸美国政府支持国民党打内战的责任，对外重新塑造"和平爱好者"的形象。当此之时，《白皮书》的发表在国际社会引起轩然大波。

《白皮书》里关于对中国共产党的指责完全是歪曲事实的。在《白皮书》发表一周后，8月12日，新华社发表了第一篇题为《无可奈何的自供状》的评论文章。从8月14日到9月16日，毛泽东在两个多月的时间内先后发表了《丢掉幻想，准备斗争》《别了，司徒雷登》《为什么要讨论白皮书？》《友谊，还是侵略？》《唯心史观的破产》等五篇评论文章，对美国政府发表《白皮书》进行了透彻的分析、批判和无情的揭露。

美国政府关于对华政策的《白皮书》，是一部全面为美国对华政策辩护的文件。尽管美国政府一再为自己开脱，但《白皮书》及其附信的内容，却暴露出从抗日战争胜利后，美国政府不遗余力地支持蒋介石打内战的行径。关于国共两党的历史关系，《白皮书》也完全从美国的观点出发进行了片面的解释。

《别了，司徒雷登》是一篇著名的评论文章。司徒雷登，美国人，出生于中国杭州，是个中国通。早年在中国传教。1946年7月起开始出任美国驻华大使。1949年，美帝国主义企图阻挠中国革命胜利的一切企图均告失败，同年8月2日，司徒雷登不得不悄然离开中国。在《别了，司徒雷登》一文中，毛泽东说，"司徒雷登走了，白皮书来了"，毛泽东其意不在批判司徒雷登这个人，而在于揭露美国政府恰于此时抛出《白皮书》，其真正目的是为自己脱卸责任。接着毛泽东一针见血指出美国政府支持蒋介石打内战的目的："中国是亚洲的重心，是一个具有四亿七千五百万人口的大国，夺取了中国，整个亚洲都是它的了。美帝国主义的亚洲战线巩固了，它就可以集中力量向欧洲进攻。美帝国主义在美洲的战线，它是认为比较地巩固的。这些就是美国侵略者的整个如意算盘。"

"美国出钱出枪，蒋介石出人，替美国打仗杀中国人，借以变中国为美国的殖民地。"美国的这一得意计划落空后，为挽回面子，美国政府在《白皮书》"附信"中竟然公然表示，美国之所以没有大规模直接出兵干涉中国革命，是不为也，非不能也。毛泽东认为，美国政府之所以不敢出兵，并非"仁慈"，而是有太多的顾虑："第一顾虑中国人民反对它，它怕陷在泥潭里拔不出去。第二顾虑美国人民反对它，因此不敢下动员令。第三顾虑苏联和欧洲的人民以及各国的人民反对它，它将冒天下之大不韪。"

在无力进行军事干涉后，美国政府只能采取对华经济制裁的政策。

在《白皮书》发表的前几个月，美国就对中国共产党采取了严厉的经济制约措施，从这一事实来看，充分说明了美国政府准备继续执行与中国共产党为敌政策，继续采取卑劣手段进行捣乱和破坏，这是美国的既定政策。

1949 年 3 月，杜鲁门政府批准了一项"对华贸易政策"，其基本精神是"阻止中国成为苏联的附庸"。进入下半年，美国对华采取了更为严厉的经济政策，"尽一切可能让共产党在经济上日子不好过"。当中国革命取得全国胜利之时，美帝国主义妄想以封锁来加剧中国革命的困难。面对美国政府的这种敌视和威胁态度，美帝国主义的经济封锁，自然是吓不倒中国共产党和英勇的中国人民的。在文章中毛泽东以闻一多、朱自清为例说："我们中国人是有骨气的。许多曾经是自由主义者或民主个人主义者的人们，在美国帝国主义者及其走狗国民党反动派面前站起来了。闻一多拍案而起，横眉怒对国民党的手枪，宁可倒下去，不愿屈服。朱自清一身重病，宁可饿死，不领美国的'救济粮'。"毛泽东还引用"民不畏死，奈何以死惧之"这句古语，向世人展示了中华民族的英雄气概。并用它来警告帝国主义和国内反动派：中国人民为了争取彻底解放，连死都不怕，还怕一点困难吗？中国人民是一定要胜利的。这不仅是对美国反华势力及其政策的无情鞭挞，也是对中国人民自强不息奋斗精神的大力张扬。老子这句名言，在这里成为即将获得独立自主的中国人民藐视一切反动派、藐视一切困难的豪迈宣言。

"民不畏死，奈何以死惧之！"这句话，本是老子代表受压迫的民众说话，毛泽东将其延伸为代表受压迫的中华民族说话，提升为"泰山压顶不弯腰"的民族精神。历史雄辩地证明了毛泽东这个论断，是一条颠扑不破的真理。新中国诞生后，中国人民在共产党和毛泽东的英明领导下，团结一心，英勇奋斗，不但迅速地荡涤了反动政府留下来的污泥浊水，治好了战争的创伤，战胜了帝国主义的封锁、破坏和武装挑衅，而且还把我们的祖国建设成为初步繁荣昌盛的社会主义国家。中国人民用胜利、用自己的行动，赢得了世界各国人民的极大关注、尊重和赞赏。

第七十八章

天下莫柔弱于水

《老子》第七十八章云：

169

> 天下莫柔弱于水，而攻坚强者莫之能胜，以其无以易之。弱之胜强，柔之胜刚，天下莫不知，莫能行。是以圣人云："受国之垢，是谓社稷主；受国不祥，是为天下王。"正言若反。

《老子》本章大意是说：天下没有比水更柔弱的东西了，然而能攻克坚强的力量没有能胜过水的。没有任何东西可以取代它。弱能胜强，柔能胜刚，天下没人不懂得这个道理的，但却没人能够去实行。因此圣人说，承受全国的屈辱，才算得国家的君主。承受全国的灾难，才称得为天下的君王。这些正话听起来好像是反话。

本章老子以水为例，说明以弱胜强、以柔胜刚的道理。水最为柔弱，但柔弱的水可以穿透坚硬的岩石。水表面上是柔弱的，或者说软弱无力的，却有任何东西都不能抵挡的力量。这就清楚地说明，老子所讲的软弱、柔弱，并不是通常人们所说的软弱无力的意思。

此外，由于水性趋下居卑，因而老子又阐扬卑下屈辱的观念，实际上反而能够保持高高在上的地位，具有坚强的力量。老子由此推论说，柔弱、谦下，表面上看来好像吃亏，实际上占了便宜。要当国君，也要像水那样，承担一切屈辱，好像很低下，实则能保持居于高位。正如《老子·第八章》曰："上善若水。水善利万物而不争，处众人之所恶，故几于道。"突出的就是像水一样的柔弱、慈爱、节俭、谦下、不争的精神。"江海之所以能为百谷王者,以其善下之,故能为百谷王。"(《老子·六十六章》)江海之所以能成为百川归附的汇聚之所,是因为它能处在百川的下位,所以能成为百川之王。指的是所有曲枉、柔弱、谦卑、低下的言行态度,唯其如此,才能成就功业。

水的柔性、韧性,这些基本常识一般人是清楚的,但把水的柔性、韧性乃至于水的博大与宁静之美上升到人生高度认识,不是一般人或所有的人都能够清楚和把握得了的,更何况要把这柔美的性格融入整个人的生命呢?

人往高处走,水往低处流。草木往上长,水则向下流。不与人、物争高地。水甘居卑下,与世无争,这就是水的特性、水的品格。水独自静静地流淌着,有着向下、退让、柔弱的道性,有着攻坚、克刚的功用,这是柔弱的力量。

"上善若水""水善利万物而不争""天下莫柔弱于水,而攻坚强者莫之能胜"等观点,不论在政治策略上还是在军事战略上,都有一定的意义。

天下莫柔弱于水

《老子》一书中"柔弱之水能攻坚"的思想,青年毛泽东对它就很熟悉。早在1913年12月6日,毛泽东还在湖南第四师范(后合并到湖南第一师范)读书时,在他所做的《讲堂录》中,就记录着老子的话,如:

> 《老子》:天下莫柔弱于水,而攻坚强者莫之能先。(《毛泽东早期文稿》,湖南出版社1990年版,第595页)

此话引自《老子》第七十八章。"先"字当为原文"胜"字之误。毛泽东一生嗜书如命。据他的同学萧子升在《我和毛泽东的一段曲折经历》中回忆说,他与毛泽东在"游学"过程中与拜访的刘翰林和山寺方丈都谈及了孔子和老子。

老子欣赏水的品性,本章云:"天下莫柔弱于水,而攻坚强者莫之能胜。"第四十三章云:"天下之至柔,驰骋天下之至坚。"天下最柔弱的东西能在最坚硬的东西里奔驰。如同水的性格一样以柔克刚,以弱胜强,避其锋芒,迂回曲折,后发制人。看似柔弱的事物,其实蕴含着强大的力量。

天下最坚强的就是柔软。"柔弱"是老子的处世哲学,也是一种克敌制胜、自我保全的策略艺术。在老子看来,既然"物壮则老""兵强则灭,木强则折"

（第七十六章），兵力强大就会灭亡，树木强硬就会折断。那么刚强往往是败亡的象征，而柔弱却是新生的标志。

老子的"柔弱胜刚强"这个命题包含了以弱胜强的战略思想和"以柔克刚"的战术策略。老子说："柔弱胜刚强。"（第三十六章）要懂得"柔弱胜刚强"这个道理。老子举了例子说明："人之生也柔弱，其死也坚强"；"草木之生也柔脆，其死也枯槁，故坚强者死之徒，柔弱者生之徒。"（第七十六章）老子这段话意思是说：人在初生时身体柔软、弱小，死了以后身体变得坚硬、僵直。草木活的时候也是柔软脆弱的，死了以后就变得干硬枯槁了。所以说坚硬强壮属于死的类型，柔软稚弱属于活的类型。

为什么"柔弱"能胜"刚强"呢？因为"坚强处下，柔弱处上"（第七十六章），强大的一头总是在下边，柔弱的一头总是在上边。这是朴素的辩证法思想。老子从人类和草木生存现象中，悟出一条普遍原理：成长的东西都是柔弱的，但有生命力，因为最终会强大起来，是"处上"的。"弱者道之用"，符合"道"的弱者就会战胜强者。接近死亡的东西是坚强的，但失去生命力，而实际上是脆弱的，是"处下"的。

在这里，柔弱与坚强，"生之徒"与"死之徒"，都是事物变化发展的内在因素在起作用。坚强的东西，生机正逐渐失去，所以居于下降地位；与之相反，柔弱的东西，正在生长发展，所以居于上升的地位。这是老子对生命发展的深刻认识，是一种世界观、战略观。同时也表明老子在社会生活中，处理矛盾斗争的一种策略的考虑：对待强大的敌人，不要硬碰硬，而要采取"以柔克刚"的策略。

老子之所以对水情有独钟，那是因为水看似柔弱，实际上却是无坚不摧。水是最柔弱的，但柔弱的水可以穿岩凿石，能够在最坚强的东西里穿来穿去，滴水穿石，天长日久，水可以冲垮拦阻它的河库堤坝。这是老子举出的"柔弱胜刚强"的最典型的例子。

老子并不是说任何的柔弱、任何时候都能胜"坚强"的，他以"生之徒"与"死之徒"，以水穿越坚硬石壁为例，只是这个弱者是符合规律，有生命力的，就是符合"道"。新生儿是有生命力的，所以战胜了老朽的"死之徒"。水的力量在于它无争而顺着自然规律，从高处往低处流，柔弱的水才能穿越障碍，形成奔腾之势。如果水要争向高处流，违背了规律（道），这个柔弱的水就不会有任何力量。老子认为只有符合"道"的合于规律的弱小力量，才能有生命力，才能战胜刚强。同时，老子认为"柔弱胜刚强"是有过程的。弱水穿石要有个漫长的过程，没有韧性和坚持精神是不可能的。

"合抱之木，生于毫末；九层之台，起于累土；千里之行，始于足下"（第六十四章），事物是由小到大、由弱到强的量变到质变的积累过程。

《老子》的这些哲理为毛泽东所看重，对毛泽东具有很大的影响。他在《讲堂录》记下老子的"柔弱之水能攻坚强"的思想，对他一生都是起作用的。毛泽东在领导中国人民同帝国主义、封建主义和官僚资本主义的斗争中，无论是十年土地革命战争、十四年抗日战争，还是解放战争，中国共产党长期处于弱势一方，但他坚信，代表人民利益是正义的，正义的事业是能够胜利的。因此，以柔克刚、以弱胜强就成了毛泽东与中国共产党遵循的政治哲学原则。

毛泽东与老子的不同：老子的柔弱胜刚强不是通过矛盾斗争实现的，而是通过矛盾的消解，弱势一方的忍让、"守柔曰强"（第五十二章），持守住柔弱叫作强大，不争而胜。老子守弱在前，出于自然，不期强而强。他认为水的力量，并不是因为它争，而是因为它顺势而下，合乎道，做了利于万物生长的善事。因此"万物莫之能胜"。老子主张忍，主张自然而然，不作主观努力。毛泽东扬弃了老子哲学这一消极思想，主张即使弱方是代表历史前进的方向，也必须经过各种形式的斗争，才能取得革命的胜利。他坚持斗争哲学，他领导中国人民经过艰苦卓绝的斗争，才取得革命事业的历史性胜利。

天下唯至柔者至刚

青年毛泽东首先用"柔弱之水能攻坚"的思想磨炼自我，修身养性。

1921 年 1 月 28 日，毛泽东致信长沙文化书社、亦是俄罗斯研究会的朋友彭璜，详谈了他对处世的诸多见解。其中谈到自身修养问题时，毛泽东直言不讳地指出自己有十个："一、言语欠爽快，态度欠明决，谦恭过多而真面过少。二、感情及意气用事而理智无权。三、时起猜疑，又不愿明释。四、观察批判，一以主观的而少客观的。五、略有不服善之处。六、略有虚荣心。七、略有骄气。八、少自省，明于责人而暗于责己。九、少条理而多大言。十、自视过高，看事过易。"这十条中，除第一、三两条及第五条青年毛泽东自信所犯不多外，其余自己一概都有。

毛泽东还特别指出自己"有一最大缺点即意弱是也。兄常谓我意志强，实则我有自知之明：知最弱莫如我之意志！我平日态度不对，向人总是圻圻，讨人嫌恶，兄或谓为意强，实则正是我弱的表现"。如何才能做到意志坚强，青年毛泽东提出了加强修养之法，那就是要正视自己的缺点，"虚其心受天下之善"。他在信中深刻自省：

> 天下惟至柔者至刚，久知此理，而自己没有这等本领，故明知故犯，不惜反其道而行之，思之悚栗！"略可自慰者，立志真实（有此志而已）……"（《毛泽东书信选集》，人民出版社1984年版，第18页）

现实中，许多人都有这种"明知故犯"的缺点，体现在日常行为中，就是学归学，讲归讲，但没有下苦功夫去践行。这是典型的意志薄弱的表现。改进的方法，就是经常深刻反省、自我检讨，对自己的不良言行，随时痛加训斥。如此日积月累，终能铸成坚强的意志。

像水这样至柔者，可以穿石，所以至刚。水看上去是天下最柔弱的东西，但却能崩山冲谷，穿石销金，任何攻坚克强者都胜不过水，可见天下最柔弱的东西能驾驭天下最坚强的东西。因此，同强敌相峙或与世相处，就应该柔弱如水，给人的印象是毫无锐气、软弱可欺，实则是柔中藏刚、弱中伏强，这就是唯柔者至刚。这正是毛泽东所欣赏和看重的老子的哲理。

毛泽东善于解剖自我，能正确地了解和认识自己，这是十分可贵的。在致彭璜的信中，他引用从老子"柔弱胜刚强"思想演化来的"天下惟至柔者至刚"这句古语，反思自我，看到短处。柔弱，为人生一大修为！何谓"至柔者至刚"：心柔而意志刚，动柔而形体刚！如水之奔流，遇石而转，遇锋而分，遇隙而入，其意一也！无困难可阻它入川之势，无屏障可阻它纳海之行！故曰"天下惟至柔者至刚"！

毛泽东认为，每一个人都有长处和短处，关键是要知道自己的缺点，并下决心克服。只有不断改过，才能树立根本，实现宏大致远的目标，以至柔之性达至刚之境。

貌似意强，实则我弱

毛泽东在《致彭璜》的信中，自觉把自己的"意强"看成"我弱"，要达到老子"至柔者至刚"的修养境界。想不到四十年后，他不仅用同样思想，而且几乎用同样的语言来批评苏联赫鲁晓夫的"老子党"和大国沙文主义的霸气。

1957 年 11 月 2 日，毛泽东应苏共中央和苏联部长会议的邀请，率领中国党政代表团访问苏联。这也是毛泽东应邀第二次出访苏联。

毛泽东一生只出过两次国，都是去苏联。他第一次访问莫斯科是作为新中国最高领导人的首次国事访问，时间是 1949 年 12 月 6 日。那时新中国刚成立不久，百废待兴，急需苏联的国际支持。

这次访问苏联，一项重要活动是参加苏联十月革命四十周年的庆典，这是我国外交史上一次意义重大的活动。

毛泽东两次访问苏联，都与赫鲁晓夫打过交道。赫鲁晓夫是个精明开朗的政治家，有时也颇有勇气，但有时又过于锋芒外露，显得不可一世。

毛泽东对他的态度颇为复杂，他根据政治斗争的需要，时而给他以支持，时而又是毫不客气的抨击。

1949 年年底毛泽东第一次访问苏联，中苏两国签订《中苏友好同盟互助条约》，两个社会主义大国互相支持，反对美国推行侵略政策，在世界上发挥了重要作用。20 世纪 50 年代中后期开始，两国关系发生了复杂的变化，由结盟到对抗，其间毛泽东与赫鲁晓夫的交锋可谓尖锐复杂，惊心动魄。

1953 年 3 月 5 日斯大林逝世，同年 9 月赫鲁晓夫被选为苏共中央第一书记。

1956 年 2 月 25 日，在苏共第二十次代表大会的最后一天，赫鲁晓夫在会上做了《关于个人崇拜及其后果》的秘密报告。在这个报告中，全盘否定了斯大林，揭露了很多苏共和国际共产主义运动的负面情况。参加这次代表大会的有五十五个外国共产党和工人党代表团。这个报告给国际共运带来了严重的思想混乱，也造成了极其重要的影响和后果。

赫鲁晓夫的秘密报告马上在国内引发了一阵骚乱。同年 10 月，先后发生了波兰事件和匈牙利事件，西欧各国发生了大批共产党员退党事件。

赫鲁晓夫内外交困，地位岌岌可危。他给中共中央发了一封"十万火急"的电报，请中共火速派代表团前往莫斯科磋商。就在中共代表团抵达苏联的第三天，苏共采取坚决措施，平息了匈牙利的暴乱，使局势恢复稳定。

为了进一步做苏联的工作，毛泽东 1956 年 11 月 30 日接见苏联驻华大使尤金，在谈到中苏关系和社会主义国家时，毛泽东针对苏联犯了大国沙文主义错误，危害社会主义阵营团结，巧妙地借清人张英的诗"千里修书只为墙，让他三尺又何妨。长城万里今犹在，不见当年秦始皇"，奉劝赫鲁晓夫要平等待人，不要以大国自居，更不要发号施令，其用意极深。

事后，毛泽东向赫鲁晓夫忠告道："你这个人也能捅娄子，多灾多难，可能日子也不太好过，特别是脾气不好，很容易伤人，像我一样。在兄弟国家之间有什么不同意见，要让人家讲话，慢慢谈，着急不得……"

1957年11月7日是苏联十月革命四十周年。十月革命四十周年庆祝活动之后，将要举行十二个社会主义国家的共产党和工人党的代表参加的莫斯科会议。莫斯科会议只是形式，重要的是会前的准备活动，特别是起草宣言。可是这项工作遇到了不曾料到的困难和麻烦，以毛泽东的威望和中国共产党在国际共产主义运动中举足轻重的地位，赫鲁晓夫必须争得毛泽东的支持。

会议前，赫鲁晓夫和毛泽东有过几次进餐，两人就许多问题展开了讨论。

在第一次进餐时，赫鲁晓夫正待开口说话，毛泽东问他："铁托来不来？"赫鲁晓夫说："这次我们也给铁托发了邀请，他不来是他自己失礼；如果来了，正好可以批他。"

毛泽东听了这话，用劝解的口吻说道："铁托不来要理解他们。斯大林整了人家，情报局把人家赶跑了，肚子里能没有气吗？能饶人处且饶人。"

毛泽东吸了口烟问道："铁托不来，别人来吗？"

赫鲁晓夫说："卡德尔来，他是一个笔杆子，南共的重要文件多半出自他的手。"

毛泽东很感兴趣地笑道："我倒很想会会他，听听他有什么见解。"

"谈谈好。"赫鲁晓夫附和着。又闲聊了一会儿，直到毛泽东拿起餐巾擦嘴时，赫鲁晓夫才找到机会主动谈起问题："苏中是两个大党，文件要早些搞出来好，兄弟党都等着。"

"那些具体事情让邓小平和苏斯洛夫他们搞去。"毛泽东将手一划，分清职责一般。赫鲁晓夫正有话说，毛泽东却倾过身来，颇为关心地对他说：

> 对下面不要干涉得太多，会束缚人家手脚，影响积极性，你这个人脾气大，说话伤人，这很不好，不能这样。

说到这毛泽东略停一下，又联系自己说：

> 我自己有时也犯这个毛病，讨人嫌恶。貌似意强则正是弱的表现。天下唯至柔者至刚……（柏桦编著：《毛泽东口才》，海南出版社1996年版，第112页）

毛泽东后面这段话，与四十年前他对彭璜的自省，观点几乎完全一样。

赫鲁晓夫听了几句翻译，听不进去了，把手一挥说："我是有这个毛病，不过有些事我是很生气的，这次会议我们尽了最大的努力，根据苏共二十大的精神……"

"各个党都有他自己的实际情况。"毛泽东不讲对二十大的看法，只谈客观实际。他接着说："实际情况不同，说法自然会有不同。有什么不同意见能讲出来，不是坏事。要慢慢来，慢慢讨论。着急不行。"话讲到这里便不好深谈了。最高领导人不能谈崩了，谈崩了对谁都不利，必须留有余地。看来毛泽东还是善于"留有余地"的，他让邓小平跟苏斯洛夫谈，这样回旋余地大。

毛泽东在这里引用《老子》"天下之至柔,驰骋天下之至坚"（第四十三章）这句古语，表面是说他自己，实则是奉劝赫鲁晓夫。

赫鲁晓夫有可爱之处，但此公有过在联合国大会上竟然脱下皮鞋敲桌子大声讲话的莽撞举动。毛泽东指出他"脾气大，说话伤人"，摆"老子党"的威风，对兄弟党"干涉得太多"，是实情，是赫鲁晓夫性格中的软肋。

毛泽东以此奉劝赫鲁晓夫，与兄弟党相处，乃至与强敌相逢，不要过于锋芒外露，不要那样盛气凌人，不可一世。貌似强大实则正是自己虚弱的表现。应该柔弱如水，柔中藏刚、弱中伏强，这便是唯柔者至刚。

毛泽东与赫鲁晓夫，两个性格、经历完全不同的历史巨人，两个社会主义大国的领袖，为了各自国家的利益，有过亲密无间的合作，也有过针锋相对的斗争……

毛泽东曾说："赫鲁晓夫有胆量，这个人也能捅娄子。我看他多灾多难，将来日子可能也不好过。"

毛泽东的预见是准确的，只过了几年，赫鲁晓夫就被他的同伙乘他出访外国时使用手段轰下台！

这是《老子》解读史上有趣的佳话：毛泽东运用老子"至柔者驰骋至坚"的名言，善意劝告赫鲁晓夫克服"老子党"作风。可是，赫氏并不懂"貌似意强实则正是我弱"的道理，结果，这位"至刚者"沦落成"至弱者"！悲夫！悲夫！

柔中有刚，绵里藏针

晚年毛泽东曾经要求重新复出工作的邓小平"柔中有刚，绵里藏针"，这是对老子以柔克刚、刚柔相济思想的具体运用。

1973年2月，邓小平结束了在江西的"放逐生活"，被中央召回北京。

自2月下旬至3月初，周恩来受毛泽东的委托，连续主持中央政治局会议，专题讨论邓小平复出的问题。尽管斗争激烈，政治局最终还是在3月10日做出了《关于恢复邓小平同志的党的组织生活和国务院副总理的职务的决定》。在当时"左"的指导思想还很严重的情况下，这一《决定》没有也不可能对邓进行平反，而只能以对犯错误干部落实政策的名义做出。但是，这一《决定》的重要意义在于，邓小平这位被打倒的"党内第二号走资派"终于又重新登上政治舞台，它在事实上是对"文化大革命"的一个否定。

周恩来在中央政治局做出邓小平复职决定的当天，就向毛主席、政治局请假，请求"病休"两周，他的癌症加重了。只是在邓小平的复职一事终成事实的时候，他才稍微舒心而决定休息一下。

3月28日，周恩来身体稍有康复，便与李先念等会见阔别几年的老战友邓小平。第二天，周恩来又约请邓小平去毛泽东住处开会。毛泽东和邓小平两位伟人再次热烈握手。随后，中央政治局决定，邓小平参加国务院业务组工作，并以副总理身份参加外事活动，遇有重要政策问题，列席政治局会议参加讨论。

5月下旬，邓小平出席由周恩来主持的为筹备党的十大而召开的中央工作会议。会议期间，周恩来向与会者说：党中央关于恢复邓小平同志职务的文件，是一个有代表性的文件。对此，绝大多数同志都是满意的。

在8月召开的中国共产党第十次代表大会上，邓小平被选为中共中央委员。10月，毛泽东和党中央开始酝酿给邓小平加重担子，让他负责更为重要的工作。此事是由主持军委工作的叶剑英元帅向毛泽东建议的。为了加强中央军委的领导，叶帅当面向毛泽东建议说："小平同志回来了，我提一个要求，让他来参加和主持军委工作。"毛泽东采纳了叶帅的建议。

12月12日，毛泽东亲自主持召开中共中央政治局会议，并请邓小平参加。会上，他提出大军区司令员对调的意见，并向大家推荐邓小平，说："我和剑英同志请邓小平同志参加军委、当委员。是不是当政治局委员，以后开二中全会报告追认。"毛泽东又指着叶帅说："你是赞成的，我赞成你的意见，我代表你讲话。"随后，毛泽东让叶剑英召集各大军区司令员、政委来京议军。

12月15日，毛泽东同政治局有关同志和几个大军区负责人谈话，再次推荐邓小平，他说：

现在，请了一个军师，叫邓小平。发个通知，当政治局委员、军委委员；政治局是管全部的，党政军民学，东西南北中。我想政治局添个秘书长吧，你不要这个名义，那就当个参谋长吧。我们现在请了一个参谋长。他呢，有些人怕他，但他办事比较果断。他一生大概是三七开。你们的老上司，我请回来了。政治局请回来了，不是我一个人请回来的。

你（指邓小平——编者注）呢，人家有点怕你，我送你两句，柔中有刚，绵里藏针，外面和气一点，内部是钢铁公司。过去的缺点，慢慢改一改吧。

（《毛泽东人际交往实录》，转引自《毛泽东大观》，中国人民大学出版社1993年版，第707页）

12月22日，中央军委发布命令：八个大军区司令员对调。在召集这些司令员开会宣布中央和军委的决定时，毛泽东指着邓小平第三次向大家推荐说：

"现在，请了一个军师，叫邓小平。发个通知，当政治局委员、军委委员。政治局是管全部的党政军民学、东西南北中。我想政治局添个秘书长吧。你（邓小平）不要这个名义，那就当个参谋长吧。"

毛泽东在十天里三荐邓小平，用这么多话称赞一位领导同人，实属罕见。

毛泽东推荐邓小平，实际讲了两个方面：一方面，邓小平"办事比较果断"，作风凌厉，说到做到，干练果敢，不拖泥带水；"里面是钢铁公司"，原则性强，敢于斗争，不当和事佬。另一方面，是说邓小平很严厉，不徇私，不讲情面，"有些人怕他"，"人家有点怕你"。

"柔中有刚，绵里藏针"是毛泽东对刚刚复出的邓小平的希望和要求，毛泽东把这个要求口语化为"外面和气一点，内部是钢铁公司"。邓小平性格中刚毅的成分、强硬的成分多一些，毛泽东是希望他柔弱一些、绵软一些。

这些言语，可以看出毛泽东对邓小平确实很器重，很了解，很欣赏他的才干和性格。但是，他对刚刚复出的邓小平也有某种不放心，要求他改掉"过去的缺点"。实际上，邓小平的刚果强硬是优点而不是缺点。邓小平特点和优点是表里如一，对违背原则的人和事他外面是"钢铁公司"，里面也是"钢铁公司"；外面是"针"，里面也是"针"。

邓小平"刚"，是为主；邓小平"柔"，是为次。他性格上的这个特点，在他从1974年到1975年同江青的三次斗争中，表现得非常突出。

第一次斗争是关于邓小平要不要出席联合国大会。

1974 年，周恩来总理的病情越来越重，工作重担也就越来越压向了邓小平。本年初，联合国召开第六次特别会议，染病的周总理不能参加，毛泽东提议让邓小平代表周恩来出席，并在大会上发言。这是 1971 年 10 月第二十六届联合国大会以压倒多数通过恢复中国在联合国的一切合法权利之后，中国政府首脑首次参加并阐明中国外交政策纲领的大会。当然，这也是邓小平复出后，首次担任具有世界影响的重大使命。对邓小平复出一直心怀叵测的江青一伙，公然阻拦邓小平出国。毛泽东 3 月 27 日写信给江青："邓小平同志出国是我的意见，你不要反对为好，小心谨慎，不要反对我的提议。" 4 月 4 日毛泽东审批了邓小平的讲稿，邓小平 6 日飞往联合国，10 日在大会上发表演说，精辟地阐发了毛泽东关于划分三个世界的理论和中国的外交政策。邓小平的演说引起全世界特别是发展中国家的热烈反响和欢迎。邓小平载誉归来时，毛泽东和周恩来都向他表示同志般的祝贺。

第二次斗争是关于四届人大"组阁"问题，导火索是所谓"风庆轮事件"。

1974 年 6 月，周恩来的病情更加严重了，不得不住院治疗。这样，接替周恩来全面主持中央日常工作的人选问题，迫在眉睫。毛泽东接受周恩来的推荐，10 月 4 日提议邓小平担任第一副总理。10 月 11 日，中共中央发出通知，决定近期召开四届人大。江青预感邓小平有可能在四届人大上接替周恩来正式主持国务院工作，就导演了一连串妄图由她"组阁"的闹剧。

10 月 17 日，在中央政治局会议上，江青一伙有预谋地提出所谓"风庆轮事件"，攻击周恩来领导的国务院"崇洋媚外"。"风庆轮"是中国自行设计制造的一艘万吨级轮船。1974 年 9 月底，该轮执行远航欧洲任务后返抵上海。"四人帮"借该船远航成功一事歪曲事实，大造舆论，诬蔑国务院、交通部不支持国内造船，"热衷于买船"，是"洋奴哲学""投降卖国"，矛头直指已经病重住院的周恩来总理。随后，他们根据诬告材料捏造罪名，将交通部派到"风庆轮"工作的干部拒绝参与这种"批判"的正当行为，定性为"反动政治事件"。10 月 4 日，江青在一份关于该事件的材料上批道："交通部是不是毛主席、党中央领导的一个部？"声言"买办资产阶级专了我们的政"。10 月 17 日的政治局会议上，"四人帮"再次发难。江青挑衅性地问邓小平："你对这个问题是什么态度？"逼邓表态。邓严正回答："我要调查。"江青即大吵大闹起来。邓说，政治局讨论问题要平等嘛，不能用这样态度待人。"四人帮"一哄而上对邓进行围攻，张春桥恶狠狠地说："我知道你要跳出来，果然跳出来了。"邓小平向他们投以蔑视眼光，愤然离开了会场。当天晚上，"四人帮"便在钓鱼台十七号楼江青住处密谋，派王洪文第二天即飞往长沙，"恶人先告状"，向正在长沙养病的毛泽东汇报，争得支持，遏制邓小平。第二天，在王洪文飞往长沙的同时，江青又找负责与毛泽东联络工作的王海容、唐闻生谈话，要她们也向毛主席报告，说邓小平在政治局会议上"扬长而去"，等等。

住院治疗的周恩来很快也得知了政治局会议的情况，他向即将赴长沙的王海容、唐闻生说："'风庆轮事件'并不像江青他们所说的那样，恰恰是他们预先策划好了要整小平同志，小平同志已经忍耐很久了。"周恩来很清楚，争论的焦点是在四届人大的人事安排上，"四人帮"的目的是阻止邓小平主持国务院和中央工作。他嘱告王、唐："我正在做工作，打算进一步了解情况，慢慢解决问题。"

其实，毛泽东对江青的图谋也是清楚的。王洪文飞抵长沙后，当晚向毛泽东报告了政治局会议"争吵"的事，蛊惑说："总理现在虽然有病，住在医院，但还忙着找人谈话至深夜。几乎每天都有人去。经常去总理那里的有小平、剑英、先念等。""他们这些人在这时来往得这样频繁和四届人大的人事安排有关。""北京现在大有庐山会议的味道！"王洪文的用心是想让毛泽东联想起1970年林彪、陈伯达在庐山会议上制造的混乱，发话支持"四人帮"。可是王洪文的企图落空了，毛泽东不仅没有支持他，反而批评了他。毛泽东说："你回去后找总理、剑英同志谈谈，不要和江青搞在一起，你要注意她。"过了几天，毛泽东又做出指示："总理还是总理"，"四届人大的筹备工作和人事安排由总理主持安排"，并说："江青有野心。她是想叫王洪文做委员长，她自己做党的主席。"

毛泽东的指示传到北京，已经动过两次手术的周恩来，在十多天的时间里，分别与邓小平、叶剑英、李先念、王洪文、江青等人进行了谈话，又约政治局成员分三批到医院开会，按毛泽东的指示落实四届人大的筹备工作。

但是，江青"组阁"之心不死，11月12日她致信毛泽东，再提让某某当副总理，某某当副委员长，以及某某当部长，等等。毛泽东当即在江青的信上批示，有一句话说到要害处："不要由你组阁（当后台老板）。你积怨甚多，要团结多数。"

同一天，邓小平也飞抵长沙，面见了毛泽东。毛、邓在亲切的气氛中做了交谈，在座的还有王海容和唐闻生。一开始，毛泽东就幽默地说："你开了一个钢铁公司！"这是指前不久邓小平顶回江青挑衅的事。"主席也知道了。"邓小平说。"好！"毛泽东很高兴，说邓顶江青顶得好。"我实在忍不住了！不止一次了。"毛泽东说："我赞成你！"邓小平向毛泽东汇报说："她在政治局搞了七八次了。"

"强加于人哪，我也是不高兴的。"毛泽东用手指王、唐二人又说："她们都不高兴。"

邓小平答："我主要是感觉政治局生活不正常，最后我到她那里去了一下，钢铁公司对钢铁公司。"

毛泽东说："这个好。"他很高兴。

邓小平随后谈到自己的工作问题，他向毛泽东说："最近关于我的工作决定，主席已经讲了，不应再提什么意见了，但是看来责任是太重了一点。"

毛泽东说："没办法呢，只好担起来喽。"他很同情邓，又很支持邓承担重任。

江青11月19日再次给毛泽东写信，说"自九大以后，我基本上是闲人，没有分配我什么工作，目前更甚"。这是公然伸手要官了。毛泽东于20日批示说："你的职务就是研究国内外动态，这已经是大任务。此事我对你说过多次，不要说没有工作。此嘱。"

江青一伙"组阁"的图谋终遭破产。

12月23日，周恩来抱病飞长沙向毛泽东汇报四届人大筹备工作。王洪文也到了长沙。毛泽东在同周、王的谈话中，再次明确表态支持邓小平，说："你们留在这里谈，告诉邓小平在京主持工作。"

"他政治思想强。"毛泽东和周恩来谈到邓小平时说。

"Politics 比他强。"毛泽东指着王洪文对周恩来说。英文"Politics"的中文意思是"政治"，周恩来听得懂。不懂英文的王洪文木然。

毛泽东指着王洪文又说："他没有邓小平强。"一边说还一边在纸上写了个"强"字。这次王洪文似乎听懂了，十分尴尬。

当周恩来汇报四届人大人事安排说到"邓小平任第一副总理兼总参谋长"时，毛泽东打断周恩来的话，一字一句地说："我看小平做个军委副主席。军委副主席、第一副总理兼总参谋长。"

毛泽东又拿起笔来，在纸上写了"人才难"，周恩来看懂了，说："人才难得。"毛泽东欣然放下了笔。

毛泽东转过头来对王洪文说："总理还是我们的总理。"又关照周恩来说："你身体不好，四届人大会后，你安心养病吧！国务院的工作可以让小平同志来顶。"周郑重地点了点头。

1975 年 1 月 5 日，中共中央发出一号文件，任命邓小平为中央军委副主席兼总参谋长。1月8日至10日，周恩来在京主持党的十届二中全会，讨论了四届人大的准备工作，增选邓小平为中央副主席、政治局常委。1月13日至18日召开的全国四届人大一次会议，决定周恩来继续担任国务院总理，邓小平为第一副总理。

2月1日，周恩来主持有十二位副总理出席，中央军委副主席叶剑英、中国科学院院长郭沫若列席的国务院常务会议。会议一开始，周恩来便说："我身体不行了，今后国务院的工作，由小平同志主持。医院是不想放我出来，但我还是争取每星期来和大家见一次面……"接着，周总理郑重地宣布了各副总理的分工，首先说的是第一副总理邓小平："邓小平同志，主管外事，在周恩来总理治病疗养期间，代总理主持会议和呈批主要文件。"

随后，周总理又主持召开了有国务院各部部长参加的国务院全体会议。周恩来发表讲话说：

> 根据毛主席的指示和党中央决定，我们从今开始来完成四届人大以后的工作。今天是开始，对于我来说，恐怕也只能够完成这个"开始"的任务了。以后的事情，主要是由各位副总理来做。……周总理略停顿了一下，环顾会场，加重语气又说，毛主席讲，小平同志"人才难得"，"政治思想强"。现国务院新班子以小平同志为首，一共十二位。将来这样的会，请小平同志主持。我希望，新的国务院能出现新的气象，领导全国人民努力完成和超额完成今年的国民经济计划和第四个五年计划！（铁骥文：《周恩来与"全面整顿"》，《人物》1994 年第三期）

邓小平受命于党和国家危难之际。当时国内的政治、经济局势十分严峻，"四人帮"的破坏活动还很猖獗，社会秩序混乱，国民生产指数下降，人民生活非常困苦。经过第二次"起落"的邓小平，深知历史把他推到这个位置所肩负的重大责任。他已七十一岁了，但精力仍然很充沛。他要把他深入思考的经纶大略付诸实施。

第三次斗争是邓小平捅了江青这个"马蜂窝"。

党的十大以后，江青一伙的政治野心急剧膨胀起来。他们把周恩来、叶剑英、邓小平等一批老革命家看成是实现其政治野心的障碍，处心积虑地要拱倒这些老一辈的无产阶级革命家。

江青总是以她与毛泽东的特殊关系，打着毛泽东的旗号，图谋实现他们一伙篡党夺权的目的，但是不可避免地要露出"马脚"。1973年11月，毛泽东依据不可靠的信息，误认为周恩来在一次外事活动中说错了话，在中央政治局会议上错误地批评了周恩来。江青、姚文元抓住此事，说这是继林彪事件之后的"第十一次路线斗争"，诬陷周恩来"迫不及待"，企图"打倒"周恩来。毛泽东发觉了江青等人的企图，出面制止了江青等人的做法，说江青"才是迫不及待"。1974年年初，江青等又打着毛泽东的旗号，在"批林批孔"中又加上批"走后门"，把矛头指向周恩来和叶剑英等人。叶帅向毛泽东报告了情况，毛泽东又一次制止了江青等人的做法，说这是"形而上学猖獗"，是搞"三箭齐发"，"冲淡了批林批孔"。但是，毛泽东屡批，江青屡犯，根本不思悔改。一般人也因她与毛泽东的特殊关系，投鼠忌器，不好与之计较。这就使得江青更加骄横跋扈，似乎谁也不敢捅她这个"马蜂窝"。

但是，邓小平却敢于捅这个"马蜂窝"！

1975年2月，毛泽东发起学习无产阶级专政理论的运动。江青一伙再次趁机掀起攻击周恩来的浪潮。这次，他们打的旗号是反"经验主义"。姚文元3月1日发表《论林彪反党集团的社会基础》，在论证"文化大革命"的所谓"正确性"时，提出经验主义是当前的"主要危险"。4月1日，张春桥又发表《论对资产阶级的全面专政》，进一步宣扬了姚文元的观点。张春桥3月1日对全军各大单位政治部主任讲话时说："在延安整风当中，主要批教条主义。新中国成立后，也批教条主义，对经验主义没有注意批过。""对经验主义的危险，恐怕还要警惕。"3月21日，《人民日报》发表题为《学好理论》的社论，说"经验主义是修正主义的助手"。4月4日，江青说："现在我们的主要危险不是教条主义，而是经验主义。""经验主义是修正主义的帮凶，是当前的大敌。"这股"反经验主义"的浪潮，很明显地把矛头指向了周恩来和邓小平等老一辈革命家。邓小平看透了江青一伙的图谋，决定要捅一捅这个"马蜂窝"。

4月18日，毛泽东偕邓小平会见来访的金日成。毛泽东当着金日成的面，再次称赞了邓小平。他对金说："邓小平会打仗，还会反对修正主义。他被红卫兵打倒了好几年，现在没事了，又起来，我们需要他。"会见结束后，邓小平借机以请教的方式，向毛泽东报告了江青、张春桥、姚文元等大批"经验主义"的情况，并坦率地谈了自己的看法。此事当即引起毛泽东的注意，他同意邓小平的意见。

4月23日，毛泽东在姚文元组织新华社写的学习理论问题的一份报告上批示："提法似应提反对修正主义，包括反对经验主义和教条主义，二者都是修正主义的。"他批评江青等人说："我党真懂马列的不多，有些人自以为懂了，其实不大懂，自以为是，动不动就训人，这也是不懂马列的一种表现。"

4月27日，邓小平主持召开政治局会议，会上批评了江青等人的做法。由此，大批"经验主义"的声浪，也就很快声细如蝇了。

5月3日夜，毛泽东亲自召集在京的中央政治局委员开会，再一次严厉批评了江青等人。

此时，毛泽东双眼所患老年性白内障尚未治愈。他待大家坐定后，一开始讲话便承认自己"犯了错误"。他说，因眼患白内障不能看东西，张春桥那篇反经验主义的讲话，自己只听了一遍，没有听出问题，"放过了"。他批评江青等人说："你们只恨经验主义，不恨教条主义。"他说，王明的教条主义统治党达四年之久，"打着共产国际的旗帜，吓唬中国党，凡不赞成的就要打。"毛主席又提起"邓、毛、谢、古"事件，指着邓小平说："邓是你，毛是毛泽覃，谢是谢唯俊，古是古柏，其他的人都牺牲了。我只见过你一面，你就是毛派的代表。"然后，他加重语气说："要搞马列主义，不要搞修正主义；要团结，不要分裂；要光明正大，不要搞阴谋诡计。不要'四人帮'，你们不要搞了，为什么照样搞呀？为什么不和二百多个中央委员搞团结，搞少数人不好，历来不好。"毛泽东转向江青说："江青同志党的历史一大半没有参加，陈独秀、瞿秋白、李立三、罗章龙、王明、张国焘，她都没有参加斗争，没有参加长征，所以也难怪。我看江青就是一个小小的经验主义者。""不要随便，要有纪律。要谨慎，不要个人自作主张，要跟政治局讨论，有意见要在政治局讨论，印成文件发下去，要以中央的名义，不要用个人的名义，比如也不要以我的名义，我是从来不送什么'材料'的。"

随后，在邓小平的主持下，继4月27日政治局会议之后，又于5月27日和6月3日连续召开政治局会议，对"四人帮"进行批评。江青等先是在会上"沉默，沉默，又沉默"（张春桥日记语），后又在会下攻击政治局会议搞"突然袭击"，是"围攻"，"过了头"，等等。

邓小平针对"四人帮"搞的所谓"第十一次路线斗争""三箭齐发"和"反经验主义"三件事，与之进行了坚决的斗争。他严厉地说："倒是要问一问，这是为什么……你们批周总理，批叶帅，无限上纲，提到对马列主义的背叛，当面点了那么多人的名，来势相当猛。别的事不那么雷厉风行，这件就那么雷厉风行……对于这些事情，不讲明白，没有好处，没有什么过头的。"

邓小平义正词严地指出："有同志说，这次会上讲话过了头，有的同志说突然袭击、围攻……可是，你们连问题的百分之四十也没有讲到，有没有百分之二十也难讲，谈不上突然袭击、过头。对照主席的批评，还讲得太浅。"邓小平拍着桌子严厉斥责江青一伙的诬蔑，并反复声明，政治局会议是根据毛主席的批示和讲话精神召开的，要安定团结，要"三要三不要"，首先政治局的同志要做到。主席多次批评宗派主义、搞"四人帮"。他问我们讨论得怎么样，有没有结果，要我们好好讨论。

叶剑英也做了长篇发言，他严厉批评江青等人借口所谓"对付林彪"搞小宗派，搞"四人帮"。他说，如果保持非法的小组织存在，搞"四人帮"，就有害团结，就会分裂党。叶帅指出，主席、小平同志的批评是完全对的。你们搞所谓"十一次路线斗争"，事先未请示；"批走后门"，也是事先未请示；"批经验主义"，又是不请示，要主席来纠正……为什么不请示？使主席有感觉？他激动地说："什么是背叛马列主义，搞得村村点火，处处冒烟！"

在邓小平和叶剑英等人的批评压力下，先是王洪文顶不住了，被迫假惺惺地做了检讨。最后，江青也摆出"弱者"姿态，承认上次会上"自我批评不够，又有新的不恰当的地方，还要加深认识"。她没忘记强调客观："上次会，有体温。我得消化一下。还得看一点东西，再作进一步检讨。"

不到一个月，江青向毛泽东和政治局上交了难得的书面检查，对政治局会议批评的三件事做了检讨。她在书面检查中说，"第十一次路线斗争"的问题，是我个人讲错了话，对不起恩来、剑英同志；"批林批孔批走后门"，混淆了两类不同性质的矛盾，扩大了打击面，造成了不安定团结，关于个人自作主张到处送材料的问题，是无组织无纪律，破坏党的一元化领导；关于目前主要危险是经验主义的问题，这一提法是主观片面的，会造成思想上的混乱，扩大打击面，严重地造成不安定团结。江青在书面检查中承认"'四人帮'是个客观存在"，"有发展成分裂党中央的宗派主义的可能"。

自"文化大革命"九年以来，江青这个以"文革旗手""一贯正确"自居，专"革"别人"命"的"革命家"，第一次不得不写出了虽然极不深刻但毕竟承认自己有错误的书面检查。

邓小平捅了这个"马蜂窝"，实在令一切正直的人们感到痛快。

不久，毛泽东又找邓小平谈话，肯定了政治局会议对江青等人的批评。他说："我看有成绩，把问题摆开了。"毛泽东又讲："他们过去有功劳，现在不行了，反总理、反邓小平、反叶帅……在政治局，风向快要转了。"他是说过去人们不敢惹江青，这种状况在政治局快要转了，他为此而高兴。

邓小平说："政治局的同志气很大，我说不要把话都说完，散了。"毛泽东表示赞同。说："这个办法好，留有余地，大家清楚就行了。我准备找王洪文谈，叫他找你，听你的话。他威望不高。"

毛泽东在谈话中再一次鼓励邓小平："你要把工作干起来。"小平也明确回答："这方面我还有决心就是了。""那好！"毛泽东高兴地说。邓又讲："反对的人总是有的，一定会有。"毛泽东笑了笑说："木秀于林，风必摧之。"

毛泽东这里引用的是三国魏李康《运命论》中的名句："夫忠直之迕于主，独立之负于俗，理势然也。故木秀于林，风必摧之；堆出于岸，流必湍之；行高于人，众必非之。"其意是喻指忠直之士、抱负不凡之人，往往遭到小人的非难和打击。毛泽东以此喻邓小平，可谓推心置腹。邓小平说："主席是把我放在刀尖上了。"毛泽东说："这是叶帅提议的，我赞成的。"（余世诚：《邓小平与毛泽东》，中共中央党校出版社1995年版，第257—292页）

上述三件事，邓小平"刚"的一面体现得很清楚，很充分，是不是也体现了"柔"的一面呢？也是有的！周恩来要求王海容和唐闻生向毛泽东转达："小平同志已经忍耐很久了！"邓小平亲自向毛泽东汇报说："她在政治局搞了七八次了。""我实在忍不住了！不止一次了。"这里周恩来讲的"忍耐"，邓小平讲的"忍住"，其实也就是毛泽东讲的"柔"和"绵"。邓小平也想在开"柔绵公司"中再开"钢铁公司"，可是任性的、闹惯了的江青一伙却一而再、再而三地胡搅蛮缠，这就使刚烈强硬的邓小平忍无可忍了。

抽象地说，"柔中有刚，绵里藏针"八个字，确实深得老子刚柔相济思想精髓。只是在当时社会背景下，它承载的具体历史内容大可重新考量，对"四人帮"之流的任性胡闹，是"柔"不得、"绵"不得的！

第八十章

小国寡民

先秦许多思想都在设计未来社会的美好远景，老子也不例外。老子的理想国，主要记载于《老子》一书的第八十章：

> 小国寡民。使有什伯之器而不用，使民重死而不远徙。虽有舟舆，无所乘之；虽有甲兵，无所陈之。使民复结绳而用之。甘其食，美其服，安其居，乐其俗。邻国相望，鸡犬之声相闻，民至老死，不相往来。

老子这里说的"国"，是分封建立的侯国，即奴隶制末期的城邦。老子的意思是说：国家要小，人民要少。即使有多种多样的器具而不使用；使人民爱惜生命而不向远方迁移。虽有船和车，却无必要乘坐；虽有铠甲士兵，却无须去排兵布阵。使人民恢复到使用结绳记事的远古时代。使人民都有甘美的饮食、华丽的衣服、安适的住所和欢乐的风俗。邻国之间能相互望得见，鸡鸣狗吠之声能互相听得到，但大家相安无事，人民直到老死也不互相往来。

这一章是老子对他设想中的理想国家的生动描述，古今学者们一般理解其是老子心目中的理想社会。

老子"小国寡民"模式的设想，历来学者们争议颇多。如马恒君《老子正宗》一书认为，纵观《老子》一书，核心问题是讲"道"和"德"。《老子》差不多每章都要说"天下"。要说老子的理想社会，应当是把大道推行于天下的社会。只不过是这个理想在当时的情况下还无法实现，只能从小处做起，所以才讲"小国寡民"，不能说"小国寡民"就是老子的理想社会。有的学者也由此认为老子主张复古倒退。

对于这个问题，在前人的注释中有比较多的解释。宋代苏辙认为老子生活在衰落的周朝，痛感时俗的浇薄，希望得到一个小国让他治理一下试试。恐怕这点要求也达不到，当然就不能提大国了。清代姚鼐说，上古的时候本来就国小民少，老子想恢复纯朴之风，当然就得说小国，不能说大国。魏晋时的王弼说："国既小，民既寡，尚可使反古，况国大民众乎，故举小国而言也。"应该说王弼点中了要害。他的意思是说，国小民少都可以返归古代的纯朴，更何况是国大民多呢，所以举小国来说。也就是说，举小国寡民更能鲜明地说明问题。

其实老子这样说，主要是针对当时各诸侯国都嫌自己的国家小、人民少，拼命地去争夺地盘说的。老子觉得国家小、人民少同样可以推行大道，并不是说国家小、人民少是理想。总的说，老子举上古原始公社时期的例子，欣赏的是古代朴质无争的风气道德，要返回去的也是这些东西，而不是让国家形态也逆转回去，要说老子的理想就得说是返归纯朴，至于大国小国，是不是完全按古人的方式去生活，这都不是老子要说明的问题，仅是他所举的例证。在原始社会那样一种落后状态下，人还可以纯朴，到了老子生活的时代，社会发展了几千年，反而变得世风日下，人心不古。老子当然要欣赏小国寡民的时代。但这不能说是老子的理想，只不过是认为那样也很好。老子真正的理想是要人们用大道治理天下，这是《老子》全书里再清楚不过的事实。

老子所处的时代，是一个诸侯割据、战火纷飞、生灵涂炭的年代。面对这样一个让人难以忍受的现实，老子却无力改变，只能在精神家园中构建人民生活的理想乐土。从老子所举"小国寡民"这个例证看来，老子设想中的"国家"，这种单纯、质朴的社会，像一个古代理想化的小农社会，更像个现实中的小村庄，是原始公社在更高阶段上的复归。在这个"小国寡民"的国度里，人们用古人的纯朴敦厚来取代奸诈巧取，政治上"无为"而治，经济上自给自足，人民都可以吃上香甜的食物，穿着漂亮的衣服，住着安宁舒适的房子，过得逍遥自在，人民无欲无求，满足于朴素、简单的生活条件和环境，所以没有盗匪，没有战乱，异国人民相安无事，也不相往来，人民安居乐业地生活。老子所向往的正是这样一种美好的制度：没有军队与战争，没有贵族和国王，社会有条有理，大家都平等自由。这虽然只是一种理想化的状态，但却是一种美好的向往，是对人类社会的一种良性的设计。

当然，这种理想社会，是不可能实现的。但是，对老子这些话不能看死了。老子美化上古，是为了菲薄当时。老子面对急剧动荡变革的社会现实，感到一种失落，便开始怀念远古蒙昧时代结绳记事的原始生活，这是一种抵触情绪的发泄。老子面对诸侯你争我夺的兼并战争，面对统治者用巧取豪夺的手段统治人民，给人民带来严重灾难的现实，经过一番哲学的思考之后，提出"小国寡民"这样的设想，所追求的是社会的安定、人民的安居乐业，从这点来看，尚有它的积极意义。

老子这种"小国寡民"的思想，只能说是哲人的一种大智慧，不可简单地视为古代小自耕农的一种空想。"鸡犬之声相闻，民至老死，不相往来"更能充分体现老子的处世观和人生观。老子反对"多智"，认为人在交往时就会产生心智技巧，人有了机巧智慧，就容易出乱事，引发祸乱，是社会不安定的因素。所以，他不主张人们往来。后来多用这句话形容互相隔绝，不进行沟通，互不了解。

至于说老子复古倒退，似乎是因为不了解古人的思维模式：他们看到现实社会的种种问题，往往没有前瞻性的认识能力，只好回过头去向他们的古人借鉴历史经验以满足于现实期待。这种做法有时也叫"托古改制"。也就是说，是复古前进，而不是复古倒退；复古是手段，目的是前进。老子也是如此。

徒为理想之社会而已

在《绝圣弃智》一篇，我们已经介绍过青年毛泽东批注德国哲学家、伦理学家包尔生代表作《伦理学原理》的情况。

毛泽东的批语中，有一处批评了儒家的"大同之境"的构想，同时也批评了《老子》"小国寡民"社会理想：

> 是故老庄绝圣弃智、老死不相往来之社会，徒为理想之社会
> 而已。（《毛泽东早期文稿》，湖南出版社 1990 年版，第 185 页）

这里提到的"绝圣弃智"，语见《老子》第十九章，已在《绝圣弃智》一篇讨论过。"老死不相往来"是《老子》第八十章里的话。原文末句是"邻国相望，鸡犬之声相闻，民至老死，不相往来"。意思是说：邻国之间互相望得见，鸡鸣狗吠的声音互相听得见，但都相安无事，人民直到老死也互不

往来。

这是老子面对诸侯兼并残酷的现实，而无力改变，对自己设想的返回到上古的"小国寡民"理想社会的描述。老子的这种社会主张，脱离社会发展进步的实际，摒弃人类文明的创造，以一种近于世外桃源的空洞想象，表现出对现实生活的隔绝、对人类历史的隔绝。这样一种小农经济主张，和青年毛泽东立志要改造社会，学习西方的文明，强调人的主观意志的积极力量的主张显然相差较远，所以毛泽东发出了"徒为理想之社会"的评价。认为这种空洞的设想，既是无法实现的，也是不切实际的。

在《伦理学原理》一书中的这条批语清楚表明，毛泽东还不是马克思主义者时，就对老子的"小国寡民"社会理想持批判否定态度。

小国寡民，兵力不足

抗日战争初期，党内外都有许多人轻视游击战争的重大战略作用，而只把自己的希望寄托于正规战争，特别是与国民党军队的作战。毛泽东批驳了这种观点，于1938年5月写作了《抗日游击战争的战略问题》一文，指出了抗日游击战争发展的正确道路。

毛泽东在讨论"游击战争的主动性是什么"时，说："一切战争的敌我双方，都力争在战场、战地，战区以至整个战争中的主动权，这种主动权即是军队的自由权。军队失掉了主动权，被逼处于被动地位，这个军队就不自由，就有被消灭或被打败的危险。本来战略的防御战和内线作战，争取主动较为困难些，而进攻的外线作战，争取主动较为容易些。"

接着，毛泽东分析了战争中日本由主动转向被动的趋势。他说：

> ……日本帝国主义有两个基本的弱点，即是兵力不足和异国作战；并且因其对中国力量的估计不足和日本军阀的内部矛盾，产生了许多指挥的错误，例如逐渐增加兵力，缺乏战略的协同，某种时期没有主攻方向，某些作战失去时机和有包围无歼灭等等，可以说是他的第三个弱点。这样，兵力不足（包括小国、寡民、资源不足和他是封建的帝国主义等等），异国作战（包括战争的帝国主义性和野蛮性等等），指挥笨拙，使得日本军阀虽然处在进攻战和外线作战的有利地位，但其主动权却日益减弱下去。日本目前还不愿也不能结束战争，它的战略进攻也还没有停止，但是大

势所趋，它的进攻是有一定限度的，这是三个弱点所产生的必然结果，无限止地吞灭全中国是不可能的。会有一天日本要处于完全的被动地位，这种情况现在就可以开始看出来。（《毛泽东选集》第二卷，人民出版社1991年第二版，第411页）

讲到游击战争中的"中国方面"，毛泽东说："开始时战争颇处于被动，现在因有了经验，正在改取新的运动战的方针，即战役和战斗的进攻战、速决战和外线作战的方针，加上普遍发展游击战的方针，所以主动地位正在日益建立起来。"

在抗日游击战争的战场上，日军由主动逐渐被动，而游击队却由被动逐渐主动，毛泽东更进一步阐述说：

　　……游击战争是能够建立其主动权的，主要的条件就是抓住上述敌人的三个弱点，欺他兵力不足（从整个战争看来），游击队就可以放手争取广大的活动地区，欺他是异民族，且执行极端的野蛮政策，游击队就可以放手争取千百万人民的拥护，欺他指挥笨拙，游击队就可以放手发挥自己的聪明。一切敌人的这些弱点，正规军也应捉住，作为自己战胜敌人的资本，但游击队尤其应当注意捉住。

小国寡民，就是城邦小、人口少的意思。老子用"小国寡民"来描述他理想国的自然状况，似乎邦国不宜大、人口不宜多，否则国家就无法实行对整个社会的有效管理。而毛泽东在《抗日游击战争的战略问题》一文中，借用"小国"和"寡民"来说明日本的兵源劣势和兵力不足（从战争整体看），是用老子的话来揭露和概括日本侵略者的弱点，说明中国人民一定能够打败日本侵略者。

最精彩的是毛泽东由日本侵略者的"三弱"，创造性地总结出游击部队的"三欺"战法，抓住"软肋"捅刀子，是何等聪明睿智的谋略思维。

在抗日战争期间，开展敌后游击战争的八路军和新四军，从1937年只有四万余人，发展到1945年日本投降时的百万大军，并创建了许多革命根据地，在抗日战争中起了伟大的作用，证明了毛泽东预测的洞察力和预见的准确性。

"互通情报"与"不相往来"

《老子》第八十章讲邦国建设，讲城邦与城邦之间的关系。有时，毛泽东将其借用过来，讲政党建设，讲党委委员与委员的关系。

1949年3月13日，毛泽东在中共七届二中全会上作了《党委会的工作方法》的报告，其中又引了《老子》中的话。他说：

> "互通情报"。就是说，党委各委员之间要把彼此知道的情况互相通知、互相交流。这对于取得共同的语言是很重要的。有些人不是这样做，而是像老子说的"鸡犬之声相闻，老死不相往来"，结果彼此之间就缺乏共同的语言。（《毛泽东选集》第四卷，人民出版社1991年版，第1441页）

"鸡犬之声相闻，老死不相往来"一语，用来指人与人之间很少来往、缺乏交流的状况。

新中国成立前夕，1949年3月5日至13日，中共七届二中全会在河北省西柏坡召开。这是一次极其重要的会议，主要是制定夺取全国胜利和胜利后党所要采取的各项方针政策。在中国革命即将取得全面胜利，在共产党即将成为执政党之时，党的各项方针政策和工作方法则显得尤为重要。

在13日全会结束时，毛泽东做了总结讲话。他在讲话中认真全面地总结了党的七大以来中央、地方和军队的工作及经验，阐述了关于马克思主义的普遍真理与中国革命的具体实际相结合，俄国十月革命与中国革命的关系，对党的领导方法和工作方法的客观规律进行了深入的探讨，提出了党委会的十二条工作方法。即：（一）党委书记要学会当"班长"，善于带动党委一班人开展工作；（二）要把问题摆到桌面上来，不要背后议论，要开会解决；（三）"互通情报"，党委各委员之间要把彼此知道的情况互相通知、互相交流；（四）不懂得和不了解的东西要问下级，不要轻易表示赞成或反对；（五）学会"弹钢琴"，要抓紧中心工作，又要围绕中心工作而同时开展其他方面的工作；（六）要"抓紧"，党委对主要工作不但一定要抓，而且一定要抓紧；（七）"胸中有数"，即对情况和问题一定要注意到它们的数量方面，要有基本的数量分析；（八）发"安民告示"，即开会事先通知，早做准备；（九）"精兵简政"，讲话，演说、写文章和写决议案都要简明扼要，开短会；（十）注意团结那些和自己意见不同的同志一道工作；（十一）力戒骄傲；（十二）划清"革命与反革命"的两种界限。毛泽东对这十二条工作方法做了系统论述。

在论及第三条"互通情报"问题时，毛泽东提倡党委成员能做到及时沟通情况，交换意见，达到统一认识，步调一致，体现的是团结、协调精神。我们党从成立之初，就把党的集体领导作为一项重要的组织原则执行下来。其间，虽然也有过诸如陈独秀的家长作风和各类宗派主义的存在，但经过党内整风运动的整顿，及时清除了这些妨碍党组织集体领导的因素。坚持党的集体领导，在基层就表现为党委的集体领导，这要求党委成员在决策事情时要进行民主的、开诚布公的讨论和交流，只有做到这点，才能得出正确的结论，做出正确的决策。而要做到这一点，各成员之间在对各自掌握情况的交流与通知就显得非常重要。毛泽东这里所强调的"互通情报"，指的也正是这样一个工作原则和方法。

然而，在党委的实际工作中，仍然存在着与"互通情报"相悖的情况，也就是毛泽东在讲话中所引"鸡犬之声相闻，老死不相往来"的现象。就是说虽然同为党委委员，但在工作中从不交流，从不沟通，各自掌握的情况从不彼此通知，"结果彼此之间就缺乏共同的语言"，这样就必然会在领导工作中产生分歧，在具体工作中产生混乱，最终削弱乃至破坏党的集体领导原则。

为了说明这个问题，毛泽东举例说，比如在1947年下半年以来开展的土改和整党工作中，一些地方还是发生了"左"的偏向。在一些地方，发生因划分阶级成分没有统一的标准和明确的政策界限，把部分劳动阶级（主要是中农）错误地定为地主或富农等现象。这就是毛泽东指出的，对什么是"中农"和什么是"富农"，还有不同的了解的现象。在这里毛泽东指出，发生这些偏向，说明我们的领导干部对政策的理解还存在差异，语言不一致，因而产生了工作上的偏差。产生这种偏差的一个重要原因，也是因为党内在"互通情报"、互相交流方面做得不够。可见"鸡犬之声相闻，老死不相往来"的做法，不仅党委会工作中力求避免，也应该引起全党的高度重视。

毛泽东引用"鸡犬之声相闻，老死不相往来"这句老子名句，形象地说明了这种现象并婉转地提出了批评，意在提醒党的各级领导干部注重工作中的互相交流，特别是"党委各委员之间要把彼此知道的情况互相通知、互相交流"，不要互不通气，以便取得共同的语言，做好革命工作。

在进行任何一项工作时，都要注意地区与地区之间、部门与部门之间、干部与干部之间的协作和联系，必须互通情报，互相交流经验，要有全局观念。只有这样，才能实现党的统一领导，更好地贯彻执行党的方针政策，同时，也可以取长补短，互相帮助，共同提高，防止工作中出现偏差和失误，永葆党的集体领导的生命力。

当然，毛泽东说的"老死不相往来"只是一种借用。老子讲此话的本意，是说邦国与邦国之间的老百姓不互相往来；毛泽东说的是党委委员与委员之间不互相往来。他引用老子的话，为那些不通情报、不相交往的党委委员画了一张像，警示他们打破壁垒，"互通情况"，形成共识，形成合力！

公社不能"小国寡民"

毛泽东对老子"小国寡民"的思想持否定态度，是不赞成的。他在1958 年 11 月上旬召开的第一次郑州会议上的讲话中，谈及人民公社发展问题时，就引用了老子这句话。

毛泽东说：

> 人民公社的经济主要是自给经济的说法不对。公社要扩大社会交换，要尽量生产能和本地、本省、本国和世界交换的东西。公社不能"小国寡民"，要搞多种经济作物，要搞工业，扩大生产可交换的产品。农业人口可以减少一半，就地搞到工业中去，为什么要五亿人口搞农业？农业和工业要有一个大的分工。（陶鲁笳：《毛主席教我们当省委书记》，中央文献出版社 1996 年版，第 180 页）

新中国成立后，在探索和发展社会主义经济建设的过程中，党中央和毛泽东在领导全国人民进行工商业和手工业的社会主义改造的同时，在农业方面全国实行了土改。逐步实行了农业生产互助组、初级农业生产合作社、高级农业生产合作社，及人民公社这样一个发展模式。

人民公社是我们党在 20 世纪 50 年代末期全面开展社会主义建设中，为探索中国社会主义建设道路所做的一项决策。

1958 年 7 月 1 日《红旗》杂志第三期《全新的社会，全新的人》一文中，比较明确地提出"把一个合作社变成一个既有农业合作又有工业合作基层组织单位，实际上是农业和工业相结合的人民公社"。这是在报刊上第一次提"人民公社"的名字。

同年 8 月 6 日，毛泽东视察河南新乡七里营人民公社时，说人民公社名字好。他在与山东领导谈话时说："还是办人民公社好，它的好处是，可以把工、农、商、学、兵合在一起，便于领导。"并指出公社的特点是一曰大，二曰公。谈话在报纸上发表后，各地掀起了办人民公社的热潮，很快全国农村基本上实现了人民公社化。

关于人民公社体制问题，8 月毛泽东在审阅中共中央关于在农村建立人民公社问题的决议稿时，加写了一段话。这段话中说：人民公社建成以后，不要忙于改集体所有制为全民所有制。人民公社的集体所有制中，就已经包含有若干全民所有制的成分了。这种全民所有制，将在不断发展中继续增长，逐步地代替集体所有制。在 1958 年第一次郑州会议上，毛泽东在讲话中针对当时公社化运动中普遍存在的混淆社会主义与共产主义、集体所有制与全民所有制的情况，明确指出，必须划清这两种界限，肯定现阶段是社会主义，肯定人民公社是集体所有制。

人民公社怎么办，如何发展？毛泽东在第一次郑州会议上明确指出：公社不能"小国寡民"，要搞多种经济作物，要搞工业，扩大生产可交换的产品。

"小国寡民"是老子的政治社会思想，所主张的是古代的小农经济。是老子面对诸侯割据、战火纷飞、巧取豪夺的现实，而又无力改变的前提下，经过一番哲学的思考之后，在小农经济的基础上，提出的一种社会主张。老子设想国不要大，民不要多，人民无欲无求，满足于朴素、简单的生活条件和环境，人民相安无事，也不相往来，社会风气质朴无争，人民生活安居乐业。

毛泽东认为人民公社的特点是一大二公，不能搞"小国寡民"，不能局限于小农经济。人民公社不仅要办好农业，同时还要搞工业，搞多种经营，要尽量扩大生产可交换的产品。他主张农村的劳力，要搞粮食，还有林、牧、副、渔都要搞。提倡要有专业队搞多种经济，不然公社的收入就成问题了。因为人民公社刚办不久，还很穷，没有积累，亟待发展。

关于办人民公社的好处及作用，毛泽东指出："农业没有人民公社不行，搞水利、搞机械化，几十户、一百户的高级社就不适应。""人民公社也是群众创造的，中央只是总结经验并把它推广。在中国的条件下不搞公社不行。中国有很多天灾，每年都有，没有大规模的组织就不能抵抗灾害。成立公社后，过去不能利用的资源，现在也能利用了。"（顾龙生：《毛泽东经济年谱》，中共中央党校出版社 1993 年版，第 495 页）

就人民公社办工业问题，1958年11月24日，毛泽东在对《关于人民公社若干问题的决议》稿做的批示中指出："人民公社的工业生产，必须充分注意因地制宜、就地取材的原则，不要办那些本地没有原材料，要到很远很远的地方去取原材料的工业，以免增加成本，浪费劳动力。"他还说：社办工业不要样样都搞，样样都搞就搞不好。社办工业与国家争原料就不是一盘棋了。要防止盲目的积极性，要引导它们有计划、合理地发展，不能是无计划地，无政府地，不合理地发展。

毛泽东主张公社搞多种经济，扩大社会交换。在郑州会议上，陈伯达汇报他在河南调查的情况时讲到要废除商品生产，以劳动券代替人民币，毛泽东听后没有表态。会议期间，他给每人发了两本书：斯大林著的《苏联社会主义经济问题》《马恩列斯论共产主义》，并要求大家联系实际用心读三遍。毛泽东还用一整天的时间，讲《苏联社会主义经济问题》，结合我国的具体实践，逐章逐段地分析了斯大林的这本书，驳斥了陈伯达的错误观点。毛泽东说："我是用斯大林这个死人来压活人。斯大林对苏联革命胜利后是否废除商品生产仍有保留。但现在我们有些同志却想在我国废除商品，岂非咄咄怪事。这些同志只能是像斯大林所说的'可怜的马克思主义者'。"毛泽东认为不搞商品生产、商品交换，你就要剥夺农民。农民有三权：生产资料权、产品所有权、劳动权。你只要废除商品，实行调拨，就要剥夺农民这三权。只要存在两种公有制，商品生产就极其必要，极其有用。只要有商品生产，你没有人民币怎么行！

人民公社是在农业生产合作社的基础上发展起来的。由于在合作化运动的后期已出现了过急过猛的问题，所以人民公社化运动也出现了急于向共产主义过渡的情况，刮起了"一平二调三收款"的"共产风"。

1958年年底在武昌会议上，毛泽东针对有些同志企图过早地取消商品，否定按劳分配、价值法则、等价交换的主张，明确提出继续发展商品生产和继续保持按劳分配的原则，对于发展社会主义经济是两个重大的原则问题，必须在全党统一认识。并且尖锐地指出，"一平"（分配上的平均主义）"二调"（无偿调用生产队的劳力、物资）的"共产风"，是对按劳分配、价值法则、等价交换的否定，是对别人劳动的无偿占有，是对农民的剥夺。这不是马克思主义，而是"左"的修正主义。

后来，毛泽东主持制定了《农村人民公社工作条例（草案）》，进一步明确了在现阶段人民公社实行三级核算，队为基础，分级管理的制度，实行等价交换、按劳分配的原则。这在一定程度上对克服农村工作中的"左"

倾错误，调动广大农民的积极性，促进农业的恢复和发展，起了积极作用。

老子的社会理想虽然志在以"无为"治理"天下"，但是他又以"小国寡民"的原始状态、自然生态为蓝本，这种社会模式虽然有反对统治者剥削的积极一面，但是不能面对和解决社会发展中新的矛盾，社会不会逆向发展。毛泽东倡导的人民公社制度"一大二公"，与老子的"小国寡民"反其道而行之，所以他说"人民公社不能'小国寡民'"。

当然，人民公社制度是中国社会主义社会进程中的一种探索，也有它的局限性。在特定的历史背景下，又渗透进不少"左"的色彩。改革开放以后，建设有中国特色的社会主义，它为乡镇制度所取代。这种取代不是取消，也保留了它的合理部分，使之更适应农村经济的发展。今天的乡镇模式与老子的"小国寡民"更不能同日而语。

毛泽东对《老子》八十章的思想持批判态度，抛弃了老子的社会理想模式。青年时代毛泽东批判老子的社会理想是空想的乌托邦，战争时期他提倡党委委员之间摒弃"老死不相往来"的封闭隔绝，达到"互通情报"；建设时期，他探索有利民生的"一大二公"社会基层组织模式，鄙弃"小国寡民"。今天，信息时代已经是全球经济时代，电子技术使人际交往扩展到人类的每一个角落，"小国寡民""老死不相往来"已经不可思议。毛泽东的思想方向是明智的！

道家 卷

老子

毛泽东品老子

井冈山时期，有一次在谈到中国的文化特点时，毛泽东曾这样评论道家：

道家除恶务尽的精神倒值得学习，它从不畏惧妖魔鬼怪，敢斗魑魅魍魉。历代造反的百姓都打着"替天行道"、"除暴安良"的旗帜，我看老百姓还是喜欢道教的。

（刘恩营：《从井冈山走进中南海——陈士榘老将军回忆毛泽东》，中共中央党校出版社1993年版，第132页）

毛泽东一生，读老子之书，也研究被奉为教主、被神化了的老聃，研究思想史上的道家和宗教化了的道教。虽然不是经常道及，但是每有议论，则如吉光片羽，启人哲思，留下了这方面的文化遗产。"道家卷"共收三篇文章：第一篇《道家除恶务尽的精神值得学习》是毛泽东漫谈道家与道教；第二篇《我看老百姓还是喜欢道教》摘自作者《毛泽东读〈水浒传〉》一书，第三篇《太上老君、青牛精与事物本质》（标题略有改动）摘自作者《毛泽东读〈西游记〉》一书，这两篇是毛泽东阅读评论《水浒传》和《西游记》时涉及老子、道家与道教的内容，因属同类，归并一处，以便完整。这三篇文章，因写于不同时期，个别地方略有交叉重复，为保持历史原貌，并未删改。特此说明。

道家除恶务尽的精神值得学习

——毛泽东漫谈老子、道家与道教

　　有一种说法：中国有三大宗教，即佛教、道教、儒教；还有一种说法：中国至今留传有五大宗教，即佛教、道教、天主教、基督教、伊斯兰教。后一种说法不包括"儒教"。三教中儒教算不算宗教，学术界至今仍有争论。如按至今留传的五大宗教说法，其中唯道教是中国土生土长的传统宗教，其他皆属外来宗教。

　　老子是哲学家，不是宗教家，也未创立宗教，与古印度的释迦牟尼一开始就是宗教家，创立佛教的情况大不相同。老子的著作是学术性的，不是宗教性的，也与佛教经典不同。老子被拉进道教，并奉为教主，那是很晚的事了。

　　老子是中国思想史上道家的创始人。后世道教将他奉为教主，顶礼膜拜，成了一尊神，那不是老子的本来面目，是道教在利用他而已。

　　由于道家思想流入民间，融进巫师方士之术，遂演化成道教。后道教尊张道陵为"天师"，又奉"太上老君"（即老聃）为教主，并奉《道德真经》（即《老子》）为圣典。

　　老子如何被道教捧上教主的地位，现在还无法做出准确的说明。从时间推断，应在东汉时期。首先出现在宫廷和上层贵族阶层。光武帝儿子楚王刘英，"晚节喜黄老，学为浮屠斋戒祭祀"。明帝诏书也说"楚王诵黄老之微言，尚浮屠之仁祠"（《后汉书·光武十王列传》）。到桓帝时，桓帝"好神，数祀浮屠老子。百姓稍有奉者，后遂转盛"（《后汉书·西域传》）。这里透露老子被道教奉为神，与先秦的老子无甚关系，而是与西方的佛教与本土的黄老信仰搭伴，以教主的形象出现的。求神佛保佑，祈福延年，是少数上层贵族享有的奢侈品，然后再普及下层社会，"后遂转盛"。

道教是中国本土的宗教，它形成于东汉末年，方术、巫术是它的前身。神仙方术信仰由来已久，古代巫、史、祝、卜是与神打交道的专家，他们处在国家的领导层。民间巫术用符水治病，借卜筮占吉凶。战国以后，神仙方士宣传不死之药可以长生，投合上层贵族要求长期享乐的欲望，得到他们的支持；广大群众缺医少药，方士们用符水治病，驱鬼祭神，在下层群众中也得到推广。

道教以神仙不死之说为中心，神化老子及其关于"道"的学说，吸收阴阳五行家、道家、墨家、儒家的一些思想，在中国古代社会的宗教信仰基础上，由方仙道和黄老道演变而来。早期主要是在民间流传。魏晋以后，由于封建统治者的利用和改造，道教逐渐成为维护封建制度的御用工具，为封建统治阶级所扶植。尤其唐代统治者则自称老子李聃之后，更是采取崇道政策。道教也因此而得到发展，成为我国历史较久，也是较大的宗教之一，至今仍然存在。

毛泽东一生，读老子之书，也研究被奉为教主、被神化了的老聃，研究思想史上的道家和宗教化了的道教。虽然不是经常道及，但是每有议论，则如吉光片羽，启人哲思，留下了这方面的文化遗产。

道家除恶务尽

毛泽东最早谈论道家的特点，是他初上井冈山。

1927 年秋天，毛泽东组织和领导了湘赣边界的秋收起义。

是年 8 月 7 日，中共中央于在汉口召开紧急会议，总结了大革命失败的经验教训，确定了土地革命和武装反抗国民党反动派的总方针，并把发动农民举行秋收起义作为当前的最主要任务。

会后，毛泽东以中央特派员身份回到湖南，贯彻八七会议精神，改组中共湖南省委，领导湘赣边界的秋收起义。参加秋收起义的部队主要有原武汉政府警卫团，安源工人武装和浏阳、平江的农军，组成工农革命军第一军第一师，由卢德铭任总指挥，毛泽东为中共前敌委员会书记。

9 月 9 日，起义军向长沙进攻受挫后，毛泽东命令部队到湖南浏阳文家市集中。月底，部队进至永新县三湾村，进行了"三湾改编"。10 月 27 日，抵达井冈山的茨坪，创立了中国共产党领导下的中国第一个农村革命根据地。

向井冈山进军时，毛泽东即患足疾。毛泽东收编井冈山共产党员王佐和袁文才领导的农民军后，见到了永新县的革命者贺敏学与贺子珍兄妹。毛泽东刚上山时脚伤正重，由于连续作战奔波，得不到应有的治疗，脚背肿得像透亮的紫茄子，脸上烧得烫手。贺子珍很痛惜，几乎是命令似的要毛泽东把脚伸向自己手里，小心翼翼地揭下脚上的药膏后，便立即忙着熬药煎汤，给毛泽东洗脚热敷。这时，毛泽东还强忍剧痛，开玩笑似的说道：世间万物都是物极必反，这脚痛过了也就不痛了。贺子珍被毛泽东的刚毅和乐观深深感动了。

闲暇之时，毛泽东为转移足疾伤痛的注意力，就南朝北国地闲聊。有一次，在谈到中国的文化特点时，毛泽东曾这样说过：

中国的传统文化由儒、道、佛三大家组成，最不好的是儒家的孔孟之道，中国历代尊儒，尤其是皇帝老子把孔子奉为至圣先师。其实，它的三纲五常、男尊女卑、上智下愚的主张，毫无革命精神，不值秕糠。道家除恶务尽的精神倒值得学习，它从不畏惧妖魔鬼怪，敢斗魑魅魍魉。历代造反的百姓都打着"替天行道"、"除暴安良"的旗帜，我看老百姓还是喜欢道教的。

毛泽东看看贺子珍那专注与企盼的目光，继续说道：

佛教属于外来进口文化，从印度传入中国后，虽然受到儒家的影响，但也有不少辩证法。它主张我心则我佛，普度众生，是要大家自己觉悟，为众人消灾灭难，这还是可取的。只是它不分好人坏人，把希望寄托在来世，死后升西天，谁个见过它的极乐世界？这是放弃现实斗争，要不得，要不得……（刘恩营：《从井冈山走进中南海——陈士榘老将军回忆毛泽东》，中共中央党校出版社1993年版，第132页）

令贺子珍敬佩的是毛泽东言谈之间，总是那么幽默和富寓哲理。这次，在谈到中国的文化特点时，毛泽东对中国儒、释、道三大宗教分别进行了评论。认为最不好的是儒家，毫无革命精神；佛教主张我心则我佛，普度众生，但把希望寄托在来世，认为要不得；唯有道家除恶务尽，所以，老百姓还是喜欢道教的。

道教，是在我国土生土长的一种传统宗教。道教自东汉顺帝时（126—144）沛人张道陵于鹤鸣山创立，一直便奉《老子》（《道德经》）为道经，宣传以"道"和"德"为其根本教义，用神仙信仰去解释和阐发《老子》。道教之所以皈依"老子"，固然与《老子》含义深奥有关，这正给神仙方术之士提供了穿凿附会、向宗教引申的条件，并因之而建立以神仙信仰为核心，以《老子》之学为外饰的道教义理体系。

道教在它的长期发展过程中，与儒学和各种外来的宗教尤其是佛教既互相排斥、互相斗争，又互相渗透、互相融合。所以，它和世界三大宗教一样，对我国封建时代的政治、经济、哲学、文学艺术、自然科学以及社会生活、民族关系、农民运动等各个方面，都曾产生过极为深刻的影响。

在社会下层广大群众中传播的道教，它与民间巫术、符咒结合得比较紧。农民起义也往往利用道教这个组织形式。黄巾起义就是第一次道教与农民运动相结合的例子。在中国封建社会数百次的农民起义中，有相当多的起义曾使用了宗教这一武器。如以参加起义的人数上百万的农民战争为例，从组织发动、胜利战斗一直到失败，把宗教作为反对封建统治的主要思想武器的，就有东汉末黄巾起义、宋代方腊起义、元末红巾军起义和清代的太平天国运动。

道家卷

这四次规模比较大的利用宗教进行起义的农民战争中，事先都通过秘密传教的方式，进行了起义的准备，培养了起义的骨干，所以起义后力量比较统一和集中。

如东汉末年张角曾利用传布太平道，进行了革命的宣传和组织工作，"十余年间，众徒数十万"，所以起义后"旬日之间，天下响应，京师震动"。（《后汉书·皇甫嵩传》）

北宋的方腊起义，也利用了"吃菜事魔"教进行了宣传组织工作，起义前还召集百余名骨干商讨了起义大计，后虽因敌人的发现而提前举行了起义，但在艰苦的斗争条件下，直到起义的失败，起义的队伍都比较勇敢团结。

元末红巾军起义的组织者韩山童，从其祖父时就利用白莲教进行了秘密的组织工作，到韩山童时已"江南及江淮愚民，皆翕然信之"（《元史·顺帝纪》）。有了广泛的群众基础，所以当黄河民工起义后，韩山童立即召集三千骨干在白鹿庄誓师，以后虽然发展成徐寿辉、张士诚、朱元璋三支对立的起义力量，但属于红巾军系统的一直居主导的地位。

太平天国在起义前，洪秀全就利用他创立的拜上帝会，进行了秘密的宣传组织工作。起义后内部虽然有过分裂与斗争，但都没有脱离太平天国这一旗帜。

农民战争所利用的宗教，主要有道教、佛教、基督教和巫教等。利用道教起义的，在封建社会前期比较多，如东汉末年黄巾起义的"太平道"、汉中一带张鲁的"五斗米道"，西晋末年的李特起义，东晋末年孙恩、卢循起义利用的"天师道"等，都属于道教的系统。

按毛泽东的说法，道家有除恶务尽的精神，深受人民的喜欢。东汉末年黄巾起义，首领张角就是太平道的创始人。太平道为早期道教的一支。太平道信仰"中黄太一"，崇尚黄色，提出"苍天已死，黄天当立"的口号。目的就是要行大顺之道，以教救世赈民，实现天下太平。

又如北宋的方腊、宋江起义，都打着"替天行道""除暴安良"的旗帜，这都表明老百姓是喜欢道教的。

"替天行道"的意思是说，代上天主持公道。这句话就来源于《老子》第七十七章：

> 天之道……有余者损之，不足者补之。
> 天之道，损有余而补不足；人之道则不然，损不足以奉有余。
> 孰能有余以奉天下？唯有道者。

老子这段话，讲了"有余者"与"不足者"的对立。用今天的话说，所谓"有余者"，就是大量占有生产资料和生活资料的剥削者，他们吃不完、穿不完、用不完，皆"有余"；所谓"不足者"，就是只有简单生产资料和生活资料的被剥削者，他们少米少衣少房少用具，什么都处于"不足"状态。

老子这段话，讲了"天之道"和"人之道"的对立。用今天的话说，所谓"天之道"，就是剥夺剥削阶级（损有余）而让劳苦大众变成富裕者（补不足）；所谓"人之道"，与"天之道"相反。

老子这段话，讲了谁是"天之道"的行道者，答案是：唯有道者！也就是，只有道家之流才能"替天行道"。

道家的"替天行道"，道教的驱妖斩魔，农民起义利用道教的反抗官府、劫富济贫，构成了道家的好传统、正能量，所以毛泽东对道家总的评价是：道家除恶务尽的精神倒值得学习，它从不畏惧妖魔鬼怪，敢斗魑魅魍魉。历代造反的百姓都打着"替天行道""除暴安良"的旗帜，我看老百姓还是喜欢道教的。

"五斗米道"带有"原始社会主义性质"

　　早期道教还没有系统的理论。到了东汉末年，天下大乱，民生困苦，于是出现了《太平经》。此书成书时间约在东汉安帝、顺帝统治时期，为集体创作，书成于于吉、富崇等人之手。

　　早期道教有两大派别："五斗米道"和"太平道"。这两个道教流派，都是早期比较原始的民间道教派别。主要是在下层群众中间流行，都受早期道教经典《太平经》中部分反映劳动群众愿望和要求的思想影响，并与农民反对封建的经济剥削和政治压迫等要求相结合，为农民起义所利用。"太平道"于中平元年（184）发动了黄巾起义，一时"八郡同时俱发"，"天下响应，京师震动"，被东汉王朝残酷镇压以后，传授不明。"五斗米道"亦与黄巾起义东西呼应，张道陵之孙张鲁在汉中建立了政教合一的地方政权，统治将近三十年。

　　毛泽东读《三国志·张鲁传》，对"五斗米道"和"太平道"中所反映的劳动群众愿望和要求的思想，以及农民反对封建经济剥削和政治压迫的精神，很感兴趣，并由此探寻原始社会主义的源流，为现实社会主义建设服务。

　　1958年8月24日，在北戴河中央政治局扩大会议上，毛泽东在谈到人民公社搞公共食堂时，曾联系三国时期的张鲁在汉中推行"五斗米道"的史事说：

　　　　张道陵的五斗米道，出五斗米就有饭吃。传到江西的张天师，就变坏了。吃粮食是有规律的，像薛仁贵那样一天吃一斗米，总是少数。（陈晋：《毛泽东读书笔记解析》，广东人民出版社1996年版，第1026页）

　　同年11月2日至10日，毛泽东在郑州召集有部分中央领导人和部分地方领导人参加的会议（史称"第一次郑州会议"）。毛泽东在会议期间同九个省市委书记谈话中，说到供给制时，毛泽东也说：

　　　　三国时候，张鲁的社会主义是行不长的。因为他不搞工业，农业也不发达。曹操把他灭了，他也搞过吃饭不要钱，凡是过路的人，在饭铺里头吃饭、吃肉都不要钱。他不是在整个社会都搞，只在饭铺里头搞。他统治三十年，人们都高兴那个制度，那里有一种社会主义作风。我们这个社会主义由来已久了。（陈晋：《毛泽东读书笔记解析》，广东人民出版社 1996 年版，第 1026 页）

据载，毛泽东在"郑州会议"第二天（11 月 3 日）这段评论三国时期张鲁在汉中推行"五斗米道"时谈话，还有另一种版本。虽然速记异词，但是思路及语言大体一致，并不影响对谈话主旨的理解。录以为考：

三国时候，汉中有个张鲁，曹操把他灭了。他也搞过吃饭不要钱，凡是过路人，在饭铺里头吃饭、吃肉都不要钱，尽肚子吃，这不是吃饭不要钱吗？他不是在整个社会上都搞，而是在饭铺里头搞。他搞了三十年，人们都高兴那个制度，那是有种社会主义作风。我们这个社会主义由来已久了。（萧延中：《毛泽东晚年政治伦理观述描》，《晚年毛泽东》，春秋出版社 1989 年版，第 261 页）

又过了一个月（12 月），毛泽东于武昌召集中共八届六中全会期间，批示印发《三国志集解》里的《张鲁传》。为帮助与会者阅读《张鲁传》，毛泽东于 12 月 7 日和 10 日分别写了两大段批语。12 月 7 日写的第一个批语的铅印件，毛泽东用墨笔画去。印发的是 12 月 10 日写的批语，印在《张鲁传》的篇头。

毛泽东 12 月 7 日为《张鲁传》写的批语是：

晋 · 陈寿 · 《三国志 · 张鲁传》

这里所说的群众性医疗运动，有点像我们人民公社免费医疗的味道，不过那时是神道的，也好，那时只好用神道。道路上饭铺里吃饭不要钱，最有意思，开了我们人民公社公共食堂的先河。大约有一千六百年的时间了，贫农、下中农的生产、消费和人们的心情还是大体相同的，都是一穷二白。不同的是生产力于今进步许多了。解放以后，人们掌握了自己这块天地了，在共产党的领导之下。但一穷二白古今是接近的。所以这个张鲁传值得一看。张鲁的祖父创教人张陵，一名张道陵，就是江西龙虎山反动透顶的那个张天师的祖宗，《水浒传》第一回描写了龙虎山的场面。三国时代的道教是遍于全国的，群众运动的。在北方有天公将军张角三兄弟最为广大的革命的群众运动，他们的口号是"苍天当（已）死，黄天当立"。苍天，汉朝统治阶级。黄天，农民阶级。于吉在东吴也有极大的群众运动，是那时道教的一派。张道陵张鲁是梁、益派。史称这派与北方派的路线基本相同。其后，历代都有大小规模不同的众多的农民革命斗争，其性质当然与现在马克思主义革命运动根本不相同。但有相同的一点，就是极端贫苦农民广大阶层梦想平等、自由，摆脱贫困，丰衣足食。在一方面，带有资产阶级急进民主派的性质。另一方面，则带有原始社会主义性质，表现在互助关系上。第三方面，带有封建性质，表现在小农的私有制、上层建筑的封建制——从天公将军张角到天王洪秀全。宋朝的摩尼教，杨么，钟相；元末的明教，红军；明朝的徐鸿儒，唐赛儿，李自成；清朝的白莲教，上帝教（太平天国），义和团，其最著者。我对我国历史没有研究，只有一些零星感触。对上述性质的分析，可能有错误。但带有不自觉的原始社会主义色彩这一点就最贫苦的群众来说，而不是就他们的领袖们（张角、张鲁、黄巢、方腊、刘福通、韩林儿、李自成、朱元璋、洪秀全等等）来说，则是可以确定的。现在的人民公社运动，是有我国的历史来源的。我国的民族资产阶级没有来得及将农民中的上层和中层造成资本主义化，但是帝国主义与封建主义的反动联盟，却在几十年中将大多数农民造成了一支半无产阶级的革命军，就是说，替无产阶级造成了一支最伟大最可靠最坚决的同盟军。

毛泽东
一九五八年十二月七日，在武昌

毛泽东 12 月 10 日为《张鲁传》写的批语是：

张鲁传
（陈寿《三国志·魏志·卷九》，裴松之注）

我国从汉末到今一千多年，情况如天地悬隔。但是从某几点看起来，例如，贫农、下中农的一穷二白，还有某些相似。汉末北方的黄巾运动，规模极大，称为太平道。在南方，有于吉领导的群众运动，也是道教。在西方（以汉中为中心的陕南川北区域），有五斗米道。史称，五斗米道与太平道"大都相似"，是一条路线的运动。又称，张鲁等，张陵（一称张道陵，其流风余裔经千余年转化为江西龙虎山为地主阶级服务的极端反人民的张天师道，水浒传第一回"冯太尉误走魔鬼"有极神气的描写，一看使人神旺，同志们看过了吧?），张修，张鲁祖孙三世行五斗三世，行五斗米道。行五斗米道，"民夷便乐"，可见大受群众欢迎。其法，信教者出五斗米，以神道治病；置义舍（大路上的公共宿舍），吃饭不要钱（目的似乎是招来关中区域的流民）；修治道路（以犯轻微错误的人修路）；"犯法者三原而后行刑"（以说服为主要方法）；"不置长吏，皆以祭酒为治"，祭酒"各领部众，多者为治头大祭酒"（近乎政社合一，劳武结合，但以小农经济为基础），这几条，就是五斗米道的经济、政治纲领。中国从秦末陈涉大泽乡（徐州附近）群众暴动起，到清末义和拳运动止，二千年中，大规模的农民革命运动，几乎没有停止过。同全世界一样，中国的历史，就是一部阶级斗争史。

毛泽东

一九五八年十二月十日，于武昌

（《建国以来毛泽东文稿》第七册，1992年版，第627—630页）

　　张鲁，字公祺，是沛国丰（今江苏丰县）人。他的祖父张陵，客居蜀地（今四川一带），在鹤鸣山（或作"鹄鸣山"，相传在四川大邑县境内）中学道，自称"天师"。后来道教徒称他为"张天师"，"五斗米道"也称作"天师道"。他奉老子为教主，以《老子五千文》（即《道德经》）为主要经典，借托太上老君口授，撰写了一些道书，传授道徒。据《后汉书·刘焉传》《三国志·张鲁传》等记述，因为"从受道者，出五斗米"，所以人们称其为"五斗米道"。又说，其道首为人治病，痊愈后病家要出五斗米，所以也称为"五斗米师"。"五斗米道"利用符箓咒水辟邪驱鬼，为人治病，从而在下层社会劳动人民中组织起最早的道教团体的。它最初具有某些劳动者反抗官府、相互救济的积极精神。因此，官府把他及徒众叫作"米贼"。

　　张陵死后，他的儿子张衡又传其道。张衡死后，儿子张鲁也继承祖业，传教四方。经过张陵到张鲁三代的传道，又加上与地方军阀势力的结合，"五斗米道"在川北、汉中有很大的势力。

　　益州（今四川广汉北）牧刘焉后来任命张鲁为督义司马，让他和别部司马张修一起率兵攻打汉中太守苏固，张鲁于是就乘机袭击张修，把张修杀死，夺了他的部队。刘焉死后，他的儿子刘璋代为太守，认为张鲁不归顺官府，就把张鲁的母亲和妻子家人全部杀死。张鲁于是占据汉中，以宣扬鬼神来教化百姓，自称为"师君"。

据《张鲁传》载，张鲁"雄踞巴汉垂三十年"，影响十分大。在他把持的汉中政权中，实行政教合一制度，"不置长吏，皆以祭酒为治"，即按宗教组织系统治理民政。跟随张鲁来学道的人，刚开始都被叫作"鬼卒"，又把入道较久，"受本道已信"的道徒称为"祭酒"。这些"祭酒"各率领一些信徒，信徒多的便成为"治头大祭酒"。层层统领，自成政治格局。

这些祭酒在他们管理的范围内要设立"义舍"，"置义米肉"，使"行路者量腹取足"。张鲁教导信徒要诚信为本，不准欺诈，如果有病了就要忏悔自己的罪过，大部分都和黄巾军的主张相似。过路的行人可以根据自己的饭量，来拿义舍里放置的大米和肉。如果拿多了，鬼怪就会让他们生病来惩罚其贪心。凡是犯法的人，张鲁要求宽恕他们三次，然后依法惩处。另外，张鲁在自己的势力范围内不设官吏，全靠这些祭酒来治理百姓，当地的人都很乐于接受这种方式。就这些情况看，"五斗米道"带有一定的下层劳动人民要求互助的性质。因此，张鲁雄霸巴汉（今四川与陕西交界一带）近三十年。

东汉末年，政府没有力量征讨张鲁，因此就笼络张鲁，封他为镇民中郎将并兼任汉宁（今陕西汉中）太守，张鲁也只是向朝廷贡献一些财物而已。当时，有百姓在地里得到一枚玉印，部下就想推尊张鲁为汉宁王。张鲁的功曹阎圃劝阻说："汉水一带，百姓超过十万户，资财富足，土地肥沃，四面都有险阻。您如果匡扶天子，则可以成就齐桓公、晋文公的事业，至少也会像窦融一样，不失其富贵。千万不要称王自找麻烦。"张鲁就听从了阎圃的话。后来，韩遂、马超之乱时，关西的百姓有很多从子午谷（今陕西长安西南）投奔张鲁那里，多达数万家。

建安二十年（215）三月，曹操从散关（今陕西宝鸡西南）出武都（今甘肃成县西），率兵征讨张鲁，进军到阳平关（今陕西勉县西）。张鲁打算把汉中交出归降，他的弟弟张卫不同意，率兵数万人在阳平关抵挡。"横山筑城十余里，攻之不能拔"（《三国志·武帝纪》建安二十年条）。魏军撤退，张卫等意志松懈，曹操乘机命将派兵夜袭，破城斩将，攻下阳平关，进入蜀地（今四川一带）。张鲁听说阳平关已经失陷，就准备归降曹操。阎圃建议他说："现在您迫不得已才去归降，受到的封赏一定小；不如到朴胡和他相持，然后再丢弃财物而去，受到的封赏一定更大。"张鲁于是取道南山，进入巴中（今重庆一带）。左右的人想把财宝货物全部烧掉，张鲁却说："我们本来想归顺朝廷，只是没有完成意愿而已。现在我们离开，是避对方的锋芒，并没有什么恶意。这些财宝仓库，都是国家的，不能烧毁。"于是把这些财宝收入仓库，封藏而去。曹操进入南郑（今陕西汉中）后，对张鲁的这种做法非常赞赏。又因为张鲁本有善心，就派人前去劝说安慰张鲁。张鲁率全家出来，曹操以客人之礼相迎，拜张鲁为镇南将军，封他为阆中侯，封邑一万户。曹操又封张鲁的五个儿子和阎圃等为列侯，又娶张鲁的女儿为儿子曹宇之妻。张鲁死后，谥封原侯，儿子张富代父职。

靠镇压黄巾起义起家的曹操，深知下层人民可以利用道教来进行宣传和组织，造反起义。他吸取东汉王朝的教训，对道教采取了镇压与利用、限制和改造相结合的政策。把一些道徒方士"集之于魏国"，以防止他们"挟奸宄以欺众，行妖蠹以惑民"。在张鲁带人投降之后，一方面对其拜官封侯，利用他们的影响来笼络群众；另一方面又采用调虎离山之计，把张鲁及其子女和臣僚以及汉中人民大量北迁，对"五斗米道"的根据地进行瓦解。此后，天师道内部也开始分化。张鲁在迁到邺城的第二年即死去，"五斗米道"失去统一的领导。于是，北迁后的祭酒主者们人人各自设治传教。这样，虽然天师道在北方广泛传播开来，同时又陷入组织涣散、纪律松弛、思想紊乱的状态，从此便开始发生分化。两晋南北朝时候，这种分化日益加剧。

三国时期的张鲁在汉中推行"五斗米道"政教合一制度，在1958年下半年特定的社会背景下，引起了毛泽东的特别兴趣和关注。那时，全党全国都在高举"总路线""大跃进"和"人民公社"这"三面红旗"。毛泽东两次谈话、两写批语，在四个月的时间里，向高级决策层、领导层郑重推荐《张鲁传》，其根本目的还是在佐证"三面红旗"，尤其是基层组织形式——人民公社制度的正确性和可行性。

如果说两次谈话还只是用张鲁的"义舍""义米肉"证明人民公社公共食堂制和社会分配实行供给制的部分举措的合理性的话，那么，两个批语则是在用历史经验论证人民公社制度来源的久远性、理论的正确性和实践的可行性。毛泽东的探索是十分勤勉认真的：批语一再思量，反复修改。第一个批语是有感而发，一挥而就，写后已经铅印，但不甚满意，三天后推倒重来写出第二个批语。尽管两个批语思想主旨一致，但第二个批语目的性更强，思想表述更条理，理论色彩更浓厚。

谈话也罢，批语也罢，毛泽东如此解释张鲁"五斗米道"，还是认为其有"原始社会主义色彩"。研究毛泽东的专家陈晋先生就此评论：

> 从1958年大跃进和人民公社化运动这一现实背景出发，毛泽东读《张鲁传》最为欣赏的，是张鲁五斗米道的"带有不自觉的原始社会主义色彩"的"经济、政治纲领"。在毛泽东看来，汉末至今，尽管"情况如天地悬隔"，但"一穷二白"的国情则"有某些相似"，五斗米道所体现的"极端贫苦农民广大阶层梦想平等、自由，摆脱贫困，丰衣足食"理想追求，对我们今天通过大跃进的经济运动方式、人民公社化的社会组织方式来改变"一穷二白"的面貌，也是有启发的。应该说，这是毛泽东推荐《张鲁传》最重要的考虑。为此，他在批语里把《张鲁传》里记载的五斗米道的一些内容，如以道教祭酒为治头（地方行政长官），置义米肉，置义舍，以神道治病，对犯法者"三原"（原谅教育三次）后才行刑等，同我们今天的一些做法直接联系起来，明显是欣赏的，认为《张鲁传》里说，张鲁采取这些办法，"民夷便乐"，说明"是大受群众欢迎"的。言下之意，不言自明。对这点，毛泽东在12月7日写的批语里，说得更清楚："这里所说的群众性医疗运动，有点像我们人民公社免费医疗的味道，不过那时是神道的，也好，那时只好用神道。道路上饭铺里吃饭不要钱，最有意思，开了我们人民公社公共食堂的先河。大约有一千七百年的时间了。贫农、下中农的生产、消费和人们的心情还是大体相同的，都是一穷二白。不同的是生产力于今进步许多了。解放以后，人们掌握了自己这块天地了，在共产党的领导之下。但一穷二白古今是接近的。所以这个《张鲁传》值得一看。"结论是，"现在的人民公社运动，是有我国的历史来源的。"（陈晋：《毛泽东读书笔记解析》，广东人民出版社1996年版，第1025页）

陈先生对毛泽东"推荐《张鲁传》最重要的考虑"的分析是透彻的。就毛泽东的本意来说，他从道教社会理想中考量社会主义，想到了以古证今，古为今用，也想到了古今区别，天地悬隔。他力图用马克思主义尤其是唯物史观，正确解读历史上的原始社会主义和现实中的农村人民公社化社会主义运动；他力图说明社会主义理想由来已久，有其历史的渊源，不能把今天的人民公社看成是无源之水；他力图找到一种合理的组织形式，迅速使"极端贫苦农民广大阶层"得到"平等、自由，摆脱贫困，丰衣足食"；他也力图批判张鲁"五斗米道"的局限性，指出其虽然在"互助关系"上"带有原始社会主义性质"，但是"不搞工业，农业也不发达"，尤其是"带有封建性质，表现在小农的私有制、上层建筑的封建制"方面。结论是"张鲁的社会主义是行不长的"。更何况，"其流风余裔经千余年转化为江西龙虎山为地主阶级服务的极端反人民的张天师道"。也就是说，由"五斗米道"到"张天师道"，张氏所创这一道教派别，在自身演变中也发生了性质变化，由原来具有某些下层劳动人民反抗官府、相互救济的积极互助宗教团体，转化成"为地主阶级服务的极端反人民"的封建统治别动队。毛泽东将"五斗米道"定位为"有原始社会主义色彩"，正是在考虑到它的合理成分时也考虑到它的局限性。

因此，不能简单地把毛泽东评论《张鲁传》中道家"五斗米道"的思想，视为也是在追求空想社会主义，视为完全不切实际的乌托邦。毛泽东的社会主义理想，其经济基础不是小农私有制，其上层建筑不是地主封建制，比之孔子的"大同理想"，比之张鲁的"五斗米道"，比之陶渊明的"世外桃源"，有联系（在追求自由、平等、富裕方面），更有区别（在经济基础和上层建筑方面）。它不是幻想，不是狂想，而是一种实实在在的实践。

当然，这是一个有缺陷、不完善、不成熟的实践。毛泽东等共产党人毕竟是在一个刚刚解放了的半殖民地半封建社会、一个人口众多的"一穷二白"的农业大国进行社会主义建设，方向虽然明确，道路难免曲折，探索过程艰难而漫长，"摸着石头过河"肯定有"呛水""落水"的时候。毛泽东经常说，我们进行社会主义建设只有短短的几年时间，还没有经验，可能犯错误，要摸索规律。他不幸言中了，他说张鲁的社会主义是"行不长的"，汉中的"五斗米道"运行了三十年被迫中断。历史有时在某一点上是如此巧合，毛泽东所探索的人民公社制度，在运作了也是三十年后改变了称谓叫乡镇。公社成了历史，根本原因是它并没有实现毛泽东让广大农民富裕起来的理想。改革开放弥补了它的缺陷，中国的农村发生了翻天覆地般的变化，农民不再交税，而且开始享受劳保，这是张鲁"五斗米道"的"鬼卒"、毛泽东人民公社的"社员"，想象不到也享受不着的。

公道地说，毛泽东探索的内容错了，但是他的探索精神是可珍惜的。作为历史现象，"五斗米道"和人民公社都相对成为"过去时"，但是作为精神内核的让人民群众尤其劳苦大众摆脱贫困、走向富裕却正是"现在时"和"未来时"。

《安身论》·道家言·老氏

西晋有个叫潘尼的人，写过一篇《安身论》，载房玄龄等《晋书》卷五十五《潘尼传》。下面这段话摘自《潘尼传》原文：

> 知自私之害公也，故后外其身；知有欲之伤德也，故远绝荣利；知争竞之遭灾也，故犯而不校；知好伐之招怨也，故有功而不德。安身而不为私，故身正而私全；慎言而不适欲，故言济而欲从；定交而不求益，故交立而益厚；谨行而不求名，故行成而名美。止则立乎无私之域，行则由乎不争之涂，必将通天下之理，而济万物之性。天下犹我，故与天下同其欲；己犹万物，故与万物同其利。

毛泽东在房玄龄等《晋书》卷五十五《潘尼传》里读到这篇文章，提笔批注：

"道家之言"。(《毛泽东读文史古籍批语集》，中央文献出版社1993年版，第169页)

潘尼（约250—约311），西晋文学家。字正叔，荥阳中牟（今属河南）人，有名的文学家潘岳的侄子。少有清才，与潘岳俱以文章知名，并称"两潘"。潘尼生情稳静恬淡，不喜交游，不与人争利。早年以安心研读、专志著述为乐事。较早曾被荐于州官，因父年迈，辞职事亲。太康年间，举秀才，入仕。元康八年，升尚书郎（负责朝廷文书诏令等事务），二年后转著作郎（编修国史）。永嘉年间任太常卿（主管朝廷祭祀大典）。洛阳被刘聪攻破之前，潘尼携家还乡，中途病卒。今存文章二十余篇，多有残损，《安身论》等最为知名，对"人人自私，家家有欲，众欲并争，群私交伐"的情况表达了不满。《昭明文选》收有他的《赠陆机出为吴王郎耶中令》《赠河阳》等文。却未收其《安身论》，大概因为这是篇专谈人生哲学的文章，不合"义归乎瀚藻"的"美文"标准吧。

毛泽东是从《晋书·潘尼传》中读到《安身论》的。西晋政治混乱，门阀间倾轧不已。钻研老庄，嗜好清谈，以求安身立命，成为时尚。潘尼的《安身论》便是这种精神风尚的反映。其开篇即说："盖崇德莫大乎安身，安身莫尚乎存正，存正莫重乎无私，无私莫深乎寡欲。"是讲德行最大的是让自己的身子正，身子正的人最大的愿望是从政，而从政最大的要求是无私，无私最深奥的部分是少欲望。这就把"弱志虚心，旷神远致"作为保全自我的重要法宝。这一点，恰是老庄开启的道家思想传统的基本内容。

老子提出肩负推动社会进入理想治理境界重任的圣人，应当具备柔弱处下、谦下不争、无私虚静、慎独自省等方面的特征，概括说，就是无私寡欲。这既是一种心态，又是一种修为，还是一种境界。

老子运用直觉思维方式，探索天地长久存在的奥妙，深刻指出"天地所以能长且久者，以其不自生，故能长生"。天地的"不自生"，便是无私欲，无私心，正因为天地无私欲、无私心，才成就了它们的大私，亦即"非以其无私邪，故能成其私"（《老子》第七章）。老子这一无私寡欲的思想是十分深刻的，他明确告诫世人尤其是肩负着治国理政重任的统治者，要效法天地亦即大道的"天长地久"。天地之所以长久，就是因为它们的一切运作都不是为了自己。生成万物而不自生，养育万物而不自利。天有长久之心，便有长久之事；不为自己生存，便有自己的长存。假如人们都像天地那样，处处把自己摆在最后，那么自己反而能占先；把自己的生死置之度外，生命反而能得以保全。

与无私寡欲紧密联系，老子还强调保持心灵虚静的重要作用，提出了"致虚极，守静笃"（《老子》第十六章）这一观点。老子认为人生的忧虑与困惑，在于违背自然之理，存在各种私心杂念和欲望，而有了私心杂念和欲望，则不免会"妄作"。解决的方法，老子提出了"致虚""守静"等命题，主张以虚心宁静的立场与态度，来顺应天地万物的自然变化，不以物喜，不以己悲，超越功利，达致大道。

所以，毛泽东认为《安身论》这篇专谈人生哲学的文章，其观点乃"道家之言"。这说明毛泽东对道家思想是很熟悉的，这也反映他对道家的人生观的理解。

潘尼在《安身论》中，还有这样一段议论，如果你身居高位，执掌权柄，功盖当世，势倾人主，这个时候，你怎样才能保命安身呢？潘尼说，应该"没才智，忘肝胆，弃形器，貌若无能，志若不及"。读至此，毛泽东批了两个字："老氏"，意即这些想法都是从《老子》一书中来的。

柳子厚出入佛、老

《老子》一书成为道教经典，其作者老子成为道教之神（崇拜者）。

毛泽东谈中国哲学史，很注意思想家与老子学派、与道家和道教的联系。

1964年，遵照毛泽东的指示精神，我国开始正式筹建世界宗教研究所。现代著名哲学家、宗教学家任继愈长期担任该所的领导职务。

世界有三大宗教，即佛教、基督教、伊斯兰教；中国也有三大宗教，即佛教、道教、儒教（不过，不少学者认为儒是学而不是教）。中国的佛教与世界三大宗教有交叉。

佛教与道教主张出世，宗教职业者、专一的信奉者要出家，不过世俗人的生活。儒教（学）主张入世。儒教、道教是中国自己的土壤里生长起来的，具有中国特色。佛教为外来宗教，其生活习惯、服装、礼仪与儒、道不同。儒、释、道三教并称，并得到社会广泛认可，那是在隋唐时期。

毛泽东对宗教问题是比较重视的。1963年12月底，他在一份文件上写了一个批语：

> "对世界三大宗教（耶稣教、回教、佛教），至今影响着广大人口，我们却没有知识，国内没有一个由马克思主义者领导的研究机构，没有一本可看的这方面的刊物。""用历史唯物主义观点写的文章也很少，例如任继愈发表的几篇谈佛学的文章，已如凤毛麟角，谈耶稣教、回教的没有见过。不批判神学就不能写好哲学史，也不能写好文学史或世界史。"（龚育之、逢先知等著：《毛泽东的读书生活》，三联书店1986年版，第4—5页）

毛泽东1964年8月18日在北戴河的一次谈话中，再次谈到了任继愈和佛学。毛泽东说：

> 任继愈，很欣赏他讲佛学的那几篇文章。有点研究，是汤用彤的学生。他只讲到唐朝的佛学，没有触及以后的佛学。宋朝的理学是从唐朝禅宗发展起来的，由主观唯心论到客观唯心论。有佛、道，不出入佛道是不对的。不管它，怎么行？韩愈不讲道理，"师其意，不师其辞"，是他的口号。意思完全照别人的，形式、文章，

改一改。不讲道理，讲一点点也基本上是古人的。《师说》之类有点新的。柳子厚不同，出入佛、老，唯物主义。他的《天对》，从屈原的《天问》以来，几千年只有这个人做了这么一篇。（张贻玖：《毛泽东批注历史人物》，鹭江出版社 1993 年版，第 268 页；王兴国：《毛泽东与佛教》，中国书籍出版社 1996 年版，第 104 页）

任继愈时在北京大学哲学系任教。20 世纪 50 年代，他对佛教研究颇深，连续发表了几篇研究佛教哲学的文章，受到毛泽东的赏识。大约 60 年代中期，这些论文收入《汉唐中国佛教思想论集》出版，成为新中国用马克思主义研究宗教问题的奠基之作。毛泽东很快读到了此书，并找任继愈谈过话。

从 1964 年毛泽东在北戴河的批示和谈话中，可以看出毛泽东对宗教的重视程度。这种重视，实际上是对佛教在中国文化史上重要作用的充分肯定。从毛泽东谈话的内容可以看出，他对韩愈对待佛教的态度是很不满意的。韩愈是唐代著名文学家和思想家，他主张恢复孔孟儒家思想的正统地位，反对佛、老二教（佛教与道教），来整饬社会风尚。他强烈地排斥佛老，积极地提倡儒家的正统思想，这是他政治哲学思想的适应性，客观上也具有一定的进步性。但是，韩愈也极力宣扬儒家学说中的封建糟粕。他对传统文化，主要强调的是继承，而缺乏自觉的创新意识。毛泽东所不满意于韩愈者，亦正在此。所以他在 1964 年谈话中说：韩愈不讲道理，“师其意，不师其辞”，是他的口号。意思完全照别人的，形式、文章，改一改。不讲道理，讲一点点也基本上是古人的。

与韩愈相反，毛泽东对柳宗元（字子厚）敢于出入佛老的态度，是充分肯定的。他特别强调：

> 有佛、道，不出入佛道是不对的。（韩愈）不管它，怎么行？……柳子厚不同，出入佛、老，唯物主义。

柳宗元有《柳河东集》传世。他当时和韩愈、李翱等人倡导的古文运动，提倡“以文载道”，其目的也是为了用最恰当的语言形式弘扬道统。柳宗元对佛教和道教的态度，是较开放的。他不仅广泛地与佛、道界的人士进行交游，而且反复宣传儒、释、道三家之间的同一。正是由于柳宗元在学术上有这种开放的态度，所以他敢于出入佛老（佛教与道教）。而柳宗元的哲学思想表明，他这种出入佛老的态度，不仅没有影响他的唯物主义立场，恰恰相反，在某些方面还强化了这种立场。

柳宗元做学问，早年就关注研究老庄道家著作。如他考证《列子》《文子》《亢仓子》诸书，说《列子》"庄周为放（仿）依其辞，其称夏棘、狙公、纪渻子、季咸等，皆出《列子》，不可尽纪"。"其文辞类《庄子》，而尤质厚，少为作，好文者可废耶？"《文子》一书传言"老子弟子"所作，而且"指意皆本《老子》"。柳宗元考其书为后人杂取诸书凑合而成，但又特别强调《文子》"往往有可立者"，"取其似是者，又颇为发其意"。至于《亢仓子》："太史公为《庄周列传》，称其为书，《畏累》《亢桑子》，皆空言无事实。今世有《亢桑子》书，其首篇出《庄子》，而益以庸言。盖（庄）周所云者尚不能有事实，又况取其语而益之者，其为空言尤也。"《畏累》《亢桑子》均见于《庄子》，大体上都是寓言故事，所以司马迁说"空言无事实"。柳宗元认为《亢仓子》（《亢桑子》）空言无事实，而今天却有人崇尚其术，为之作注，以教于世人，这真是不可理喻。柳宗元文集中一种称为"辨"的文体，也是渊源于《庄子》《孟子》等某些篇章，而由柳宗元（包括韩愈）首创的论说文体，常用于辨析事理的是非而加以判断。柳宗元的《桐叶封弟辨》和韩愈的《讳辨》是这类文体的代表作。《桐叶封弟辨》在近三百字的篇幅内，论辩反复曲折，波澜起伏。清代的林云铭称赞该文"笔笔锋刃，无坚不破，是辨体中第一篇文字"。柳宗元的研究道家著作，从内容到形式，从元典到流传，深入而有创意。

柳宗元崇信佛教由来已久，他自己曾多次说："吾自幼好佛，求其道积三十年。"（《送巽上人赴中丞叔父召序》）"余知释氏之道且久。"（《永州龙兴寺西轩记》）认为"法之至莫尚乎般若，经之大莫极乎《涅槃》。世上士将欲由是以入者，非取乎经论，则悖矣"（《送琛上人南游序》）。唐代是佛教哲学泛滥的时代，晚年他被贬谪的永州、柳州又是禅风极盛的地方。柳宗元文集中有关佛教的碑、铭、记、序、诗歌等作品，占有一定的比重，对唐代盛行的禅宗、天台宗、律宗等学说都有所涉及。柳宗元反对像韩愈那样辟排佛教，以为那是"忿其外而遗其中，是知石而不知蕴玉也"。他说："吾之所取者，与《易》《论语》合，虽圣人复生，不可得而斥也。"（《送僧浩初序》）他追求佛教与儒教的统一。在政治上失意时，他更进一步向佛教寻找精神上的解脱。在永、柳二州期间，他常与禅僧往来，从禅僧那里接受了"乐山水而嗜闲安"、对一切都以"平常心"对待的人生哲理。（《送僧浩初序》）《巽公院五咏·禅堂》一诗中说："涉有本非取，照空不待析。万籁俱缘生，窅然喧中寂。心境本自如，鸟飞无遗迹。"《晨诣超禅师读禅经》

又说："道人庭宇静，苔色连深竹。日出雾露余，青松如膏沐。澹然离言说，悟悦心自足。"这些诗表现了对超越尘世而无所滞累、空灵淡泊的心境的追求。

柳宗元以儒学为本位，出入佛老，在儒、道、佛三教的融会贯通中，形成了自己朴素的唯物主义哲学思想。他继承了王充"元气自然论"的传统，并利用当时天文地理等科学知识予以丰富，发展了朴素的唯物论思想。他在《天说》《天对》《非国语》《断刑论》等作品中，认为宇宙是无限性的，宇宙的本元是"元气"，不存在造物之神。物质世界的变化是由于阴阳二气的运动，人事祸福、社会治乱和客观存在的自然现象没有赏罚关系。柳宗元与韩愈同为唐代"古文运动"的先驱，两人私交很深，他们在哲学上和政治观上有分歧，但并不妨碍彼此之间以平等态度切磋学问。韩愈相信"天命"，认为上天是有意志的人格神，能够烛见人间是非并惩恶扬善。对此，柳宗元大不以为然。在他看来，上天管不了人间的是非曲直，国家兴亡、政权得失在人不在天。最能体现柳宗元朴素唯物主义观点的著作当数《天对》。在这篇文章中，他几乎逐一对屈原《天问》所提出的一百七十多个问题做出了回答。屈原开篇便发问："曰：遂古之初，谁传道之？上下未形，何由考之？"柳宗元回答："本始之茫，诞者传焉。鸿灵幽纷，曷可言焉！冥黑晰眇，往来屯屯，庞昧革化，惟元气存，而何为焉。"柳宗元将"元气"视为世界万物的本原，在当时是了不起的进步。屈原对人世间的许多问题也大惑不解，如提出"彼王纣之躬，孰使乱惑？"即商纣王的荒淫失道是谁造成的？柳宗元的回答是："纣无谁使惑，惟志为首。"在柳宗元看来，商纣王的荒淫失道咎在个人，与上天毫无关系。这种"功者自功，祸者自祸"的观点，乃是柳宗元唯物主义的自然观在社会政治领域的延伸。

毛泽东对柳宗元《天对》中的唯物论精神给予了很高评价，除说"柳子厚出入佛老，唯物主义。他的《天对》，从屈原的《天问》以来，几千年只有这个人做了这么一篇"之外，1965 年 6 月 20 日，他在上海与著名学者刘大杰会面时又表示："屈原写过《天问》，过了一千年才有柳宗元写《天对》，胆子很大。"这就赋予了《天对》在中国哲学史上里程碑式的地位和意义。

佛、老二教是一个客观存在，柳宗元善于出入佛老，取其所长，避其所短，用朴素唯物主义观点解说"天人之际"即天和人的关系，对唯心主义天命论进行批判。他的哲学思想，是同当时社会生产力的发展、自然科学所达到的水平相适应的。他把古代朴素唯物主义无神论思想发展到了一个新的高度，从而丰富了自己的唯物主义世界观。所以，得到了毛泽东的充分肯定。这个肯定，也包括对老学的扬弃。

我看老百姓还是喜欢道教

——《毛泽东读〈水浒传〉》选录

任何小说都产生在特定的时代，都产生在特定的社会文化环境中。这样，它就不能不与当时的文化环境和社会背景发生紧密的联系。产生于六百年前的《水浒传》，不能不反映当时的文化观、宗教观、哲学观，反映当时的思想面貌和时代风气。

中国的传统文化，是以儒教、道教、佛教同生共处相互混一为特色的。《水浒传》对儒教的积极入世，对道教的淡然出世，对佛教的消极避世，都有所表现。《水浒传》较多地表现了道教文化，如开篇的陈抟骑驴、太白金星揭榜、龙虎山请张天师，中间的九天玄女授天书、梁山英雄排座次的受石碣天文、"替天行道"的行动口号、三十六天罡七十二地煞的神灵，都属于道教的内容。

所有这些庄严而神圣的内容，都是道家的幽灵。这些不仅赋予了《水浒传》浪漫主义的艺术处理手法，而且赋予了梁山好汉精神依托和思想灵魂。从全书的整体来看，可以说主体的故事都是安排在道教的神话中。梁山好汉所得到的上天佑助，都是道教一家。

梁山好汉之所以会聚在一起共做一番事业，是因为皇帝派遣太尉洪信到道教圣地龙虎山去请张天师祈禳祛除，不承想在上清宫中把一百〇八个天罡地煞星放了出来。这些星君降世，就是诸位梁山好汉。

作为道家神祇的九天玄女，在宋江起义过程中起到了幕后的决定性作用。

除了九天玄女的帮助外，在大聚义之前，由公孙胜主持了一个道教仪式来超度亡灵与祈福。宋江带领众兄弟在坛下恳求玉皇上帝昭示感应，结果天帝的眼睛果然睁开，滚下一个石碣，上有一百〇八人的名字与星号，以及"替天行道，忠义双全"的命令。

早在青年时代，毛泽东就对"国学"有深入精到的研究，儒教、道教、佛教三教从文化背景上深刻影响了《水浒传》的社会价值，他早有关注，尤其是道家精神深深濡染了梁山好汉的精神世界，他更是有精辟独到的见解。

造反的百姓都打着"替天行道"的旗帜

据现有的文献资料，毛泽东解读《水浒传》，最早提到道教对梁山英雄的影响，是他在井冈山的时候。1928年在井冈山期间，有次毛泽东与贺子珍谈到中国的文化特点时，说：

> 中国的传统文化由儒、道、佛三大家组成，最不好的是儒家的孔孟之道，中国历代尊儒，尤其是皇帝老子把孔子奉为至圣先师。其实，它的三纲五常、男尊女卑、上智下愚的主张，毫无革命精神，不值秕糠。道家除恶务尽的精神倒值得学习，它从不畏惧妖魔鬼怪，敢斗魑魅魍魉。历代造反的百姓都打着"替天行道"、"除暴安良"的旗帜，我看老百姓还是喜欢道教的。（刘恩营：《从井冈山走进中南海——陈士榘老将军回忆毛泽东》中共中央党校出版社1993年10月第1版，第132页）

约十年后的1936年，毛泽东在延安对斯诺说：

> "我爱看的是中国古代的传奇小说，特别是其中关于造反的故事。"后来他还谈到过在与父亲发生冲突时，他把父亲比作《水浒传》中的贪官，而自己无疑是梁山上那群"替天行道"的好汉。（武思茕、樊静：《毛泽东和他喜欢的二十本书》，云南人民出版社1993年9月第1版，第228页）

"替天行道"这个口号，在梁山好汉那里具有政治纲领和行动指南的意味。

《水浒传》第六十回《公孙胜芒砀山降魔　晁天王曾头市中箭》："宋江乃言道：'小可今日权居此位，全赖众兄弟扶助，同心合意，同气相从，共为股肱，一同替天行道。'"

第七十一回《忠义堂石碣受天文　梁山泊英雄排座次》："挂上'忠义堂'、'断金亭'牌额，立起'替天行道'杏黄旗。"

这两处都是关键时刻：一次是晁盖阵亡，宋江代理梁山"一把手"发表"代职演说"时；一次是梁山英雄大聚义，排座次，也就是权力再分配，确立领导体制和政治纲领时。这说明"替天行道"不是个一般性的口号，而是左右梁山人马灵魂的政治旗帜。组织上，它是凝聚力量，团结骨干，使其"同心合意，同气相从"的黏合剂；政治上，它是确定梁山运动方向、斗争性质和造反目标的指路灯。如果说梁山义军有什么政治号召的话，那么就是杏黄旗上的这四个大字。

但是，"替天行道"这个口号的含义是什么，渊源于哪个学派的思想，《水浒传》没有具体的交代。研究《水浒传》的专家们，有的判定其为儒家思想，说梁山英雄们是替封建皇权之"天"，行孔孟"大同""混一"之"道"；有的判定其为墨家思想，认为这一口号代表的是墨家"天罚"思想，是替反天意的暴天子之天，行"兼爱""尚同"等小生产者乌托邦理想之道；有的判定其为道家思想，认为是道家"损有余补不足"的平均主义社会理想的衍生物。造反起义上了井冈山的毛泽东，在谈中国文化儒、道、佛三教特点时，是把"替天行道"视为道家余韵的。

史料中的宋江起义，由于记载简略，没有留下宋江义军有政治号召或政治口号的任何资料。"替天行道"最早见之于元杂剧。《李逵负荆》一剧中宋江自白："杏黄旗上七个字：'替天行道救生民'。"《争报恩》一剧中有"忠义堂高揪杏黄旗一面，上写着'替天行道宋公明'"。由此可见，《水浒传》中"替天行道"种种说法，皆源于元杂剧水浒戏。宋江故事的思想性在元杂剧中，由原来的为了个人反抗而逃上山去，变成为一定的政治目的而组织武装进行武装割据了。

当代文学评论家聂绀弩先生在《水浒的影响》一文中说：

> 什么叫作"替天行道"呢？老子说过："天之道，损有余以补不足；人之道，损不足以奉有余。"压迫剥削农民的既存制度，是"损不足以奉有余"的"人之道"，这是应该反对的。和这对立的是"损有余以补不足"的"天之道"，应该拥护。但"天之道"虽好，"天"自己不会"行"，所以《水浒传》英雄们就"替天行道"。翻成水浒的常用语，就是"劫富济贫"。具体的例子，就是"智取

生辰纲"。这是阶级意识的表现。

聂先生引《老子》第七十七章的话说明"替天行道"口号的道教渊源。老子以"天之道"来推"人之道"，主张"人之道"应该效法"天之道"。老子面对当时社会的贫富悬殊、阶级压迫的种种现象，发表自己的意见，认为"人道"应该像"天道"那样"有余者损之，不足者补之"。这种"损有余以补不足"的"天道观"，在一定程度上反映了处于贫困地位的社会下层劳动者的平均主义的生活理想，所以聂先生说是"阶级意识的表现"。

这种思想观念很容易被造反起义的奴隶和农民所接受、所依托、所张扬，"替天行道"即替天行"损有余补不足"之道。有人以为，这样解释"替天行道"太激进，太"左"，但如果不这样解释就不好理解何以这个口号对平民造反起义的号召力、震撼力和凝聚力。在梁山好汉那里，"替天行道"表现在政治上，则是除暴安良，杀贪惩奸；表现在经济上，则是劫富济贫，"大碗喝酒，大块吃肉"。应该说，在漫长的封建时代，"替天行道"口号所蕴含和承载的思想内容，是具有革命色彩的，是封建统治阶级所不喜欢的。

毛泽东说历代造反的老百姓都喜欢打"替天行道"的旗帜，这是对《水浒传》梁山好汉们政治纲领历史地位的肯定，同时也肯定了这个口号对宋元以后历代农民革命运动的深远影响。我们来看一些实际事例：明末李自成、罗汝才起义，李自成自号"奉天倡义"大元帅，罗汝才号称"代天抚民"大将军，其号皆含"替天行道"之义（《明史·李自成传》）。有清一代，义和团运动，其旗帜上"书'替天行道''扶清灭洋'等字"（清·无名氏《天津一日记》）。清代宋景诗起义，"在经济上则号召：'替天行道'、'劫富济贫'"（陈白尘：《宋景诗历史调查报告提要》）。

井冈山斗争时期的毛泽东，他身边的武装力量常常在数百人或数千人之间，与占据着全国政权的新老军阀对垒，其斗争方式和斗争内容，与梁山英雄有着历史的逻辑的联系。这使他对中国历史上被压迫阶级的斗争，容易引起心理上的共鸣。在中国传统文化流派的选择中，他更倾向除恶务尽、敢于斗争的道家和由道家思想滋养派生出来的农民运动的纲领口号。当然，他认为这些"值得学习"，是古为今用，不是照抄照搬。他的"天"不是上帝，也不是皇帝，而是无产阶级和人民大众；他的道，不是"天之道"，更不是"人之道"，而是在扬弃了"损有余补不足"的平均主义思想基础上，逐渐形成的社会主义和共产主义理想。

说中央委员是三十六天罡星

看过《水浒传》的人都知道，梁山一百单八将，都是星宿下凡，所谓三十六天罡星、七十二地煞星。因为《水浒传》的流传，有人往往把造反起义者说成是天罡地煞转世，也有的造反者以天罡地煞星自况。

1945年4月21日，毛泽东在中国共产党第七次代表大会预备会议的报告《中国共产党第七次全国代表大会的工作方针》中说：

> 孙中山这个人我见过，在座的同志看见过他的还有。他是1925年去世的。当他致力于国民革命三十九年的时候，我见到了他，那时他已将近六十岁。当时国民党开第一次全国代表大会，在座的林老也是参加的一个。我们以共产党员的资格出席国民党的代表大会，也就是所谓"跨党分子"，是国民党员，同时又是共产党员。当时各省的国民党，都是我们帮助组织的。那个时候，我们不动手也不行，因为国民党不懂得组织国民党，致力于国民革命三十九年，就是不开代表大会。我们加入国民党以后，1924年才开第一次代表大会。宣言由我们起草，许多事情由我们帮它办好，其中有一个鲍罗廷，当顾问，是苏联共产党员，有一个瞿秋白，是加入国民党的中国共产党员。孙中山这个人有个好处，到了没有办法的时候，他就找我们。鲍罗廷说的话他都听。那时候叫作"以俄为师"，因为他革命三十九年老是失败。我们当时提出打倒帝国主义，打倒封建势力，打倒贪官污吏，打倒土豪劣绅，有很多人反对我们，说中央委员会的委员是三十六天罡星。（《毛泽东文集》，人民出版社1996年8月第一版，第三卷，第293页）

"三十六天罡星"，见《水浒传》第七十一回《忠义堂石碣受天文　梁山泊英雄排座次》。据道家说，北斗群星中，有三十六个天罡星，梁山泊一○八员头领的前三十六名，被认为是天罡星转世。1924年，国民党召开第一次全国代表大会时，选举中央执行委员四十一人，毛泽东、谭平山等十名共产党员被选为中央执行委员或候补执委。到了第二届中央执行委员会时委员有三十六名，故有三十六天罡星之称。

《水浒传》为什么把梁山前三十六名好汉描写为"三十六天罡星"转

世呢？这首先是与我们民族的传统文化习惯和审美心理有关。我们知道，"三十六"是一个古老的数字，常与"七十二"连用。"三十六"与"七十二"这些数字，与天文历法、与先民的农耕活动有着密切的关系。从古代的历法中可以找到它们的踪迹。在"夏太阳历"这个古老的历法中，把一年分为十个月，每个月三十六天；一年分为五季，每季两个月，共七十二天。在这里，"三十六"和"七十二"是历法中的两个基本数字。《大戴礼记·盛德》篇云："明堂自古有之也，凡九室，一室而有四户八牖。凡三十六户，七十二以茅盖屋，上圆下方。"《续汉书·祭祀志》中引桓谭《新论·正经》篇云："明堂上圆法天，下方法地……九室法九州，十二坐法十二月，三十六户法三十六雨，七十二牖法七十二风。"

"三十六"与"七十二"这些数字，又与先民的政治活动、社会生活有着密切的关系。秦始皇统一六国后，把全国的疆域划分为"三十六郡"；西汉时人们统称西域诸国为"三十六国"；军事谋略上有"三十六计"，所谓"三十六计，走为上计"；等等。

在被压迫阶级的造反起义活动中，也渗透着这种文化传统的深刻影响。汉末，道教的头头张角，把道徒分编为三十六方。《后汉书·皇甫嵩传》云："方，犹将军号也。"《后汉记》载：三十六方作三十六坊。大方万余人，小方六七千人。每方有首领，统一指挥。他们就以这种组织形式，掀起了动摇整个汉王朝的黄巾起义。在道教的一些名山中往往立有三十六洞天七十二福地。

《水浒传》出现了"三十六天罡"，既是"三十六"这个古老的习惯用语的沿袭，又与道教的"三十六方"有着一定的关系。

《水浒传》里出现"三十六天罡"，也有点历史的依据。《宋史·侯蒙传》里说："宋江以三十六人，横行河朔、京东，官军数万，无敢抗者，其材必过人。"这是侯蒙给宋徽宗上的奏章里的话。侯蒙并没有到过宋江活动的河朔、京东等地区。他的奏章很可能根据一些间接的材料写成。但宋江率领"三十六人"造反的说法流传很广，北宋末年李若水的《捕盗偶成》诗中就有"三十六人同拜爵"的诗句。元朝人陆友的《杞菊轩稿》也说："京东宋江三十六，白日横行大河北。"以至后来的"说话"材料《大宋宣和遗事》一书写道："宋江统帅三十六将，往朝东岳，赛取金炉心愿。"又写道："宋江和那三十六人归顺宋朝。"在龚开的《宋江三十六人画赞》、郎瑛的《七修类稿》以及周宪王《豹子和尚自还俗》杂剧里，都载有三十六人的名字和绰号。在现存的元人杂剧里，描写水浒故事多是属于三十六天罡中人。

剧中提到的有"三十六勇耀罡星""三十六个英雄汉""三十六大伙"和"三十六座宴楼台"。

大概历史上的宋江最初确以三十六人起事造反，道教又有"三十六天罡""七十二地煞"的说法，在水浒故事的流传中，讲授者和著作者（杂剧水浒戏和话本小说）把二者巧妙地"附会"到一起，为《水浒传》一百〇八位英雄的出场，披上了道教的神秘外衣。当然，这也是为了适应封建时代人们（读者）的心理需求，为了体现我国的文化传统。

"天罡"和"地煞"，都是天空中星座的名称。"天罡"是我们常见的北斗星座。据《道藏疏义》卷三载："北斗丛星为世人指向之斗柄，为天地之称。天罡维天之正，地煞镇地之平也。三十六天罡，七十二地煞为称之星焉。"又载："三十六天罡……为吾驱祸殃。地煞七十二，天地养正气。罡风驱奸邪，黑煞祛魅魈。"从"天罡"的文字意思来看，四正为"罡"。天罡分布在天上是为了使苍天公正、平衡。"罡"又通"纲"，这些天罡星是"天之纲"，他们下凡是为了维持"天道"，即"替天行道"。天罡是"维天之正"，为了实现"天公"；地煞是"镇地之平"，为了实现"地道"；他们都是"天地之称"，职责在称量天地是否公平，驱祸殃奸邪，养正气太平。在一定意义上说，他们是现实不公平社会的克星，又是平民百姓的救星。

《水浒传》开宗明义第一回写三十六天罡星、七十二地煞星由神变人的过程。这点十分可贵，它把梁山英雄说成是天上的星宿。按照封建统治阶级的宗教观，天上的星宿都是帝王将相，普通老百姓是没有份儿的。可是《水浒传》却推翻了这种传统观念，普普通通的渔夫、樵夫、仆人、狱卒、泥瓦匠、种菜的、开店的、农妇等，也是天上的星宿。蔡京、高俅这些朝廷重臣却不是天上的星宿，坏人高贵者不如好人卑贱者。把"星宿下凡"这种封建统治者的"专利"，转让给起义造反者，《水浒传》这种宗教观，是个了不起的进步。

1924年前后，国共两党合作，形成了大革命的时代潮流，反帝反封建的斗争如火如荼，风云激荡，反动派把三十六名中央执委说成是"三十六天罡星"，有视其为凶神恶煞洪水猛兽之意，把他们等同于揭竿起义上梁山的叛逆强盗。这从反面恰恰证明"天罡星"们是革命的代表。在共产党的第七次全国代表大会上，毛泽东重提二十年前的往事，回顾党的这段历史，在于说明"我们党尝尽了艰难困苦，轰轰烈烈，英勇斗争。从古以来，中国没有一个集团，像共产党一样，不惜牺牲一切，牺牲多少人，干这样的大事"（《毛泽东文集》第三卷，第292页）。在大革命时期，毛泽东本人也是不怕敌人反对，不怕流血牺牲，而勇于战斗乐于苦斗的"天罡星"之一。国共第一次合作时期的中央执委，因数在三十六而被反对派视为"三十六天罡星"，这也是十分耐人寻味的历史文化现象。

多数情况下，人们提到"三十六天罡""七十二地煞"，都与政治生活有关。但也不完全如此。时间长久了，生活内容变迁了，人们已经慢慢忘掉了它们原来的实用意义，而转入到习惯性使用它们的方面。所以，当数字在三十左右时，就宁肯凑成三十六个；当数字在七十左右时，就索性凑成七十二个。

1960 年 3 月 20 日，外出视察的毛泽东在专列上接见山东省委书记舒同等，听取汇报时插话，其中说：

> 山东梁山泊曾出现三十六个天罡星，你们的三十三个过渡试点可以再加三个。你们控制得对（指过渡），广东没有控制，下面搞黑的，广东某县一个县都过渡了。现在准备好条件，将来就过得好，过得快，过渡不要人为，要顺乎自然。（顾龙生：《毛泽东经济年谱》，中共中央党校出版社 1993 年 3 月第 11 版，第 513 页）

试点是一种认识方法，一种工作方法。从哲学上说，是通过个别认识一般，通过个体认识整体，通过特殊性认识普遍性。这种方法，也被形象地称之为"解剖麻雀"。毫无疑问，在社会主义建设中，采取"过渡试点"的办法，一般说来是正确的。问题是为什么三十三个过渡试点还要"再加三个"以凑成三十六个之数？原因有两个：一个是山东省有梁山泊，而梁山泊的天罡星可是三十六个；一个是使用三十六这个数字已经成为习惯，索性凑成三十六之数。

对形成这两个原因起作用的，还是《水浒传》"天罡地煞"观念的深刻影响，还是长期积淀的文化心理的潜移默化。毛泽东这次提到梁山泊三十六天罡星，似乎漫不经心，似乎没有用意，三十三个过渡试点与三十六个天罡星也没有必然的联系，然而正是在这种不知不觉、不动声色中，才使人们感受到一种无处不在、无时不有的文化魅力及至魔力的存在。

《水浒传》第一回有极神气的描写

《水浒传》第一回《张天师祈禳瘟疫 洪太尉误走妖魔》，讲述了这样一件事：宋仁宗嘉祐三年（1058），瘟疫盛行，宋仁宗派殿前太尉洪信前往江西信州龙虎山上清宫，宣请张天师来京祈禳。洪信在龙虎山上清宫打开伏魔殿，放走了三十六员天罡、七十二座地煞。这就为日后宋江等一百单八好汉造反埋下了伏笔。

对龙虎山、天师道和张天师，对《水浒传》第一回张天师禳灾、洪太尉放魔的故事，毛泽东是十分熟悉的。1942年夏秋之间在延安，华君武、蔡若虹、张谔等三位画家奉约去见毛泽东。几位画家平时都是在大会上较远地见到毛泽东，现在坐在他身旁，不免有些拘束。但毛泽东很快就打破了这种拘束感，使人很自然地讲话。据华君武回忆：

> 我记得开始毛主席问到蔡若虹籍贯，知道是江西人时，毛主席就问蔡若虹，知道不知道江西有位大名鼎鼎的道教头头张天师，蔡若虹说不出张天师的来历，毛主席就讲了一段关于张天师的笑话，使得我们什么话都敢说了。（华君武：《1942年毛主席和我们的谈话》，《缅怀毛泽东》（下），中央文献出版社1993年12月第1版，第444页）

如果说1942年毛泽东讲张天师的笑话，只是为了缓解客人的拘束感的话，那么1958年他讲洪太尉龙虎山放走魔王的故事，则大有深意。1958年12月7日，毛泽东读卢弼《三国志集解》，为《张鲁传》写了一段批语，其中说：

> 这里所说的群众性医疗运动，有点像我们人民公社免费医疗的味道，不过那时是神道的，也好，那时只好用神道。道路上饭铺里吃饭不要钱，最有意思，开了我们人民公社公共食堂的先河。大约有一千六百年的时间了。贫农、下中农的生产、消费和人们的心情还是大体相同的，都是一穷二白。不同的是生产力于今进步许多了。解放以后，人们掌握了自己这块天地了，在共产党的领导下。但一穷二白古今是接近的。所以这个张鲁传值得一看。

张鲁的祖父创教人张陵，一名张道陵，就是江西龙虎山反动透顶的那个张天师的祖宗，水浒传第一回描写了龙虎山的场面。三国时代的道教是遍于全国的，群众运动的。在北方有天公将军张角三兄弟最为广大的革命的群众运动，他们的口号是"苍天已死，黄天当立"。苍天，汉朝统治阶级。黄天，农民阶级。于吉在东吴也有极大的群众运动，是那时道教的一派。张道陵张鲁是梁、益派。史称这派与北方派的路线基本相同……现在的人民公社运动，是有我国的历史来源的。（《建国以来毛泽东文稿》，中央文献出版社1992年8月第1版，第七册，第627—628页）

过了三天，12月10日，毛泽东又为《张鲁传》另写批语，他这样写道：

我国从汉末到今一千多年，情况如天地悬隔。但是从某几点看起来，例如，贫农、下中农的一穷二白，还有某些相似。汉末北方的黄巾运动，规模极大，称为太平道。在南方，有于吉领导的群众运动，也是道教。在西方（以汉中为中心的陕南川北区域），有五斗米道与太平道"大都相似"，是一条路线的运动。又称张鲁等，张陵（一称张道陵，其流风余裔经千年转化为江西龙虎山为地主阶级服务的极端反人民的张天师道。水浒传第一回"冯太尉误走魔鬼"有极神气的描写，一看使人神旺，同志们看过了吧？），张修，张鲁祖孙三世行五斗三世，行五斗米道。行五斗米道，"民夷便乐"，可见大受群众欢迎。（《建国以来毛泽东文稿》，中央文献出版社1992年8月第1版，第七册，第629页）

毛泽东两次为《张鲁传》写批语，旨在探讨"现在的人民公社运动，是有我国的历史来源的"，他从三国时期的"五斗米道"中看到了"不自觉的原始社会主义色彩"。他从张陵、张衡、张鲁的"五斗米道"，联想到江西龙虎山的张天师道，进而联想到《水浒传》对张天师禳灾和洪太尉放魔的描写。

毛泽东说："水浒传第一回描写了龙虎山的场面。"

龙虎山位于江西省贵溪市境内，是中国道教的发祥地，天师道祖庭。《水浒传》在第一回中对龙虎山的景致有动人心魄的描绘：

"……大顶直侵霄汉，果然好座大山！正是：根盘地角，顶接天心。

远观磨断乱云痕，近看平吞明月魄。……左壁为掩，右壁为映。出的是云，纳的是雾。锥尖象小，崎峻似峭，悬空似险，削如平。千峰竞秀，万壑争流，瀑布斜飞，藤萝倒挂。虎啸时风生谷口，猿啼时月坠山腰。恰似青黛染成千块玉，碧纱笼罩万堆烟。"

《水浒传》第一回中的张天师并不是张陵，张陵是汉末人。《水浒传》中的张天师只是所谓"嗣天师"，即张陵的后代正宗传人。据史籍记载，张陵主要在陕南川北地区活动，虽有"杖策游龙虎山"的说法，却没有讲张陵于龙虎山定居的记载。龙虎山与四川相距颇远。张陵的正宗后代何时定居于龙虎山？宋末僧人所撰《佛祖统纪·天师世次》中讲："（汉）献帝时嗣天师第四代张盛至鄱阳炼丹解化，人名其居曰龙虎山。"

天师道是长期在龙虎山世袭相传的一个独具特色的道教派别。它由张陵（张道陵）创立后一姓传承六十多代，迄今绵延近两千年。天师道在不同的历史时期有不同的名称。汉末张陵、张衡、张鲁祖孙三代创教之初，虽自称天师、嗣师、系师，却未用天师道之名。其时，因奉道者出米五斗，故称"五斗米道"，流传于巴蜀地区。后因道徒利用五斗米道发动起义，为封建统治者忌恨，故讳言"五斗米道"而仅以天师道称之，时间约在晋末。

天师道至唐宋元明时期，才被封建统治者视为道教的正宗，其势日盛。这一时期，历代皇帝对天师道的推崇信奉简直到了走火入魔的地步。如，唐朝皇帝追谥老子为太上玄元皇帝，把道教作为国教，视道士为皇族；而宋朝皇帝竟然伪造天书，更改年号，为自己硬拉来一位道教之祖，宋徽宗常向第三十代张天师询问时政。嗣天师渐渐到朝廷做官，有了品位，变成了统治者的帮凶，天师道也就演化成"为地主阶级服务的极端反人民的"了。但嗣天师始终是统治者扶持着，处于统治者严密控制之下，在大部分时间里也只能起到为封建王朝"辟邪驱魔"的作用。《水浒传》第一回描写宋仁宗嘉祐年间，"天灾盛行，军民涂炭，日夕不能聊生，人遭缧绁之厄"，朝廷委派"太尉洪信为天使，前往江西信州龙虎山，宣请嗣汉天师张真人星夜临朝，祈禳瘟疫"。这种描写，是有历史影子的。

毛泽东说："水浒传第一回'冯（洪）太尉误走魔鬼'有极神气的描写，一看使人神旺，同志们看过了吧？"

看来，《水浒传》第一回的故事，尤其是"洪太尉误走妖魔"的情节，给毛泽东留下了不可磨灭的印象。"极神气的描写，一看使人神旺"，甚赞作者笔下功夫到家，调动起读者浓厚的阅读兴趣。阅读此回，毛泽东为之"神旺"，那么同志们呢？都要"看过"吧！请看"使人神旺"的"洪太尉误走妖魔"的描写：

> 诸宫看遍，行到右廊后一所去处。洪太尉看时，另外一所殿宇：一遭都是捣椒红泥墙；正面两扇朱红槅子；门上使着胳膊大锁锁着，交叉上面贴着十数道封皮，封皮上又是重重叠叠使着朱印；檐前一面朱红漆金字牌额，上书四个金字，写道："伏魔之殿"。太尉指着门道："此殿是甚么去处？"真人答道："此乃是前代老祖天师锁镇魔王之殿。"太尉又问道："如何上面重重叠叠贴着许多封皮？"真人答道："此是祖老大唐洞玄国师封锁魔王在此。但是经传一代天师，亲手便添一道封皮，使其子子孙孙不敢妄开。走了魔君，非常利害。今经八九代祖师，誓不敢开。锁用铜汁灌铸，谁知里面的事。小道自来住持本宫三十余年，也只听闻。"洪太尉听了，心中惊怪，想道："我且试看魔王一看。"便对真人说道："你且开门来，我看魔王甚么模样。"真人告道："太尉，此殿决不敢开。先祖天师叮咛告诫：今后诸人不许擅开。"太尉笑道："胡说！你等要妄生怪事，煽惑百姓良民，故意安排这等去处，假称锁镇魔王，显耀你们道术。我读一鉴之书，何曾见锁魔之法。神鬼之道，处隔幽冥，我不信有魔王在内。快疾与我打开，我看魔王如何。"真人三回五次禀说："此殿开不得，恐惹利害，有伤于人。"太尉大怒，指着道众说道："你等不开与我看，回到朝廷，先奏你们众道士阻当宣诏，违别圣旨，不令我见天师的罪犯；后奏你等私设此殿，假称锁镇魔王，煽惑军民百姓。把你都追了度牒，刺配远恶军州受苦。"真人等惧怕太尉权势，只得唤几个火工道人来，先把封皮揭了，将铁锤打开大锁。众人把门推开，看里面时，黑洞洞地……众人一齐都到殿内，黑暗暗不见一物。太尉教从人取十数个火把点着，将来打一照时，四边并无别物，只中央一个石碑，约高五六尺，下面石龟趺坐，太半陷在泥里。照那碑碣上时，前面都是龙章凤篆，天书符篆，人皆不识。照那碑后时，却有四个真字大书，凿着"遇洪而开"。却不是一来天罡星合当出世，二来宋朝必显忠良，三来凑巧遇着洪信。岂不是天数！洪太尉看了这四个字，大喜，便对真人说道："你等阻挡我，却怎地数百年前已注我姓字在此？'遇洪而开'，分明是教我开，看却何妨！我想这个魔王，都只在石碑底下。汝等从人与我多唤几个火工人等，将

锄头铁锹来掘开。"真人慌忙谏道："太尉，不可掘动！恐有利害，伤犯于人，不当稳便。"太尉大怒，喝道："你等道众，省得甚么！碑上分明凿着遇我教开，你如何阻挡！快与我唤人来开。"真人又三回五次禀道："恐有不好。"太尉那里肯听。只得聚集众人，先把石碑放倒，一齐并力掘那石龟，半日方才掘得起。又掘下去，约有三四尺深，见一片大青石板，可方丈围。洪太尉叫再掘起来。真人又苦禀道："不可掘动！"太尉那里肯听。众人只得把石板一齐扛起，看时，石板底下却是一个万丈深浅地穴。只见穴内刮剌剌一声响亮，那响非同小可，恰似：

> 天摧地塌，岳撼山崩。钱塘江上，潮头浪拥出海门来；泰华山头，巨灵神一劈山峰碎。共工奋怒，去盔撞倒了不周山；力士施威，飞锤击碎了始皇辇。一风撼折千竿竹，十万军中半夜雷。

那一声响亮过处，只见一道黑气，从穴里滚将起来，掀塌了半个殿角。那道黑气直冲上半天里，空中散作百十道金光，望四面八方去了。众人吃了一惊，发声喊，都走了，撇下锄头铁锹，尽从殿内奔将出来，推倒撷翻无数。惊得洪太尉目睁痴呆，罔知所措，面色如土。奔到廊下，只见真人向前叫苦难迭。太尉问道："走了的却是甚么妖魔？"……住持真人对洪太尉说道："太尉不知，此殿中当初是祖老天师洞玄真人传下法符，嘱付道：'此殿内镇锁着三十六员天罡星，七十二座地煞星，共是一百单八个魔君在里面。上立石碑，凿着龙章凤篆天符，镇住在此。若还放他出世，必恼下方生灵。'如今太尉放他走了，怎生是好！他日必为后患。"洪太尉听罢，浑身冷汗，捉颤不住；急急收拾行李，引了从人，下山回京。

洪信到龙虎山请张真人禳灾，结果是"本为禳灾却惹灾"，"教三十六员天罡下临凡世，七十二座地煞降在人间"，这些魔王转世上梁山造反，"直使宛子城中藏猛虎，蓼儿洼内聚飞龙"，"水浒寨中屯节侠，梁山泊内聚英雄"，"哄动宋国乾坤，闹遍赵家社稷"，闹得大宋皇帝"夜眠不稳，昼食忘餐"，"社稷从今云扰扰，兵戈到处闹垓垓"。（《水浒传》第一回，第二回）

"洪太尉误走妖魔"，从字面上看，是误是祸，但这不是作者要表达的意思。《水浒传》第一回，只是个引子和楔子，写的故事发生在宋仁宗时，与"水浒"主体故事都是发生在宋徽宗时期，是"断条"的，不连接的，因而洪太尉请张天师禳灾乃至放走一〇八位魔王的故事，只具有象征意义。当然，这个象征是进步的、积极的。它告诉读者，水浒一百单八将都是星宿下凡，绝非等闲之辈。这在今天看来，虽然有迷信色彩，为一〇八将的出场披上了神秘的外衣。但是，作者正是运用这种在当时看来十分神圣十分了得的办法，将被封建统治者视为大逆不道的造反者抬高到神圣崇高的地位，把他们的替天行道视为天经地义。

《水浒传》第一回洪太尉误走妖魔写得确实"神气"。毛泽东读后何以"神旺"？当然在于心灵的沟通。所谓"心有灵犀一点通"是也。从三国时代张鲁的"五斗米道"，到梁山英雄的替天行道，劫富济贫，可以说都是"一条路线的运动"，都是现在人民公社的"历史来源"。

龙虎山是道教的圣地，也是水泊梁山一〇八将出世之地。因此，毛泽东看《水浒传》第一回，欣赏其对龙虎山的场面描写，欣赏其对魔王出世的精彩描写，并在思想情感上引起共鸣，推荐给同志们阅读，这淋漓尽致地表露了他在1958年时的政治心态。那时，他虽然看到了"大跃进"和人民公社运动"长处短处都有"，看到了"浮夸风"和"共产风"等弊端，但在内心深处，还热衷于为其"长处"找历史根据，而被他视之为"广大的群众运动"的汉末五斗米道和北宋末梁山运动，则是历史根据中的最有力者，虽然后来的历史证明他此次把梁山英雄引为同调，是加大了自己的错误判断，但这符合他多数时间从积极方面挖掘梁山运动革命性的阅读视角。

赫鲁晓夫就是洪太尉

洪太尉放走了魔君，吓得不行，告诉属下"休说与外人"，一溜烟跑回京城，从此销声匿迹。不过，到了20世纪60年代，他又从苏联"冒"了出来。毛泽东说，赫鲁晓夫就是洪太尉！洪太尉本是中国的"土特产"，何以"出口"成了"洋货"？

原来，自从斯大林于1953年去世后，赫鲁晓夫逐渐取得了苏联党和国家的领导大权，十余年来在苏中两党两国关系上，采取了大国沙文主义的粗暴做法，推行修正主义对外政策，激起中国共产党和中国人民的强烈义愤。赫鲁晓夫两次访问中国，毛泽东也回访过一次，周恩来、刘少奇、邓小平等中共领导人也多次率团出访苏联和东欧国家，苏中之间的政治斗争和领袖交锋发生过许多次，由幕后进到台前，日益公开化。甚至发展到国家关系之间的冲突，苏联不惜撕毁协议，撤回专家，企图用经济科技方面的扼杀手段，对付不随着苏联指挥棒转的中国共产党。特别是苏联中断在原子弹核武器研制上同中国的合作，使中共中央和毛泽东痛下决心，中国一定要有自己的核武器。

1963 年 7 月 14 日，苏共中央发表了《给苏联各级党组织和全体共产党员的公开信》，赫鲁晓夫撕破假面具，坚持反华，挑起公开论战。这是 20 世纪 60 年代中苏两党大论战的导火索和引爆器。拉开了大论战的序幕。9 月 6 日，中共中央发表评论苏共中央公开信的第一篇文章（即《一评》）。之后，在一年的时间里，总共组织撰写发表九篇文章，对苏共中央的反华行径进行理论剖析和严肃抨击。这"九评"都是在毛泽东亲自领导和审定下，经过政治局常委讨论修改，以《人民日报》《红旗》杂志编辑部名义发表的。到 1964 年 3 月 31 日发表《八评》，中苏论战已经达到高潮，达到白热化。

1964 年 3 月底，毛泽东离京到外地视察工作前，在北京中南海召集中共中央政治局常委会，研究有关工作，特别提出：今年 4 月是赫鲁晓夫的七十寿辰，我们可致电祝贺。电报不能完全是礼节性的，应该讲点实质问题。赫鲁晓夫越要大反华，我们越要采取和同他相反的姿态，他要坚决反击，我要坚决友好；他要分裂，我要团结。这样我们就处于主动地位，争取国际同情。进可攻，退可守。这样赫鲁晓夫可能发表贺电，也可能不发表，我们要争取他发表，让苏联人民和全世界知道我们的态度。

毛泽东又说：我所以提议要发一个给赫鲁晓夫祝寿的贺电，还考虑到有一种可能，就是在赫鲁晓夫内外交困、大家对他很不满的情况下，他有可能被宫廷政变推翻。要考虑到这个可能。而推翻以后，上来的人可能比赫鲁晓夫好一些，但应从坏处着想，即也可能比赫鲁晓夫更坏，大国沙文主义更厉害一些。依我看，赫鲁晓夫还不是最坏的人，有比他更坏的，比他搞大国沙文更厉害的。赫鲁晓夫搞大国沙文主义毛手毛脚，引起强烈反抗。换一个人来，可能比他谨慎一点，但也可能搞得更凶一些，更厉害一些。要估计到两种可能性。所以我们致电祝贺赫鲁晓夫七十大寿，要考虑对赫鲁晓夫本人表示一点友好之意。

毛泽东估计中苏两党尚不至于马上公开破裂，中国共产党要采取拖的方针，推迟这个破裂，但是要准备这个破裂。毛泽东交代在京的中央常委刘少奇、周恩来、邓小平等同志：关于给赫鲁晓夫的祝寿信，要在北京准备好，我过一天就到外地去，传给我看了以后再发出。为表明中国慎重其事，毛泽东还要求贺信要用毛、刘、朱、周四个人联名签署（毛泽东、刘少奇、朱德、周恩来当时分别任中共中央主席、国家主席、全国人大常委会委员长、国务院总理）。这是党、国家、人大、国务院的联合贺信。

为了使核心层领导充分认识同赫鲁晓夫既斗争又团结的意义，毛泽东在中央常委会上讲了《水浒传》第一回"洪太尉误走妖魔"的历史故事，他说：

> 大家都看过《水浒》，《水浒》的第一回叫作"张天师祈禳瘟疫 洪太尉误走妖魔"。现在赫鲁晓夫就是洪太尉。《水浒》第一回里面讲，洪太尉领了皇帝的圣旨到江西信州，上龙虎山上清宫去请张天师来开封禳灾。因为当时天下闹灾，瘟疫横行。这个洪太尉到了龙虎山上清宫，没有见到张天师，而看见一个大殿，大殿的名字叫作"伏魔之殿"，殿门上贴满了封条，还锁得非常严实。洪太尉问领路的真人，里面是什么？为什么不可以打开？领路的真人是一个道师，他对洪太尉说，从大唐祖师开始，里面就关了一大批妖魔鬼怪，一直到现在已经八九代祖师了，都不敢开，而且每一代祖师都要在门上贴一次封条。据传说，一打开就不得了，妖魔鬼怪都跑出来，天下就要大乱。洪太尉不相信，硬是叫人把封条扯开，把铁锁也给砸烂，打开大殿的门。门打开以后，看到一块石碑，石碑下面是一个石龟，碑上有碑文，刻着四个字，叫作"遇洪而开"。洪太尉看到这四个字，心想我不是洪信嘛，我就是洪太尉。碑上刻着"遇洪而开"，正是碰到我就开了。因此他叫人挖开石龟。道师赶忙来劝，说动不得，动不得，动了就不得了了。洪太尉不听，挖开石龟，底下还有一块大青石板，洪太尉又叫再挖，把石板挖开了。挖开以后，底下是一个很深的、不到底的地洞，里面哇喇哇喇地响，响过以后，一道黑气一下子从洞里滚起来，一直冲洞口而出，冲到大殿，冲到半空中，化作百把道金光，向四面八方散去。吓得大家都倒下，洪太尉也吓得发抖，面色如土。他问道师，这究竟是什么东西呀？道师说，你不知道呀，这里边锁着三十六员天罡星，七十二座地煞星，一共是一百〇八个妖魔。你把他们放出去就不得了了，天下就要大乱了。

> 赫鲁晓夫就是洪太尉，他发动公开论战，就是揭开石板，把下面镇着的一〇八个妖魔放出来，天下大乱了。一百〇八将就是梁山泊的英雄好汉，我们就是赫鲁晓夫这个洪太尉放出来的妖魔鬼怪。我们四个人都是，我们常委都是，我们中央都是。不过我们常委里没有直接跟赫鲁晓夫交锋的人还占多数。我是交过锋

的，但是内部谈话，公开的没跟他交过锋。少奇同志是交过锋的，在莫斯科会上交锋的，但是也没有公开地在报纸上跟他交锋。恩来嘛，我们总理是交过锋的，赫鲁晓夫耿耿于怀，说我们总理给他上大课。在1956年年底访问东欧的匈牙利、波兰这些国家，经过莫斯科的时候，跟他谈了一通，把我们的意见，对他们的"二十大"、对斯大林的问题都讲了。赫鲁晓夫把这说成是总理给他们上了大课。总理在"二十二大"上致词时也不指名地批评了他。还有我们的小平同志，我们常委里面，主要是小平同志出面跟赫鲁晓夫吵。我们都是妖魔鬼怪。但是现在这个洪太尉赫鲁晓夫混不下去了，日子不好过了。我们还得感谢他把我们放出来。可以跟他进行公开论战，因此要给他发个贺电。（吴冷西：《十年论战——1956—1966中苏关系回忆录》，中央文献出版社1999年5月版，第736—738页）

1964年4月毛泽东回湖南，他在长沙说：我们要致电祝贺赫鲁晓夫的七十寿辰，国际共产主义运动还是要讲团结。因为《共产党宣言》号召全世界无产者联合起来！

毛泽东因势利导，利用赫鲁晓夫寿辰之机，从北京到长沙连续执导了一幕给赫鲁晓夫祝寿的短剧，更好地掌握了中苏论战的主动权。

毛泽东的这个斗争策略，深思熟虑，是出其不意的一着好棋，得到中央常委的一致同意。

1964年4月12日下午，毛泽东在湖南省委院内的住处召集邓小平、康生、吴冷西、王任重、张平化等开会，毛泽东开门见山地说明：北京传过来的给赫鲁晓夫的贺寿电文要修改。毛泽东说，赫鲁晓夫是怕争论的，越来越怕，看起来气壮如牛，但是色厉内荏。以后，连续三四天，推敲、修改和发出了给赫鲁晓夫七十寿辰的贺电稿。

秀才们在北京起草的这个贺电写得比较长，并谈到中苏两党的分歧和争论。毛泽东审阅之后，对邓小平等说：不赞成这样写法。这个贺电应该争取苏联发表，使他能够发表。写的内容要从这么一个设想出发。因此不能多谈分歧和争论问题，可以说尽管我们还有分歧，我们还是要加强团结。要点出这么一个意思：说我们尽管有分歧，但是一旦有事，我们两党会团结起来的。

邓小平按照毛泽东的意见，主持对贺电的修改。

4月14日下午，邓小平等人聚集到毛泽东处，开会研究通过修改稿。

毛泽东说，我们是把这个当作重要的策略步骤来看待的。在吴冷西起草的较为详细的稿子上，毛泽东动手做了认真修改，加了许多段插话，一是修饰语气、表示客气，二是加上一些铺垫词句，最主要的是改了一头一尾，开头处他在赫鲁晓夫的职务头衔与祝贺语言之间加上"亲爱的同志"几个字，用意就是表示贺电是一个和解的电报，使苏共能够发表；在结尾处他加上"让帝国主义和各国反动派在我们的团结面前颤抖吧，它们总是会失败的"一句话，显示团结起来的力量和意义。

对毛泽东的亲笔修改，与会者均感到是画龙点睛，提纲挈领，不由得佩服之至。

4月16日贺电发出后，晚上新华社就广播了，17日《人民日报》发表了贺电全文。许多党员干部感到很惊讶：怎么给赫鲁晓夫这么一个温和的贺电？特别是对电文上称他"亲爱的同志"，说一旦有事还要团结，普遍反映强烈，但是人们仔细一想，都由衷地叹为观止，猜测这是毛泽东的大手笔。因为当时中苏论战正酣，火药味十分浓，突然来了一个毛泽东领衔致电祝贺赫鲁晓夫七十寿辰，而且十天内中国国内所有的报刊、通讯社、广播电台，不发表也不广播批评苏共的文章，尽显中国共产党的有理、有利、有节的斗争艺术，充分展现毛泽东运筹帷幄，偃武修文，一张一弛，亦庄亦谐，挥洒自如，那种成熟的无产阶级革命领袖的智慧和天才，在国内外都引起强烈的反响。虽然，这只是20世纪60年代中苏论战中一段小插曲，但是尽可以使人们领略到毛泽东的政治高明和领袖魅力，是他以炉火纯青的斗争艺术，指导了中共对苏共和赫鲁晓夫掀起反华反中共浪潮、破坏国际共产主义运动的行径，进行了策略性的坚决斗争。

1964年4月中旬在长沙前后，毛泽东洞察秋毫，准确地预见到赫鲁晓夫内外交困、苏共内部可能会发生重大事变的征候，要中共中央做好两手准备，有备无患。果然，不出毛泽东所料，10月14日，苏联发生了重大事变，赫鲁晓夫被苏共中央全会罢免，下台了。10月16日公之于众。恰好在这一天，中国第一颗原子弹爆炸成功。两大新闻同时公布，全世界都为之震惊。

其实，毛泽东给赫鲁晓夫"祝寿"，是希望赫鲁晓夫改弦更张，停止反华和分裂国际共产主义运动的行径。但是赫鲁晓夫利令智昏，忘乎所以，既在反华的路上越走越远，又未能妥善处理苏联党内国内的困难和问题，所以，他在政治上"寿终正寝"，也是必然的结果。

对赫鲁晓夫发表《公开信》，挑起中苏两党大论战，比喻为洪太尉揭开石板放出"妖魔鬼怪"（其实就是造反的受压迫者），既新鲜有趣，又意味深长。它含有反抗是压迫者逼出来的道理，论战的挑起罪在赫鲁晓夫，他就是那个非要进伏魔殿揭开石板的洪太尉。毛泽东以梁山好汉自况，取的意思正是像好汉们那样敢于反抗，敢于"交锋"，不怕大国沙文主义与现代修正主义的种种压力。不过，现代的"妖魔"要比梁山好汉高明得多，不但讲斗争，而且讲团结；不但坚决反击，而且讲打击策略。抓住机会，"感谢"洪太尉赫鲁晓夫的"放出来"之恩，给他"发个贺电"，使斗争有理、有利、有节。

（董志新著：《毛泽东读〈水浒传〉》，万卷出版公司2009年版，第61—79页）

太上老君、青牛精与事物本质

——《毛泽东读〈西游记〉》选录

　　毛泽东是哲学大师，臧否人物，谈论事物，常常提到哲学高度评论功过、判断是非。

　　他讲哲学，不讲死教条，多引活材料。《水浒传》《三国演义》中的故事，时不时信手拈来，《西游记》中的神魔争斗也不在话下。

　　1959 年 9 月，他为了解释"庐山会议"的斗争性质，为了讲清透过现象抓本质的哲学观点，就曾讲到《西游记》中"青牛精"的故事。

　　这年七八月间，党中央在庐山召开了政治局扩大会议和党的八届八中全会，史称庐山会议。会议前期，是继续贯彻 1958 年 11 月第一次郑州会议以来的精神，纠正"大跃进"和人民公社化运动中的"左"倾错误。可是到了 7 月 14 日，因为彭德怀的一封批评"左"的错误的信，会议转向反右倾，错误地发动了对彭德怀的批判。会议做出了《关于以彭德怀同志为首的反党集团的错误的决议》。会后，会议精神首先传达到全体党员，而后传达到党外。

　　9 月 15 日，毛泽东出席各民主党派负责人座谈会，通报了刚刚结束的庐山会议的情况。他讲起《西游记》第五十二回《悟空大闹金峣洞　如来暗示主人公》里的故事，引出一条哲学原理：

　　　　《西游记》上许多故事都讲到，开始时不知道是什么精在作怪，
　　是蝎子精，还是蜘蛛精，还是从太上老君那里跑掉的一匹青牛？
　　就是搞不清楚。只看现象，就搞不清本质；搞不清本质，就无法

降妖捉怪。比如那条青牛，多厉害呀！（你们回去可请秘书找那个故事来看看）请来如来佛，他都没办法，他说他也不清楚，不是他那里的。玉皇大帝也没有办法。后来说到三十三重天的兜率宫那里去问问吧。太上老君住在这三十三重天上，不问政治，不参加玉皇大帝的国家组织，不做官，只炼丹，研究自然科学。结果是他的烧火娃娃青牛精偷跑下凡来作怪。查到这个原因，才整住他，请太上老君自己下来，把青牛收回去。这是讲《西游记》，单看现象是不能解决问题的，要抓问题的本质。（陈晋主编：《毛泽东读书笔记》上册，广东人民出版社1994年版，第459页）

《西游记》描写，金岘洞兕角大王来历不明，且十分厉害，他用金刚琢把唐僧、八戒和沙僧掳去，还把孙悟空的金箍棒和众天神的兵器圈走。没办法，孙悟空只好去查兕魔的"脚色"来踪，启奏玉帝。满世界"更无一点踪迹"，孙悟空又到西天佛祖如来处寻其"乡贯住居"：

　　如来听说，将慧眼遥观，早已知识。对行者道："那怪物我虽知之，但不可与你说。你这猴儿口敞，一传道是我说他，他就不与你斗，定要嚷上灵山，反遗祸于我也。我这里着法力助你擒他去罢。"行者再拜称谢道："如来助我甚么法力？"如来即令十八尊罗汉开宝库取十八粒"金丹砂"与悟空助力。

孙悟空与十八罗汉运用十八粒"金丹砂"，也没有战胜兕怪，如来佛又派降龙、伏虎二罗汉转告孙悟空上离恨天兜率宫太上老君处寻找妖怪的踪迹。

　　好行者，说声去，就纵一道筋斗云，直入南天门里……不上灵霄殿，不入斗牛宫，径至三十三天之外离恨天兜率宫前，见两仙童侍立，他也不通姓名，一直径走，慌得两童扯住道："你是何人？待往何处去？"行者才说："我是齐天大圣，欲寻李老君哩。"仙童道："你怎这样粗鲁？且住下，让我们通报。"行者那容分说，喝了一声，往里径走。忽见老君自内而出，撞个满怀。行者躬身唱个喏道："老官，一向少看。"老君笑道："这猴儿不去取经，却来我处何干？"行者道："取经取经，昼夜无停；有些阻碍，到此行行。"老君道："西天路阻，与我何干？"行者道："西天西天，你且休言；寻着踪迹，与你缠缠。"老君道："我这里乃是无上仙宫，有甚踪迹可寻？"

行者入里，眼不转睛，东张西看。走过几层廊宇，忽见那牛栏边一个童儿盹睡，青牛不在栏中。行者道："老官，走了牛也！走了牛也！"老君大惊道："这业畜几时走了？"正嚷间，那童儿方醒，跪于当面道："爷爷，弟子睡着，不知是几时走的。"老君骂道："你这厮如何盹睡？"童儿叩头道："弟子在丹房里拾得一粒丹，当时吃了，就在此睡着。"老君道："想是前日炼得'七返火丹'，吊了一粒，被这厮拾吃了。那丹吃一粒，该睡七日哩。那业畜因你睡着，无人看管，遂乘机走下界去，今亦是七日矣。"即查可曾偷甚宝贝。行者道："无甚宝贝，只见他有一个圈子，甚是利害。"

老君急查看时，诸般俱在，止不见了"金刚琢"。老君道："是这业畜偷了我'金刚琢'去了！"行者道："原来是这件宝贝！当时打着老孙的是他！如今在下界张狂，不知套了我等多少物件！"

孙悟空和太上老君来到金岘山，老君请猴头诱阵，引那青牛精出来：

老魔道："这贼猴又不知请谁来也。"急绰枪带宝，迎出门来。行者骂道："你这泼魔，今番坐定是死了！不要走！吃吾一掌！"急纵身跳个满怀，劈脸打了一个耳刮子，回头就跑。那魔抢枪就赶，只听得高峰上叫道："那牛儿还不归家，更待何日？"那魔抬头，看见是太上老君，就唬得心惊胆战道："这贼猴真个是个地里鬼！却怎么就访得我的主公来也？"

老君念个咒语，将扇子扇了一下，那怪将圈子丢来，被老君一把接住；又一扇，那怪物力软筋麻，现了本相，原来是一只青牛。老君将"金刚琢"吹口仙气，穿了那怪的鼻子，解下勒袍带，系于琢上，牵在手中。

毛泽东向民主党派负责人讲青牛精的故事，显然是为了说清庐山会议这场斗争的性质，亦即所谓"彭德怀反党集团"的"右倾"实质。这在今天看来当然是历史的误读，讲起这个话题依然很沉重。即使在当时，党内一些领导干部和各民主党派负责人对革命猛将彭德怀元帅何以一夜间就成了"右倾机会主义者"也大惑不解。毛泽东的讲话正想解开这个思想扣子。历来，毛泽东的讲话都有十分明确的针对性，谈古说今有具体的现实指向。他说玉皇大帝和如来佛都搞不清青牛是从哪里来的，都拿他"没办法"，显然暗示以往只看现象，没有搞清"右倾机会主义者"的本质；他说太上老君在三十三重天上不问政治只研究自然科学，是否含有含蓄告诫与会者不能不问政治，以便清醒认识庐山会议这场斗争的性质的意思，这似乎是不言而喻的。

毛泽东进一步把青牛精的神话故事引申到哲学层面上来，用以说明现象与本质的关系。仅从一般的哲学原理出发，毛泽东所论列的观点是不错的。本质与现象是唯物辩证法的一对基本范畴。所谓本质，就是指事物的根本性质，即指构成这个事物的内在的固有的本性。所谓现象，则是指事物的外部联系和表面特征，也就是事物本质的外部表现。任何事物都有本质和现象两个方面，既没有不表现为现象的本质，也没有不表现事物本质的现象，任何事物的本质都要通过一定的现象表现出来，而任何现象又都是从某一个特定的角度或方面来反映事物的一定的本质。这就是本质与现象的统一关系。本质与现象还有对立的一面。现象虽然表现本质，但不就是事物的本质，本质也不直接等于现象。它们之间的对立关系，一般表现为：现象是个别的、片面的、表面的、外露的、纷繁杂乱的、变化不定的；本质则是比较一般的、共同的、内在的、深刻的、相对稳定的。此外，本质与现象最尖锐的对立，表现在假象问题上。一般说来，本质与现象的关系，是比较一致的，通过现象能够直接地认识本质。

但是有时候，现象对本质的表现往往又通过歪曲的形式表现出来。这种对本质的歪曲的表现，就是假象，也就是虚假的现象。它给人们一种与事物本质完全相反的印象，使人们不易正确地认识本质。假象是事物的本质在一定条件下的特殊表现。同样是为事物的本质所决定的，并且是事物的本质在特殊情况下的表现。列宁说过："假象的东西是本质的一个规定，本质的一个方面，本质的一个环节。"（《列宁全集》第三十八卷，第137页）毛泽东讲青牛精的故事，在于说清只有搞清了它的来龙去脉，查明原因，才能抓住本质，才有办法"降妖捉怪"。

毛泽东在常委会上的谈话，给彭德怀定了性。这个定性显然不符合彭德怀的"本质"。彭大将军是革命的元勋，是人民的功臣，是民族的栋梁，他写长信给党的主席，符合组织原则，代表人民心声，体现了共产党人的正气。二十年后，《关于建国以来党的若干历史问题的决议》正确指出："庐山会议后期，毛泽东同志错误地发动了对彭德怀同志的批判，进而在全党错误地开展了'反右倾'斗争。八届八中全会关于所谓'彭德怀、黄克诚、张闻天、周小舟反党集团'的决议是完全错误的。这场斗争在政治上使党内从中央到基层的民主生活遭到严重损害，在经济上打断了纠正'左'倾错误的进程，使错误延续了更长时间。"

说到底，庐山会议上的彭德怀不是"青牛精"，他理应是"孙大圣"。毛泽东主观上想透过现象抓本质，调侃不问政治逃走了"青牛精"的太上老君，客观上却"人妖颠倒是非淆"，错勘贤愚成冤案。这不能不说是他对《西游记》的误读错用。看来，正如毛泽东自己所说，谁发现了事物本质，不依主观认定，关键在客观检验。历史做出了公正裁决：彭老总耿耿丹心，殷殷忠魂，与日月同辉，与天地共存。

应该说，毛泽东与民主党派负责人座谈"青牛精"故事，讲得还是那样潇洒，哲学道理讲得还是那样深刻，并没有失却伟人、哲人、文人的风范，但是，这一次他却讲错了，不是他讲的知识错了，而是他的结论错了，是"左"的错误遮蔽了他的视野，影响了他的判断。每思及此，足令后人扼腕叹息而又惕然警觉。

（董志新著：《毛泽东〈读西游记〉》，万卷出版公司 2009 年版，第 72—77 页）

主要参考书目

毛泽东著作

《毛泽东选集》（1—4卷），人民出版社1991年第2版。

《毛泽东文集》（1—8卷），人民出版社1993—1999年版。

《建国以来毛泽东文稿》（1—13卷），中央文献出版社1987—1998年版。

《毛泽东军事文集》（1—6卷），军事科学出版社、中央文献出版社1993年12月版。

《建国以来毛泽东军事文稿》（上、中、下卷），军事科学出版社、中央文献出版社2010年版。

《毛泽东早期文稿》，湖南出版社1990年版。

《毛泽东外交文集》，中央文献出版社、世界知识出版社1994年版。

《毛泽东文艺论集》，中央文献出版社2002年版。

《毛泽东书信选集》，人民出版社1984年版。

《毛泽东诗词集》，中央文献出版社1996年版。

《毛泽东读文史古籍批语集》，中央文献出版社1993年版。

《毛泽东哲学著作批注集》，中央文献出版社1988年版。

《毛泽东西藏工作文选》，中央文献出版社、中国藏学出版社2001年版。

《毛泽东新闻工作文选》，新华出版社1983年版。

《毛泽东在七大的报告和讲话集》，中央文献出版社1995年版。

《毛泽东著作选读》（上、下册），人民出版社1986年版。

研究毛泽东专著

《毛泽东传（1893—1949）》，金冲及主编，中央文献出版社1996年版。

《毛泽东传（1949—1976）》（上、下册），逄先知、金冲及主编，中央文献出版社2003年版。

《毛泽东年谱（1893—1949）》（上、中、下卷），逄先知主编，人民出版社、中央文献出版社1993年版。

《毛泽东经济年谱》，顾龙生编著，中央党校出版社1993年版。

《历史选择了毛泽东》，叶永烈著，上海人民出版社1992年版。

《从井冈山走进中南海——陈士榘老将军回忆毛泽东》，刘恩营整理，中共中央党校出版社1993年版。

《历史的真迹——毛泽东风雨沉浮五十年》，邸延生著，新华出版社2002年版。

《历史的真言——李银桥在毛泽东身边工作纪实》，邸延生著，新华出版社2000年版。

《十年纪事：1937—1947年毛泽东在延安》，刘益涛著，中共党史出版社2007年版。

《红都纪事》，舒云著，河南人民出版社1997年版。

《大跃进亲历记》，李锐著，南方出版社1999年版。

《庐山会议实录》，李锐著，河南人民出版社1994年版。

《神火之光》，陈晓东著，中共中央党校出版社1995年版。

《缅怀毛泽东》（上、下册），编辑组，中央文献出版社1993年版。

《中国第一人——毛泽东》，胡真编著，湖南人民出版社1999年版。

《毛泽东轶事》，刘继兴著，中国文史出版社2011年版。

《毛泽东珍闻录》，黄允升主编，中央文献出版社2000年版。

《毛泽东的幽默故事》，谭逻松等编，同心出版社1996年版。

《毛泽东的幽默》，陈祥明等编，中国电影出版社1994年版。

《毛泽东人际交往实录》，贾思楠编，江苏文艺出版社1989年版。

《毛泽东与名人》（上、下册），孙琴安、李师贞著，江苏人民出版社1993年版。

《毛泽东与中共早期领导人》，黄允升等著，中共中央党校出版社1997年版。

《毛泽东与党外人士》，谭玉琛主编，河北人民出版社1993年版。

《毛泽东尊师风范》，黄露生著，中央文献出版社2011年版。

《毛泽东和他的父老乡亲》，赵志超著，湖南文艺出版社1992年版。

《毛主席教我们当省委书记》，陶鲁笳著，中央文献出版社1996年版。

《领袖情·毛泽东与周世钊》，陈有新编著，中央党校出版社1997年版。

《毛泽东与周世钊》，周彦瑜等编，吉林人民出版社1993年版。

《警卫毛泽东纪事》，阎长林著，吉林人民出版社1992年版。

《我和毛泽东的一段曲折经历》，肖瑜著，昆仑出版社1989年版。

《文人毛泽东》，陈晋著，上海人民出版社1997年版。

《毛泽东之魂》，陈晋著，吉林人民出版社1993年版。

《说不尽的毛泽东》（上、下册），张素华、边彦军、吴晓梅著，中央文献出版社、辽宁人民出版社 1993 年版。

《毛泽东的领导艺术》，陈登才主编，军事科学出版社 1989 年版。

《毛泽东的语言艺术——妙用成语典籍》，陈琦等编，辽宁人民出版社 1993 年版。

《百折不回的毛泽东》，杨庆旺著，中央文献出版社 2003 年版。

《毛泽东的智慧》，林治波主编，中共中央党校出版社 1998 年版。

《一代巨人毛泽东》，侯树栋主编，中国青年出版社 1993 年版。

《一代伟人与古代智慧》，含章编著，红旗出版社 1998 年版。

《毛泽东思想方法导论》，石仲泉等编，中央文献出版社 1992 年版。

《毛泽东口才》，柏桦编著，海南出版社 1996 年版。

《毛泽东家书》，谢柳青编著，中原农民出版社出版。

《毛泽东读书笔记解析》（上、下册），陈晋主编，广东人民出版社 1996 年版。

《毛泽东读书生活》，龚育之、逄先知、石仲泉著，三联书店 1986 年版。

《毛泽东读书生涯》，王炯华著，长江文艺出版社 1998 年版。

《毛泽东的读书生涯》，孙宝义编，知识出版社 1993 年版。

《毛泽东怎样读书》，石玉山著，中国大百科全书出版社 1991 年版。

《博览群书的毛泽东》，范忠诚主编，湖南出版社 1993 年版。

《跟毛泽东学读书》，莫志斌、陈特水编著，中央文献出版社 2003 年版。

《毛泽东晚年读书纪实》，徐中远著，中央文献出版社 2012 年版。

《毛泽东读史》，张贻玖著，当代中国出版社 2005 年版。

《毛泽东与中国史学》，王子今著，中共中央党校出版社 1993 年版。

《毛泽东读古书实录》，黄丽镛编著，上海人民出版社 1994 年版。

《跟毛泽东学史》，薛泽石主编，红旗出版社 2000 年版。

《毛泽东评说中国历史》，赵以武主编，广东人民出版社 2000 年版。

《毛泽东评说中国历史》，景有权、迟力主编，吉林人民出版社 1998 年版。

《毛泽东引古论事》，曾珺编著，国际文化出版公司 2011 年版。

《毛泽东历史笔记解析》，唐汉主编，红旗出版社 1998 年版。

《传统下的毛泽东》，汪澍白著，中国青年出版社 1996 年版。

《毛泽东与佛教》，王兴国著，中国书籍出版社 1996 年版。

《毛泽东和中国文学》，董学文著，春风文艺出版社 1994 年版。

《毛泽东与中国文学》，孙琴安著，重庆出版社 2000 年版。

《毛泽东欣赏的古典散文》，郑小军编，浙江古籍出版社 1994 年版。

《毛泽东评说中国古代散文赏析》，毕桂发主编，中央文献出版社 2003 年版。

《毛泽东圈注史传诗文集成·文赋卷》，费振刚、董学文著，吉林人民出版社 1996 年版。

《跟毛泽东学文》，周宏让主编，红旗出版社 2002 年版。

《毛泽东诗话词话书话集观》，刘汉民编著，长江文艺出版社 2002 年版。

《毛泽东妙用诗词》，吴直雄著，京华出版社 1998 年版。

《毛泽东妙评古诗书鉴赏》，刘修铁编著，新疆人民出版社 2002 年版。

《毛泽东评点古今诗书文章》，柳文郁、唐夫主编，红旗出版社 1998 年版。

《毛泽东楹联艺术鉴赏》，吴直雄著，当代世界出版社 1995 年版。

《毛泽东诗词鉴赏》，臧克家主编，河北人民出版社 1991 年版。

《〈毛泽东选集〉典故》，陈钧编著，中国广播电视出版社 1992 年版。

《毛泽东著作典故集注》，王玉琮，中国工人出版社 1992 年版。

《共和国元帅读古书实录》，黄丽镛编著，上海人民出版社 1995 年版。

《老子》文本与研老专著

《重订老子正诂》，高亨著，古籍出版社 1956 年版。

《老子校诂》，马叙伦著，古籍出版社 1956 年版。

《中国古代哲学家老子及其学说》，〔苏〕杨兴顺著，杨超译，科学出版社 1957 年版。

《老子译话》，杨柳桥著，古籍出版社 1958 年版。

《老子》（马王堆汉墓帛书），马王堆汉墓帛书整理小组编，文物出版社 1976 年版。

《老子注译》，高亨著、华钟彦校，河南人民出版社 1980 年版。

《老子校释》，朱谦之撰，中华书局 1984 年版。

《老子评注及评介》，陈鼓应著，中华书局 1984 年版。

《老子新译》（修订本），任继愈译著，上海古籍出版社 1985 年第二版。

《老子全译》，沙少海、徐子宏译注，贵州人民出版社 1989 年版。

《老子外传·老子百问》，孙以楷、钱耕森、李仁群著，安徽人民出版社 1992 年版。

《老子》，饶尚宽译注，中华书局，2006 年版。

《发现老子》，杨润根注，华夏出版社 2007 年版。

《老子正宗》，马恒君著，华夏出版社 2007 年版。

《老子的帮助》，王蒙著，华夏出版社 2009 年版。

《万卷楼国学经典：〈道德经〉（图文版）》，夏华等编译，万卷出版公司 2012 年版。

《老庄论道》，罗安宪著，沈阳出版社 2012 年版。

《道家文化与现代文明》，葛荣进主编，中国人民大学出版社 1991 年版。

《道教与传统文化》，文史知识编辑部编，中华书局 1992 年版。

《道家及其对文学的影响》（修订本），李生龙著，岳麓书社 2005 年版。

主要参考书目